Ethische Ökonomie. Beiträge zur Wirtschaftsethik und Wirtschaftskultur

Titel der bisher erschienenen Bände

Band 1: Peter Koslowski, Yunquoan Chen (Hrsg.)
Sozialistische Marktwirtschaft – Soziale Marktwirtschaft
Theorie und Ethik der Wirtschaftsordnung in China und Deutschland
XI, 308 Seiten
1996. ISBN 3-7908-0926-8

Band 2: Rolf Kühn
Leben als Bedürfen
Eine lebensphänomenologische Analyse zu Kultur und Wirtschaft
XII, 247 Seiten
1996. ISBN 3-7908-0927-6

Band 3: Annette Kleinfeld
Persona Oeconomica
Personalität als Ansatz der Unternehmensethik
XII, 399 Seiten
1998. ISBN 3-7908-1112-2

Peter Koslowski (Hrsg.)

Shareholder Value und die Kriterien des Unternehmenserfolgs

Mit Beiträgen von:
St. Bötzel, R. Fehn, F. Figge, E. Gaugler, St. Hörter,
K.J. Hopt, P. Koslowski, D.W. Lutz, G.H. Roth,
B. Rudolph, St. Schaltegger, H. Stahl, F. Tatò,
E. von Uckermann

Mit 14 Abbildungen
und 6 Tabellen

Springer-Verlag Berlin Heidelberg GmbH

Professor Dr. Peter Koslowski
Centrum für Ethische Ökonomie und Wirtschaftskultur des
Forschungsinstituts für Philosophie Hannover
Gerberstraße 26
D-30169 Hannover

Redaktion: Anna Maria Hauk M.A.

Gedruckt mit Unterstützung von „Ost | West | Philosophie. Ein Projekt des Forschungsinstituts für Philosophie Hannover“

ISBN 978-3-7908-1179-7

Die Deutsche Bibliothek – CIP-Einheitsaufnahme
Shareholder-Value und die Kriterien des Unternehmenserfolgs; 6 Tabellen / Hrsg.: Peter Koslowski. – Heidelberg: Physica-Verl., 1999
(Ethische Ökonomie; Bd. 4)
ISBN 978-3-7908-1179-7 ISBN 978-3-642-58669-9 (eBook)
DOI 10.1007/978-3-642-58669-9

Ursprünglich erschienen bei Physica-Verlag Heidelberg 1999

Umschlaggestaltung: Erich Kirchner, Heidelberg

SPIN 10702890 88/2202-5 4 3 2 1 0 – Gedruckt auf säurefreiem Papier

Vorwort

Die Steuerung der Wirtschaft durch die Kapitalrechnung und das Prinzip der Maximierung der Rendite des eingesetzten Kapitals ist das Kennzeichen marktwirtschaftlicher Ordnungen. In jüngster Zeit ist dieses Steuerungsprinzip unter dem Namen „shareholder value" wieder in das Zentrum der Diskussion gerückt. Die zentrale Aussage des Prinzips ist die folgende: Die Unternehmung in der Marktwirtschaft erbringt ihre maximale Leistung für die Wirtschaft und die Gesellschaft, wenn sie den Wert der in sie investierten Unternehmensanteile maximiert.

Das vorliegende Buch klärt in Beiträgen aus den Bereichen Volkswirtschaftslehre, Politik, Wirtschaftsrecht, Wirtschaftsethik, Betriebswirtschaftslehre und praktische Unternehmensführung, ob das Prinzip des Shareholder Value als volkswirtschaftliches Ordnungsprinzip und als Prinzip der Unternehmensführung für die Führung von Industrieunternehmen und von Finanzinstitutionen wie Banken und Versicherungen ausreicht oder ob es ergänzt werden muß.

Die Beiträge veröffentlichen die Ergebnisse der Tagung „Shareholder Value und die Kriterien des Unternehmenserfolgs. Kapitalrechnung und gesellschaftliche Entwicklung". Diese Tagung bildete das „Erste Forum Ethische Ökonomie", das vom 18. bis 20. Dezember 1997 in Viehhofen im Pinzgau, Salzburger Land, Österreich, stattfand.

Die Tagung wurde vom Centrum für Ethische Ökonomie und Wirtschaftskultur des Forschungsinstituts für Philosophie Hannover, Deutschland, in Zusammenarbeit mit dem Expertni Institut Moskau, Russische Föderation, und der Europäischen Akademie der Wissenschaften und Künste Salzburg, Österreich, im Rahmen und mit finanzieller Unterstützung von „Ost I West I Philosophie. Ein Projekt des Forschungsinstituts für Philosophie Hannover" (für den wissenschaftlichen Austausch mit Rußland) durchgeführt.

Der Dank der Autoren gilt Anna Maria Hauk M.A. und Elisabeth Kühn vom Forschungsinstitut für Philosophie Hannover für ihre Mitwirkung an der Redaktion dieses Buches.

Hannover, den 31. August 1998 P. K.

Inhalt

Teil II

Shareholder Value und Unternehmensführung (Corporate Governance) aus der Sicht des Wirtschaftsrechts

5. Kapitel

6. Kapitel

Teil III

Shareholder Value in den Finanzinstitutionen Banken und Versicherungen

7. Kapitel

8. Kapitel

INHALT

Teil IV

Unternehmensführung und Shareholder Value-Kriterium aus der Sicht der Theorie der Unternehmensführung

Teil V

Unternehmensführung und Shareholder Value-Kriterium aus der Sicht der Unternehmenspraxis

13. Kapitel

1. Kapitel

Shareholder Value und der Zweck des Unternehmens

PETER KOSLOWSKI

Die Frage, ob die Maximierung des Shareholder Value das Kriterium schlechthin für die Arbeit eines Unternehmens ist, hat sich zu einer der wichtigeren Fragen der Wirtschaftswissenschaften und Betriebswirtschaftslehre entwickelt. Im Juli 1998 stellte der deutsche Bundespräsident Roman Herzog fest, daß „es nicht so sein kann, daß der Aktienkurs einer Firma mit der Zahl der Entlassungen steigt,“[1] und ermahnte damit die deutschen Wirtschaftsunternehmen, nicht nur Shareholder Value zu maximieren, sondern den Zweck des Unternehmens in einer weiteren Perspektive zu sehen. Auf der anderen Seite wird in der neoklassischen Theorie der Firma behauptet, daß die Firma am besten arbeitet, wenn sie allein den Zweck der Maximierung des Shareholder Value erfüllt. Nach der „finanziellen Theorie der Firma“ (financial theory of the firm) ist die Firma eine Einheit von Investitionen, deren Erträge sie zu maximieren hat.

Die Frage, um die es geht, ist die Aufgabe und der Zweck der Firma. Wird der Zweck der Firma erschöpfend durch ihre Aufgabe beschrieben, maximales Shareholder Value für ihre Shareholder zu realisieren? E. Gaugler hat einen einfachen, aber wichtigen Einwand gegen diese These vorgebracht: Die Aktiengesellschaft mit vielen Anteilseignern ist nur ein Typus der Firma, der in Deutschland und Österreich im Gegensatz zu Amerika nicht dominant ist, weil in Europa die meisten Firmen nicht als Aktiengesellschaften organisiert sind.[2] Alle mittelständischen Unternehmen haben auch Eigentümer, aber sie haben nicht Anteilseigner im Sinne des Shareholder Value-Prinzips. In der Einzeleigentümergesellschaft werden andere Zwecke des Eigentümers vorherrschend sein als in der Firma mit vielen Eigentümern, die nur Anteile am Kapitalstock der Firma halten.

Das Shareholder Value-Kriterium ist dennoch auch für Firmen mit anderer Rechtsstruktur interessant, weil es zu der Idee erweitert werden kann, daß die Maximierung der Kapitalrendite für den Eigentümer der Firma der einzige Zweck des Wirtschaftsunternehmens ist.

Der folgende Beitrag diskutiert die Frage, ob der Zweck der Firma durch das Prinzip der Maximierung des Shareholder Value angemessen beschrieben werden kann. Er untersucht, warum Shareholder Value in das Zentrum der Unternehmensführungsdebatte gerückt ist, und stellt dar, was der Zweck der Firma ist und ob das Shareholder Value ein Mittel oder ein Zweck für die Firma ist. Der Beitrag wird zeigen, daß das Shareholder Value der zentrale Zweck der Finanzunternehmen ist, bei denen es ihr Produkt und nicht nur ein instrumentelles Kriterium darstellt, um den Firmenerfolg zu überprüfen. Der Beitrag

---

1 Interview mit der *Bild-Zeitung* vom 28. Juli 1998, S. 2.

2 Vgl. E. GAUGLER: „Shareholder Value und Unternehmensführung“, in diesem Band unten.

wird beschreiben, daß das Shareholder Value deshalb in das Zentrum der Unternehmensführungsdebatte rückte, weil es von der Teleologie der Finanzinstitutionen auf die Industriefirmen übertragen wurde, und daß im Zuge dieser Übertragung eine Inversion von Zweck und Mittel sich vollzogen hat. Der Beitrag wird analysieren, wo die Orientierung am Shareholder Value nützlich ist und schließlich die Gefahr aufzeigen, die von der Inversion von Zielen und Mitteln im Unternehmen für die Unternehmensorganisation ausgeht.

I. Warum ist das Shareholder Value-Kriterium in das Zentrum des Interesses gerückt?

Drei Gründe und Entwicklungen rücken das Shareholder Value in das Zentrum der Debatte. Der erste Grund ist, daß der Wettbewerb um Kapital zwischen Firmen und zwischen Volkswirtschaften durch die Öffnung und Globalisierung der Weltwirtschaft zugenommen hat. Vor allem die Öffnung der früheren kommunistischen Volkswirtschaften hat eine neue Nachfrage nach Kapital hervorgerufen, die früher vom Weltkapitalmarkt durch den Eisernen Vorhang abgeschirmt war. Wenn der Wettbewerbsdruck auf die Nachfrage nach Kapital und die Investitionsgelegenheiten für diejenigen, die Investitionsfonds anbieten, zunehmen, wird eine höhere Produktivität verlangt, weil mehr Firmen und Volkswirtschaften um denselben Kapitalstock konkurrieren. Wie der Faktor Arbeit eine höhere Produktivität erreichen muß, wenn er unter Wettbewerbsdruck gerät, muß auch der Faktor Kapital seine Produktivität steigern, wenn die Knappheit dieses Faktors und der Wettbewerb um ihn zunehmen.

Das Ergebnis ist, daß eine höhere Kapitalrendite und ein höherer Shareholder Value vom Investor erwartet werden. Der Wettbewerbsdruck verursacht eine Verbesserung der Leistung und einen Kostendruck, der entweder eine Verringerung der Produktion oder eine Steigerung der Kapitalproduktivität bewirkt, weil im Weltmarkt höhere Kapitalrenditen an anderen Orten der Erde erzielt werden können. Die Möglichkeiten für Kapitalinvestitionen an anderen Finanzplätzen nehmen zu, die wiederum die Erwartungen über die Entlohnung des Faktors Kapital steigern. Der Weltmarkt erhöht die Zahl der Möglichkeiten zu investieren und damit auch die Opportunitätskosten für jene, deren Kapital ineffizient investiert ist.

Alle fortgeschrittenen Volkswirtschaften sind sowohl auf der Kapitalseite wie auf der Seite der Arbeit durch die gesteigerten Möglichkeiten, Kapital zu investieren, und durch die Steigerung des Arbeitsangebotes im Zuge der Öffnung der gewaltigen Märkte für Investitionen und Arbeit, vor allem in China und Ostasien, unter Druck geraten. Da das Kapital, das von diesen Ländern nachgefragt wird, neue Investitionsmöglichkeiten schafft, kommt es zu einem neuen Wettbewerbsdruck auf das Kapital in den fortgeschrittenen Wirtschaften.

Der zweite Grund für das Interesse am Shareholder Value-Prinzip ist die Beziehung zwischen Kapitaleignern und Management. Die gesteigerten Möglichkeiten für Investitionen setzen auch den dispositiven Faktor, das Management, unter Wettbewerbsdruck. Das Kapital hat aufgrund der erhöhten Zahl der Verwendungsalternativen mehr Möglichkeiten zur Abwanderung von einer Firma als früher. Aufgrund dieser erhöhten Möglichkeiten zur Abwanderung der Anteilseigner können sie das Management durch Take-over-Drohungen verstärkt unter Druck setzen. Dies bedeutet auch einen erhöhten Druck auf das Management, höhere Kapitalrenditen oder ein höheres Shareholder Value als früher zu verdienen. Die Diskussion über das Shareholder Value ist Teil der Diskussion über Unternehmensführung (*corporate governance*). Die Unternehmensführung soll durch eine stärkere Betonung der Shareholder Value-Maximierung verbessert werden.

Wie wichtig der neue internationale Wettbewerbsdruck ist, der auf dem Management lastet, zeigt der Vergleich mit der russischen Situation nach der Privatisierung der früheren verstaatlichten Sowjetfirmen. In den Kategorien des Shareholder Value-Kriteriums haben die sowjetischen Manager ihre Firmen in den Bankrott geführt. Nach diesem Bankrott wurde jedoch eine Privatisierung Wirklichkeit, die dieselben Manager bevorzugte, die ihre Firmen in den Bankrott geführt hatten, und machte sie zu den neuen Eigentümern der Firmen, die sie früher als Manager ruiniert hatten. Die russische Wirtschaft stand freilich in der Schwierigkeit, daß keine anderen Shareholder verfügbar waren, die die früheren Sowjetmanager hätten unter Druck setzen können. Gleichzeitig verhinderte jedoch die russische Regierung aus verschiedenen Gründen und mit unterschiedlichen Maßnahmen, daß internationale Anteilseigner durch Take-over-Drohungen internationaler Firmen einen gesunden Druck auf die früheren Sowjetmanager ausüben konnten. Durch das Abblokken des russischen Marktes für Unternehmenskontrolle gegenüber internationalen Eigentümern unter Zuhilfenahme nationalistischer Argumente blieb die wichtigste Chance ungenutzt, die neuen Eigentümer, die zugleich die alten Manager waren, unter Wettbewerbsdruck zu setzen.

Das Beispiel des postsowjetischen Rußlands zeigt, daß der internationale Wettbewerb um Eigentum an Anteilen und Unternehmenskontrolle eines der wichtigsten Disziplinierungsinstrumente des Managements in einer Nation ist.

Die Globalisierung erhöht die Chancen, ein höheres Shareholder Value in Finanzinvestitionen zu realisieren, weil die Investitionsmöglichkeiten in einem globalisierten Markt zunehmen. Der Kapitaleigner verfügt über mehr Möglichkeiten zur Investition und steht höheren Opportunitätskosten gegenüber, wenn er sein Kapital nicht in geeigneter Weise investiert. Diese Entwicklungen rücken das Kriterium der Maximierung des Shareholder Value in das Zentrum der Debatte. Die Orientierung am Shareholder Value ist ein Mittel, um die Allokationseffizienz der Investitionen im Weltmarkt zu steigern, eine Wirkung, die zu begrüßen ist. Das Shareholder Value-Prinzip ist ein Instrument, um das Sich-Drücken von Managern (*shirking*) und das Sich-Drücken ganzer Firmen zu verhindern. Manager und Firmen sind in Gefahr, Fett anzusetzen (*slack*), das durch eine stärkere Betonung des Residualgewinns und die Nötigung zur Steigerung des Shareholder Value reduziert werden kann.

II. Shareholder Value als Kontrollinstrument der Firma

Der Profit einer Firma ist das Mittel, um das Sich-Drücken der Firmenmitglieder in ihren Aufgaben zu verhindern. In der Theorie von Alchian und Demsetz[3] fungiert der Eigentümer als derjenige, der die Mitarbeiter der Firma daran hindert, sich um ihre Beitragsleistung zu drücken, und der Gewinn der Firma ist wiederum das Mittel, um den Eigner daran zu hindern, sich um die Pflicht zu drücken, das Sich-Drücken der anderen Firmenmitglieder zu verhindern. Das dahinterstehende Prinzip ist, daß, wenn der Eigentümer seine Kontrollfunktion nicht erfüllt, der Residualgewinn sinkt, und er durch verringerten Gewinn oder gar Verlust bestraft und dadurch gezwungen wird, seine Aufgabe zu erfüllen, das Sich-Drücken in der Firma zu verhindern.

---

3 A. A. ALCHIAN and H. DEMSETZ: „Production, Information Costs, and Economic Organization", in: A. A. ALCHIAN: *Economic Forces at Work*, Indianapolis (Liberty Press) 1977, S. 73-110.

Das Shareholder Value-Prinzip mit seiner Betonung der Maximierung des Cash-flows der Zukunft verändert das Verständnis des Gewinns als Residualgewinn. Der Gewinn wird nicht mehr als eine Zahl der Vergangenheit, sondern als erwarteter künftiger Residualgewinn gemessen. Die Firma muß den zukünftigen Gewinn maximieren, der in den Dividenden und in der Steigerung des Wertes der Anteile an der Börse gemessen wird. Das Management muß dafür Sorge tragen, daß der künftige Residualgewinn nach Abzug aller Kosten maximiert wird. Diese Orientierung am *künftigen* Residualgewinn mit all den Problemen, die die Voraussage einer zukünftigen Investitionsrendite mit sich bringt, ändert aber die grundsätzliche Natur des Gewinns nicht.

Gewinn und Shareholder Value sind aus der Sicht der Firma jedoch nicht der Endzweck der Firma, sondern ein instrumentelles Ziel. Sie sind das Mittel, um das Sich-Drücken zu verhindern und sicherzustellen, daß alle Mitglieder der Firma ihre vertraglich vereinbarten Beitragsleistungen an die Firma in optimaler Weise leisten.

Von allen Mitgliedern trifft es jedoch nur für die Gruppe der Anteilseigner zu, daß der Unternehmensgewinn und die Steigerung des Wertes der Unternehmensanteile zugleich ihr individuelles Ziel sind. Für alle anderen Gruppen ist dieses Ziel nur von Interesse als ein Mittel, um den Erfolg der Firma als Ganzer sicherzustellen, nicht jedoch als ein Endzweck der Firma, den sie auch zu ihrem eigenen Zweck machen können.

Das bedeutet, daß das Shareholder Value nur in einer sehr vermittelten Weise als der Zweck der Firma bezeichnet werden kann. Es ist vor allen Dingen der Zweck einer Gruppe der Firma, der Shareholder, und sein Vorrang vor den Zielen der anderen Gruppen der Firma kann nur gerechtfertigt werden durch seine Aufgabe, das Sich-Drücken der Eigner zu verhindern, die wiederum das Sich-Drücken aller anderen Firmenmitglieder verhindern. Aus der Sicht der Firma als einer sozialen Einheit und Organisation kann das Shareholder Value nicht als der zentrale Zweck der Firma angesehen werden, sondern nur als eines der Kriterien für den Erfolg der Firma. Als ein künftiges Residuum kann das Shareholder Value als eine Kontrollvariable für die anderen Ziele der Firma und für ihren Erfolg gelten. Die Tatsache, daß das Shareholder Value ein Residuum ist und es auch dann bleibt, wenn es in die Zukunft projiziert wird, kann nur implizieren, daß es nicht das erste Prinzip oder der erste Zweck der Firma ist. Ein residuales Kontrollprinzip bleibt, was es ist: ein Kontrollprinzip, und nicht der Endzweck einer Organisation.

III. Der Zweck der Firma

Die Debatte um das Shareholder Value gehört in die Diskussion um die Zwecke oder Ziele des Unternehmens in der Betriebswirtschaftslehre. Was an den teilweise scholastischen Unterscheidungen der vielen Ziele der Firma für die Frage des Shareholder Value von Interesse ist, ist die Idee, daß die Firma nicht eine Ein-Zweck-Institution ist. Jede Firma hat viele Zwecke. Die verschiedenen Gruppen der Firma haben ihre eigenen Zwecke, die sie in der Firma zu verwirklichen suchen. Die Arbeitnehmer erwarten hohe Löhne von der Firma, die Kunden erwarten optimale Güter von der Firma, die Anteilseigner erwarten eine maximale Rendite für ihre Investitionen und die Gesellschaft erwartet hohe Steuerzahlungen und Beiträge für Wohltätigkeits- und Sponsoring-Maßnahmen von der Firma. Einige dieser Ziele sind konfligierend, wie das Ziel des maximalen Lohnes und das Ziel des maximalen Gewinns der Eigentümer, andere sind komplementär.

Wenn man einen ersten Zweck oder eine Endzwecklichkeit der Firma auszeichnen will, ist es offensichtlich, daß keines der Ziele dieser partikularen Gruppen, die die Firma bilden, der einzige Zweck der Firma sein kann, weil die anderen Gruppen auch ein Recht zur Verfolgung ihres Zweckes innerhalb der Firma haben. Wenn es einen Hauptzweck der Firma gibt, muß dieser ein Zweck sein, dem alle Gruppen der Unternehmung zustimmen könnten. Die Zustimmungsfähigkeit des Hauptzwecks erfordert es, daß er für alle Mitglieder der Firma und für die Gesellschaft als Ganze nützlich sein muß. Da alle Mitglieder der Firma und alle Mitglieder der Gesellschaft in irgendeiner Weise auch Konsumenten sind, entweder in direkter Weise als Konsumenten der Firma, die in Frage steht, oder als Konsumenten derjenigen Güter, für welche das Produkt der fraglichen Firma eine Vorleistung ist, muß man schließen, daß der Zweck der Firma, der die größte Allgemeinheit beanspruchen kann, ihr Zweck ist, Konsumentennutzen durch ihre Produkte zu realisieren.

Alle Mitglieder der Firma sind Konsumenten und daher am Maximum der Produktivität der Firma interessiert, die wiederum zu optimalen Produkten führt. Nicht alle Mitglieder der Firma sind jedoch Anteilseigner. Der Zweck der Shareholder wird deshalb nicht der Zweck aller anderen Firmenmitglieder sein. Daraus kann geschlossen werden, daß der Zweck der Firma die Produktion optimaler Güter oder optimaler Vorleistungen für andere Güter unter der Bedingung ist, daß die Ziele der Hauptgruppen in der Firma oder der Gruppen, die durch die Arbeit der Firma berührt werden, dabei auch Berücksichtigung finden. Der Zweck der Firma ist die Produktion optimaler Güter unter der Bedingung, daß die Ziele der Zahlung angemessener Löhne, der Zahlung angemessener Dividenden und der Zahlung angemessener Preise an die Lieferanten mit dem Zweck der Produktion optimaler Güter zugleich erfüllt werden.

Die notwendige Bedingung für die Existenz der Firma und der Hauptzweck, für den die Firma ins Dasein getreten ist, bildet die Produktion von Gütern, nicht die Produktion von Gewinnen oder Anteilswerten. Dieser Hauptzweck der Firma kann nur verwirklicht werden, wenn ausreichende Renditen verdient werden, und in diesem Sinn ist die Realisierung von Shareholder Value eine Bedingung für die Realisierung des Hauptzwecks der Firma, sie ist jedoch nicht die erste Bedingung. Der Hauptzweck der Firma, die Produktion von optimalen Gütern, erfordert es, daß die Firma produktiv und effizient ist. Wie diese Produktivität und Effizienz erreicht wird, ist eine zweitrangige Frage.

Da es der Zweck und die Aufgabe des Wirtschaftsunternehmens ist, die Gesellschaft mit den besten Produkten, die zu den niedrigsten Opportunitätskosten erstellt werden, zu versorgen, sind auch jene Bedingungen Pflicht, die die Erzielung dieses Zweckes sicherstellen, die Rentabilität des Unternehmens. Das Mittel, um die Zweckerfüllung der Firma sicherzustellen, ist jedoch nicht der erste Zweck der Firma. Wenn der Zweck der Firma, die Produktion optimaler Güter, am besten durch Markteffizienz und die Maximierung des Shareholder Value erreicht werden kann, sind sie die besten Mittel, um dieses Ziel zu erreichen. Wenn dieses Ziel durch andere Mittel oder durch andere Mittel besser erreicht werden kann, dann müssen diese Mittel ergriffen werden. Die Produktivität ist die Pflicht der Firma unabhängig von der Effizienz des Marktes.[4]

Es ist ein altes Prinzip der aristotelischen Naturrechtstradition, daß die Verpflichtung aus der Natur der Sache entsteht: *Obligatio oritur a natura rei.*[5] Dieses Prinzip nimmt auch eine zentrale Stellung in der Rechtsphilosophie Gustav Radbruchs ein. Die Rechtsidee und Idee der rechtlichen Verpflichtung

---

4 Diese Tatsache wird betont von LEE A. TAVIS: „The Moral Issue in Allocating Corporate Resources. Shareholders Versus Stakeholders“, Vortrag auf der Tagung „The Nature and Purpose of the Business Organization Within Catholic Social Thought“, 14. August 1998, University of St. Thomas, Minneapolis/ St. Paul, USA, erscheint im Kongreßband, der von M.NAUGHTON herausgegeben wird.

5 LUIS DE MOLINA: *De iustitia et iure*, Madrid 1602. – Vgl. P. KOSLOWSKI: *Ethik des Kapitalismus*, Tübingen (Mohr Siebeck) 1982, 6. Aufl. 1998.

wird nach Radbruch vom Zweck des zu regelnden Rechtsbereiches, vom Prinzip der Rechtsgleichheit und vom Prinzip der Rechtssicherheit oder der sicheren Rechtserwartungen bezüglich des Inhalts und der Durchsetzung des Rechts bestimmt.[6]

Angewendet auf die Theorie der Firma verlangt das Prinzip, daß die Verpflichtung aus der Natur und dem Zweck der Sache oder Institution abgeleitet wird, daß die hauptsächliche ethische und rechtliche Verpflichtung der Firma von ihrem Hauptzweck abgeleitet werden muß, und nicht von den Bedingungen, die die Realisierung ihres Zweckes sichern. Der erste Zweck der Firma ist jedoch nicht die Maximierung des Residualgewinns oder des Shareholder Value im Kapitalmarkt, sondern die Produktion optimaler Güter unter der Bedingung, daß die sekundären Ziele der Firmenmitglieder oder Stakeholder der Firma verwirklicht werden.

Es ist ein Verdienst des Stakeholder-Ansatzes, daß er in die Theorie der Firma wieder die Idee, die in der finanziellen Theorie der Firma vergessen zu werden droht, zurückgebracht hat, daß die Firma eine vielzweckliche Organisation und nicht eine Ein-Zweck-Institution ist, die nur für den Zweck der Maximierung des Vermögens ihrer Anteilseigner eingerichtet wurde. Der Stakeholder-Ansatz vermag jedoch keine Integration der verschiedenen Ziele der Stakeholder zu geben, sondern läßt diese auf gleichem Niveau unvermittelt nebeneinander stehen. Das Prinzip der Integration der Ziele der verschiedenen Stakeholder in das übergreifende Ziel der Firma wird in R. E. Freemans[7] Theorie der Stakeholder nicht entwickelt.

Die Ziele der Stakeholder sind dem Gesamtzweck der Firma untergeordnet, was bedeutet, daß ihre Ansprüche an den Totalertrag der Firma nicht nur durch ihre strategische Macht, die sie im Kampf mit den Ansprüchen der anderen Stakeholder-Gruppen ausüben können, begrenzt werden, sondern auch durch die Forderungen, die die Firma als solche und ihre Erhaltung als Institution in der Zeit an alle ihre Mitgliedsgruppen stellen muß.

Der Zweck und die Bedingung der Firmenexistenz, fortdauernd erstklassige Güter zu produzieren, bilden das Disziplinierungsprinzip und die Disziplinierungsmacht in den strategischen Verhandlungen zwischen den verschiedenen

---

6 GUSTAV RADBRUCH: *Rechtsphilosophie*, Stuttgart (Koehler) 8. Aufl. 1973, S. 114.

7 R. E. FREEMAN: *Strategic Management: A Stakeholder Approach*, Boston (Pitman) 1984, und R. E. FREEMAN: „The Politics of Stakeholder Theory: Some Future Directions", *Business Ethics Quaterly*, 4 (1994), S. 413ff.

Stakeholder-Gruppen. Es ist das zentrale Disziplinierungsprinzip neben dem Disziplinierungsmittel des Residuums oder der Maximierung des Shareholder Value. Produktivität als eine Verpflichtung und als der Zweck der Firma definiert den Hauptzweck der Firma und macht die anderen Zwecke zu untergeordneten Zwecken. Es bewirkt, daß die Shareholder Value-Maximierung nur ein Zweck unter anderen ist, und zwar ein Zweck, der dem Produktivitätsziel untergeordnet ist, obgleich er als residuales Kontrollprinzip das Übergewicht hat unter den anderen Zwecken, die die Stakeholder der Firma auch noch haben und die in der Hierarchie der Zwecke unter dem Produktivitätsziel der Firma stehen. Der Zweck der Firma ist die Produktion ihres spezifischen Gutes oder Produkts, die Leistungserstellung für die Gesellschaft.

IV. Shareholder Value als das Produkt und der Hauptzweck von Firmen: die Finanzinstitutionen

Es gibt eine besondere Art von Firmen, bei denen das Produktionsziel der Firma mit dem Ziel der Maximierung des Shareholder Value zusammenfällt, die Finanzinstitutionen, in denen das Firmenprodukt die Maximierung des Shareholder Value ist, allerdings des Shareholder Value ihrer Kunden. In den Finanzinstitutionen wie Investmentbanken, Lebensversicherungsgesellschaften und Pensionsfonds ist das Shareholder Value nicht nur das Residuum, das die Gesamtleistung der Firma mißt, sondern das Produkt selbst, für das diese Firmen gegründet wurden. Diese Institutionen sind ins Dasein getreten, um ihren Kunden das Produkt oder die Dienstleistung der maximalen Rendite für ihre Investitionen, den maximalen Shareholder Value zu sichern. In diesen Wirtschaftsunternehmen ist das Shareholder Value der Hauptzweck der Firma, und die Gesamtfirmenleistung kann in der Maximierung des Shareholder Value ihrer Kunden gemessen werden.

Eine Person, die ihre Ersparnisse an einen Investmentfonds gibt, kauft von dieser Firma das Produkt der Maximierung ihres Shareholder Value. Der Investmentfonds wiederum maximiert die Erfüllung seines Zwecks und erfüllt seine Verpflichtungen in optimaler Weise, wenn er das Shareholder Value seiner Kunden maximiert, nicht jedoch das Shareholder Value seiner eigenen Anteilseigner. In den Finanzinstitutionen und dem Wirtschaftszweig der Finanzdienstleister ist das Shareholder Value nicht nur eine residuale Bedingung für die optimale Arbeit der Firma, sondern das eigentliche Produkt der Firma und nimmt daher anders als in gewöhnlichen Firmen eine besondere Stellung ein.

V. Spill-over-Effekte von den Finanzinstitutionen auf die Industriefirmen: Dominanz der Shareholder Value-Orientierung und Holding-Struktur

Die westlichen Volkswirtschaften sind gegenwärtig durch eine Übertragung der institutionellen Bedingungen, die für die Finanzinstitutionen gelten, auf die Industrieunternehmen gekennzeichnet, eine Übertragung, die das Shareholder Value zum Alleinzweck des Unternehmens macht. Da in den Finanzinstitutionen das Shareholder Value des Kunden dasjenige Produkt ist, das diese Unternehmen verkaufen, ist das Shareholder Value das zentrale Kriterium ihrer Geschäftstätigkeit und ihres Geschäftserfolges. In den Finanzinstitutionen bildet das Shareholder Value den Zweck und das Kriterium oder die instrumentelle Kontrollvariable dieser Branche.

Die besonderen Bedingungen der Branche der Finanzdienstleister wurden auf die Industriefirmen übertragen und führten zu der Annahme, daß auch in ihnen das Shareholder Value nicht nur die Kontrollvariable, sondern auch der Hauptzweck der Geschäftstätigkeit der Firma ist. Dieser Spill-over-Effekt der Finanzinstitutionen auf die Industrieinstitutionen hat eine Inversion des Shareholder Value-Prinzips vom Kontrollprinzip zum Endzweck der Firma bewirkt. Da in den Finanzinstitutionen das Shareholder Value-Prinzip als Kontrollprinzip der Institution zur gleichen Zeit ihr Zweck ist - obgleich es sich bei ersterem um das Shareholder Value der Unternehmenseigentümer und bei letzterem um das Shareholder Value der Firmenkunden, die Einlagen gemacht haben, handelt –, war man versucht zu glauben, daß die Einheit des Shareholder Value-Prinzips als Kontrollvariable und Endzweck auch für das Industrieunternehmen gilt und dessen ersten Zweck bildet.

In der radikalen Version des Shareholder Value-Ansatzes, wie er von Jensen und Meckling[8] und anderen vertreten wird, findet eine Inversion von Firmenzweck und Kontrollprinzip der Firma statt. Der radikale Shareholder-Ansatz hält das Residuum und die Buchführung über den Firmenerfolg für den Endzweck der Firma. Das realisierte Shareholder Value ist die Buchführung über den Firmenerfolg, aber es ist nicht der Endzweck der Firma.

Der spill-over von den Finanzinstitutionen zu den Industriefirmen ist besonders sichtbar in dem Siegeszug der Holding-Firma, ein Trend, der sich interessanterweise jedoch in jüngster Zeit trotz der Vorherrschaft des Shareholder Value-Prinzips umgekehrt hat.

In der Transformation der Industriefirma zu einem conglomerate und zu einer Holding-Firma, die nur als Überwachungsinstitution für die Investitionen der Firma in ihren unterschiedlichen Divisions dient, wird die Firmenzentrale als eine Institution des Finanzdienstes für die Firma selbst angesehen, der sicherstellt, daß alle Divisions der Firma das maximale Shareholder Value für die Holding-Gesellschaft erwirtschaften, ohne daß der materiale Zweck und das Produkt der Divisions selbst für die Ziele der Holding große Bedeutung hätte.

Für die Holding-Gesellschaft ist das Shareholder Value zum Zweck und zum Produkt der Firma in derselben Weise geworden, wie für den Investmentfonds die Maximierung des Shareholder Value der ursprüngliche Geschäftszweck und das Produkt ist. Für die Holding-Gesellschaft sind die Produkte der Divisions nur ein Mittel, um das Shareholder Value der Holding-Gesellschaft zu maximieren.

Die Holding-Gesellschaft ist ein besonders gutes Beispiel für die Inversion von Mitteln und Zwecken. Sie impliziert, daß der Zweck der Firma, das Produkt, zu einem Mittel für die Steigerung des Wertes der Anteile wird, obgleich die Steigerung des Wertes der Anteile ursprünglich nur das Mittel für die Kontrolle und Sicherstellung des Zweckes war, daß die Firma gute Produkte produziert.

Es ist erhellend, daß die neuesten Entwicklungen der Wirtschaft die Holding-Struktur als sehr viel weniger vorteilhaft erscheinen lassen, als es noch vor einigen Jahren angenommen wurde. Industriefirmen kehren zu ihrer ursprünglichen Stärke und Hauptaufgabe, der Produktion von Produkten ihrer Kernkompetenz, zurück und finden heraus, daß diese Strategie auch die profi-

---

8 M. C. JENSEN and W. H. MECKLING: „The Theory of the Firm: Managerial Behavior, Agency Costs, and Ownership Structure", in: K. BRUNNER (Ed.): *Economics and Social Institutions*, Boston (Martinus Nijhoff) 1979, S. 163-231.

tabelste ist. Sie sehen sich selbst nicht mehr als Investmentfonds für ihr eigenes Kapital und ihre Divisions nicht mehr als bloße Investmentgelegenheiten für die Fonds ihres Eigenkapitals an.

Das Begreifen des Shareholder Value als eines Kontrollprinzips stellt sicher, daß die Holding-Gesellschaft das Shareholder Value nicht als ihren Hauptzweck ansieht und auf diese Weise ihre optimale Leistungsfähigkeit verfehlt, sondern daß die Firma die Optimalität des Produkts und durch es ihre optimale Leistung sicherstellt. Das große Unternehmen kann das Shareholder Value nur maximieren, wenn es dieses als Kontrollprinzip und nicht als den Zweck seiner Geschäftstätigkeit ansieht.

Es ist eine Tugend des Shareholder Value-Prinzips als Kontrollprinzip, daß es insofern selbsterfüllend ist, als es sicherstellt, daß es seinen Zweck, den Erfolg der Firma, nur garantiert, wenn es nicht der Hauptzweck der Firma ist, weil es dann nicht das maximale Shareholder Value realisiert. Es gibt keine inhärente Tendenz im Shareholder Value-Prinzip, selbst die Inversion von Mitteln und Zweck und seine Umkehrung vom Mittel der Erfolgssicherung zum Firmenzweck hervorzurufen.

VI. Wirkungen der Inversion des Firmenzwecks auf die Unternehmensführung: Spekulation statt Produktion

Die Umkehrung des Firmenzwecks vom Produkt als dem ersten Zweck zur Maximierung des Shareholder Value als erstem Zweck verändert die Aufgabe des Managements: Neben die Produktionsaufgabe tritt die Spekulationsaufgabe, wie das Beispiel der Holding-Gesellschaft zeigt. Die Vorstellung, daß durch die unsichtbare Hand des Marktes und durch die Verträge mit den Mitarbeitern der Firma die Gesamtorientierung am Shareholder Value notwendig auch das Gemeinwohl der Firma realisiert wird, ist nicht haltbar. Es trifft zwar zu, daß die Industriefirma das Shareholder Value nur maximieren kann, wenn sie nützliche Güter produziert und die impliziten Verträge mit ihren Arbeitnehmern und ihren Kunden bis zu einem gewissem Grad einhält. Sie verwirklicht das Gemeinwohl der Firma jedoch nur „irgendwie“ und „auf dem Rücken“ der Shareholder Value-Maximierung, weil der neue Gesamtzweck der

Firma, die Maximierung des Shareholder Value, in zunehmendem Maße durch Kapitalmarktspekulation verwirklicht wird.

Da die Aktienkurse an der Börse den wirklichen Wert der Produktivität der Firma nicht bloß widerspiegeln, sondern auch das Resultat bloßer Spekulation sind, hat das Management ein Interesse daran, sich mit der Spekulation und der Manipulation des Aktienkurses der eigenen Firma und damit ihres Shareholder Value zu beschäftigen. Diese Ablenkung der Aufmerksamkeit und Absicht des Managements von der Hauptaufgabe der Firma, dem Produkt, zum zweitrangigen Ziel der Firma, der Maximierung des Shareholder Value, führt zu zwei schädlichen Wirkungen:

Sie schafft erstens perverse Anreize für das Management, sich mehr für Spekulation als für Produktion zu interessieren oder sich zumindest zu sehr für Spekulation zu interessieren, statt sich auf die Produktion zu konzentrieren. Dies hat zweitens eine Kurzfristigkeit der Perspektive der Unternehmensführung (short-termism), ein gebanntes Blicken auf das Shareholder Value und die Kapitalrendite in jedem Vierteljahresbericht zur Folge. Der vor allem für die amerikanische Wirtschaft charakteristische „terror of the quarterly report", der Terror des vierteljährlichen Geschäftsberichtes, wird noch verstärkt.

Anreize sind zentral für jede Wirtschaftsordnung, und es ist eines der Hauptargumente für das Shareholder Value-Prinzip, daß es effiziente Anreize für das Management schafft, den Gesamtwert der Firma zu maximieren. Anreize können jedoch auch perverse Anreize schaffen, können die Absicht auf Aktivitäten ablenken, die nicht im Interesse der Firma sind. Wenn das Shareholder Value zum Endzweck der Firma wird, haben die Manager starke Anreize, ihre Aufmerksamkeit und ihre Zeit für das Auffinden von Wegen, wie die Aktienkurse im Kapitalmarkt manipuliert werden können, zu verwenden. Sie lenken dann ihre Aufmerksamkeit auf Wege, die nicht im Interesse jener Mitglieder der Firma sind, die nicht Anteilseigner sind. Die möglichen perversen Anreize, die das Shareholder Value-Prinzip auf das Management auszuüben vermag, wenn es als einziger Zweck der Firma angesehen wird, sind erheblich. Sie lenken die Ressourcen des Managements in unproduktive anstatt produktive Aktionen.

Die zweite Wirkung der perversen Anreize, die vom Shareholder Value-Prinzip ausgehen können, der „short-termism" einer übertriebenen Beachtung des kurzfristigen Aktienkurses an der Börse, liegt auch nicht im langfristigen Interesse der Firma, wenn langfristige profitable Strategien durch sie verhindert werden. Es ist jedoch wichtig zu sehen, daß Kurzfristigkeit nicht in ihr selbst ein wirtschaftlich und ethisch negatives Phänomen ist. Es kann wirtschaftlich notwendig und ethisch legitim sein, eine Investition schon nach sehr kurzer Zeit zu liquidieren, wenn man herausgefunden hat, daß sie eine Fehlentscheidung war oder einer Fehlentwicklung unterworfen ist.[9] Die Zeitstruktur der Entscheidungen des Managements kann jedoch durch die Shareholder Value-Maximierung unangemessen verkürzt werden.

VII. Wirkungen der Inversion auf die Beziehungen der Tarifpartner

Die Inversion des Prinzips der Maximierung des Shareholder Value vom Kontrollprinzip zum Hauptzweck der Firma behandelt die Mitglieder der Organisation der Firma als Mittel für den Zweck der Maximierung des Shareholder Value. Dieses Benutzen der Mitglieder der Organisation als Mittel für einen Zweck ist nicht in sich selbst verwerflich. Die Kantische Formulierung des Kategorischen Imperativs, daß man immer so handeln sollte, daß man den anderen niemals nur als Mittel benutzt, bedeutet nicht, daß man niemals eine andere Person als ein Mittel für einen legitimen Zweck verwenden darf. Die Firma, die die Shareholder Value-Maximierung zu ihrem Hauptzweck macht, mag nicht notwendig ihre Mitglieder *nur* als Mittel für diesen Zweck verwenden, aber sie ist doch in Gefahr, so zu handeln, und sie wird ihren Firmenmitgliedern den Eindruck vermitteln, daß sie nur Mittel für diesen Zweck sind und nicht auch Zweck an sich selbst für die Firma.

Das Stakeholder-Prinzip stellt dagegen sicher, daß alle Stakeholder und Mitgliedsgruppen der Firma in ihren Interessen wahrgenommen werden, aber es bietet der Firma, wie bereits erwähnt wurde, kein Prinzip an, mit dessen Hilfe sie zwischen den „Stakes" der Stakeholder, zwischen ihren Anliegen, im Verhandlungsprozeß eine Rangfolge bilden könnte. Am Ende beläßt der Stakeholder-Ansatz die Stakeholder in der Situation eines offenen Kampfes um die Macht und die Entlohnungen der Firma. Während der Shareholder-Ansatz nur das Interesse einer Stakeholdergruppe anzuerkennen scheint, erkennt der Stakeholder-Ansatz die vielen Interessen an, liefert aber kein Gerechtig-

---

9 Vgl. P. KOSLOWSKI: *Ethik der Banken und der Börse*, Tübingen (Mohr Siebeck) 1997, und A. ARGANDOÑA (Ed.): *The Ethical Dimension of Financial Institutions and Markets*, Berlin, New York, Tokyo (Springer) 1995.

keitsprinzip für den Prozeß des Interessenausgleichs, sondern nur ein Prinzip der strategischen Verhandlung.

Dies wird an der Tatsache offensichtlich, daß in dem Verhandlungsprozeß über die gerechtfertigten Ansprüche an die Firma die unterschiedlichen Stakeholdergruppen sich auf ein Gerechtigkeitsprinzip beziehen müssen. Das Gerechtigkeitsprinzip der Wirtschaft und damit der Firma ist es nun im allgemeinen, daß die Zahlungen und Belohnungen für geleistete Dienste nach dem Wert bestimmt werden, den der Betreffende für den Zweck der Organisation oder Firma beigetragen hat.[10]

Daß sich die Entlohnung nach dem Beitrag zum Zweck des Unternehmens richten muß, ist auch in anderer Formulierung der Inhalt des Prinzips *suum cuique tribuere*, jedem das zu geben, was ihm geschuldet wird, des Thomas von Aquin. Jeder sollte das erhalten, was er für den gemeinsamen Zweck der Organisation beigetragen hat. Dieses Prinzip bildete auch die tiefere Begründung für die Theorie, daß Einkommen und Löhne auf der Grenzproduktivität der Faktoren basieren sollten und daß die Produktionsfaktoren nach ihrem Grenzprodukt bezahlt werden sollten.

Das Prinzip, daß alle Mitglieder einer Organisation nach ihrem Beitrag zum Zweck der Firma bezahlt werden sollten, ist vom Shareholder Value-Prinzip unterschieden, das dazu tendiert anzunehmen, daß es die Aufgabe der Firma ist, sich nur auf die Beiträge einer Gruppe, die Anteilseigner, und auf die Zahlungen an sie nach Maßgabe ihrer Beiträge, sprich Anteile, zu der Firma zu konzentrieren.

Die Idee, daß der Residualgewinn nur dem Unternehmer und/oder Kapitaleigner gehört, wurde mit der Begründung kritisiert, daß der dispositive Faktor nicht der einzige ist, der für den dispositiven Erfolg der Firma verantwortlich ist, weil es auch dispositive Elemente in dem Beitrag der Arbeitnehmer zum

---

10 Vgl. für dieses Prinzip G. SCHMOLLER: „Die Gerechtigkeit in der Volkswirthschaft", *Jahrbücher für Gesetzgebung, Verwaltung und Volkswirthschaft im Deutschen Reich*, 5 (1881), S. 19-54. – Vgl. zur Historischen Schule der Nationalökonomie P. KOSLOWSKI: *Gesellschaftliche Koordination. Eine Theorie der Marktwirtschaft*, Tübingen (Mohr Siebeck) 1991; P. KOSLOWSKI (Ed.): *The Theory of Ethical Economy in the Historical School. Wilhelm Roscher, Lorenz von Stein, Gustav Schmoller, Wilhelm Dilthey and Contemporary Theory*, Berlin, New York, Tokyo (Springer) 1995; und P. KOSLOWSKI (Ed.): *Methodology of the Social Sciences, Ethics, and Economics in the Newer Historical School. From Max Weber and Rickert to Sombart and Rothakker*, Berlin, New York, Tokyo (Springer) 1997.

Erfolg der Firma geben kann. Da jedoch die Arbeitnehmer gewöhnlich nicht bereit sind, sich auch am Residualverlust zu beteiligen, erscheint die Zurechnung des Residualgewinns auf die Eigentümer gerechtfertigt.

Daß der Residualgewinn faktisch nur einer Gruppe zugerechnet wird, macht es notwendig, eine stärkere Beteilung der Arbeitnehmer an der Kapitalbildung und ihre Beteiligung am Residualgewinn und Shareholder Value anzustreben. Die Forderung nach einer stärkeren Arbeitnehmerbeteiligung am Eigentum an Produktionsmitteln ist die notwendige Begleitung der neuen Betonung der Maximierung des Shareholder Value. Wenn Shareholder Value in das Zentrum der Ziele der Firma rückt, wird es notwendig, daß die Arbeitnehmer auch einen höheren Anteil am Shareholder Value erhalten, der durch die Firma geschaffen wird.

Es gibt eine Abfolge von Disziplinierungsprinzipien im Unternehmen und eine Sequenz von Kontrollen, die füreinander eintreten, wenn eine von ihnen versagt: Die Anteilseigner verhindern das Sich-Drücken der Firmenmitglieder um ihre Beitragsleistungen; die Stakeholder disziplinieren die Anteilseigner und deren Ansprüche auf Kapitalrendite und hindern sie daran zu glauben, ihr Zweck sei der einzige Zweck des Unternehmens; der Zweck der Firma, das Produkt, und das Prinzip der Gerechtigkeit, daß jedes Mitglied der Firma nach seinem Beitrag zum Firmenzweck entlohnt werden sollte, disziplinieren die Stakeholder. Das Shareholder Value-Prinzip und die Shareholder disziplinieren die Firma; das Stakeholder Value-Prinzip und die Stakeholder disziplinieren und begrenzen die Shareholder; der Zweck der Firma schließlich diszipliniert und begrenzt die Ansprüche der Stakeholder und Shareholder.

VIII. Die Betonung des Shareholder Value und die Interessen der Manager: Fusion von Anteilseigner- und Managerinteressen?

Das Prinzip des Shareholder Value kann nicht allein verstanden werden als ein Prinzip der verstärkten Kontrolle der Leistung des Managements. Die Überbetonung des Shareholder Value durch die Firma kann vielmehr auch zu einer Fusion der Interessen der Manager mit denjenigen der Shareholder gegen die Interessen der anderen Stakeholder führen. Wenn die Anteilseigner und die Manager eine einzige Stakeholdergruppe mit dem gemeinsamen Interesse an der Steigerung ihres Einkommens über den Aktienkurs der Firma bilden, werden die Manager versucht sein, in ihrem und im Interesse der Anteilseigner für einen höheren Aktienkurs auf Kosten der Firma und zu Lasten der anderen Stakeholder zu entscheiden. Die Entwicklung der Einkommen der Manager britischer Staatsfirmen, die privatisiert und in Aktiengesellschaften umgewandelt wurden, spricht hier eine klare Sprache. Die auffälligste Folge der Privatisierung dieser Firmen war die Vervielfachung der Einkommen ihrer Manager.

Die Maximierung des Shareholder Value schafft Anreize für die Manager, mehr auf die Spekulationsgewinne der Aktienkurse ihrer Firma zu achten als auf den Gewinn aus überlegener Produktivität und überlegenen Produkten. Diese Anreize können zu perversen Anreizen werden, weil der Wert der Anteile im Aktienmarkt nicht das Resultat der tatsächlichen Leistung des Managers und der Firma, sondern ihrer wahrgenommenen Leistung ist. Der Aktienkurs einer Firma ist zudem auch durch die bloße Spekulation anderer in den Wert der Firmenaktie beeinflußt.

Dieses spekulative Element in den Aktienkursen und damit im Shareholder Value macht es problematisch, das Gehalt der Manager zu eng an die Entwicklung des Kurses der Aktien ihrer Firma zu binden. Wenn die Anteile der Firma eine Wertsteigerung erfahren, die auf bloße Spekulation an der Börse zurückzuführen ist, ist die Steigerung des Einkommens, die das Management aus Aktienoptionen und ähnlichem aufgrund dieser Spekulation erhält, nicht gerechtfertigt. Auch wird das Management, wenn es ein höheres Zusatzeinkommen aus Aktienoptionen und ähnlichem erhält, seine Aufmerksamkeit stärker auf die Bewegung der Aktienpreise als auf die Geschäftstätigkeit ihrer Firma lenken.

Interessant ist die Fallstudie einer Klage gegen den Aktienplan der Daimler-Benz AG für 1600 Führungskräfte ihrer Firma. Ein Anteilseigner der Firma, Ekkehard Wenger, Professor für Betriebswirtschaftslehre, hatte gegen den Konzern geklagt, weil durch diesen Plan seine Interessen als Aktionär verletzt würden. Eine Umwandlung von Optionsanleihen der Manager in Daimler-Benz-Aktien nach drei Jahre unter der Bedingung, daß der Aktienkurs der Firma um 15 v. H. in diesem Zeitraum gestiegen ist, sei unzulässig, weil durch diese Aktienwertsteigerung keine besondere Leistung des Managements dann vorliege, wenn der Durchschnitt des Aktienmarktes dieselbe Wertsteigerung aufweise. Eine besondere, vom Börsenerfolg des Unternehmens abhängige Erfolgsentlohnung könne nur gerechtfertigt werden, wenn die Steigerungsrate des Aktienkurses der Firma über der durchschnittlichen Steigerungsrate des Aktienmarktes liege. Das Stuttgarter Oberlandesgericht verwarf diese Klage mit der Begründung, daß „die betriebswirtschaftliche Beurteilung eines solchen Planes nicht Sache des Gerichts (ist).“[11] Allerdings bleibt auch nach der Entscheidung des Gerichts die betriebswirtschaftliche Frage offen, ob eine durchschnittliche Steigerung des Aktienwertes eines Unternehmens von fünf v. H. p. a. Zusatzeinkommen des Managements auf dem Wege über Aktienbeteiligungen rechtfertigt oder nicht und ob solche Pläne zu einer überzogenen Ausrichtung der Arbeit des Managements auf den Aktienkurs ihrer Firma und damit zu perversen Anreizen führen oder nicht.

IX. Positive Wirkungen des Shareholder Value-Prinzips auf die Zeitstruktur der Investitionen

Eine der wichtigsten Wirkungen des Shareholder Value als Kontrollprinzip und Disziplinierungsmethode ist es, daß es sicherstellt, daß die Firma in jeder Periode Profit macht, und damit die Zeitstruktur und Zeitpräferenz der Investitionen reguliert. Rappaport[12] stellt diese Wirkung des Shareholder Value-Prinzips, die als der Hauptnutzen des Shareholder Value-Prinzips für die Firmenleistung und die Dividendenpolitik angesehen werden kann, dar. Das Shareholder Value-Kriterium zwingt die Firma, in jedem Jahr sicherzustellen, daß die Investitionen in die Firma in jedem Jahr profitabel sind, und das erfordert, daß jedes Jahr eine Dividende bezahlt wird.

Rappaport weist darauf hin, daß es theoretisch sinnvoll wäre, überhaupt keine Dividende zu zahlen, wenn die Kapitalerträge aus der Firma in den kommenden Perioden positiv sein und über dem Marktzinssatz liegen werden. In diesem Fall sollten alle Gewinne in der Firma verbleiben, weil sie einen

---

11 Vgl. „Niederlage für Daimler-Kritiker Wenger“, in: *Süddeutsche Zeitung* Nr. 185, 13. August 1998, S. 17, sowie „Wenger unterliegt Daimler“ und den Kommentar von MATHIAS PHILIP: „Aktienoptionen“, in: *Hannoversche Allgemeine Zeitung* Nr. 188, 13. August 1998, S. 9, der für Wenger gegen Daimler-Benz Position bezieht. Siehe auch *Frankfurter Allgemeine Zeitung* vom selben Tage.

12 A. RAPPAPORT: *Shareholder Value. Wertsteigerung als Maßstab für die Unternehmensführung*, Stuttgart (Schäffer-Poeschel) 1995, S. 27ff. Original: *Creating Shareholder Value. The New Standard for Business Performance*, New York (The Free Press) 1986.

höheren Ertrag in der Zukunft gewähren werden, wenn sie in der Firma akkumuliert und nicht als Dividenden ausgezahlt werden.

Das Shareholder Value-Kriterium verbietet jedoch diese Option, indem es gegen den Gedanken, daß Profite in der Firma für Selbstfinanzierung und Eigenkapitalbildung verbleiben sollten, ein sehr einfaches Argument vorbringt: Wenn die Firma nicht Dividenden bezahlt, werden die Shareholder sie verlassen. Hinter der scheinbaren Untreue der Anteilseigner liegt jedoch eine tiefere Weisheit: Die Anteilseigner können nicht sicher sein, daß das, was das Management über die künftigen Erträge und Dividenden, die in der Firma verbleiben und nicht ausgezahlt werden, sagt, wahr ist, und sie können zum anderen nicht sicher sein über die Zukunft, da die gesamte ökonomische Situation sich in den nächsten drei Jahren ändern kann, so daß die Gewinne, die während drei Jahren in der Firma verblieben, im vierten Jahr verloren sind. In beiden Fällen wird der Anteilseigner durch sein Warten nichts gewinnen.[13]

Die Betonung des Shareholder Value-Ansatzes, daß Shareholder Value in jedem Jahr realisiert werden muß, entspricht dem kürzeren Zeithorizont in der Rentierung von Investitionen, der für kapitalistische demokratische Gesellschaften charakteristisch ist. Dieser kürzere Zeithorizont erscheint auch aus einer ethischen Perspektive wünschenswert. Obgleich es nicht *prima facie* offensichtlich ist, daß die kurzfristige Strategie bevorzugt werden sollte, weil Entscheidungsträger gewöhnlich ohnehin eine Neigung zum short-termism aufweisen und daher alles, was die langfristige Investition unterstützt, einen höheren ethischen Wert zu haben scheint, ist es vernünftig, darauf zu bestehen, daß sich Investitionen in jeder Periode auszahlen. Die Betrachtung von undemokratischen, nicht-kapitalistischen Gesellschaften zeigt, daß in diesen Gesellschaften die Bevölkerung oft dadurch getäuscht wurde, daß gegenwärtige Opfer an Wohlfahrt durch Versprechen auf zukünftigen gesteigerten Reichtum gerechtfertigt wurden. Stalin ließ beispielsweise Ingenieure hinrichten, die ihm sagten, daß bestimmte Projekte langfristiger Investitionen im Norden Rußlands oder in Sibirien niemals profitabel sein könnten. Weil er ihre Prognose nicht zur Kenntnis nehmen wollte, ließ er sie hinrichten.

Jenseits dieses grausamen Einforderns und Durchsetzens von Opfern für die Zukunft durch Terror ist der Fall von Interesse für die Zeitperspektive von Investitionen, für die Opfer, die von Individuen für die eigene Investition zu erbringen erwartet werden, und für die ethische Relevanz dieser Frage. In einer

13 Vgl. GÜNTER H. ROTH: „Shareholder Value und Dividendenausschüttung", in diesem Band unten.

demokratischen kapitalistischen Gesellschaft erwarten die Bevölkerung und die Investoren einen Ertrag aus ihren Investitionen in einer vergleichsweise kurzen Zeitperiode. Eine Investition, die nicht ihre Profitabilität in kurzer Frist sicherstellen kann, wird nicht vollzogen werden. Diese durch das Shareholder Value-Kriterium begründete Empfehlung ist nicht nur ökonomisch effizient, sondern auch ethisch legitim für wohlhabende Volkswirtschaften. Ob dieses Urteil auch für Gesellschaften zutrifft, die im wirtschaftlichen Aufbau begriffen sind und höhere Sparraten erzielen müssen, ist eine andere Frage, die hier offenbleiben muß.

Die andere positive Nebenwirkung dieses Zwanges zur Ausschüttung von Dividenden in jedem Jahr, die vom Shareholder Value-Kriterium herbeigeführt wird, ist die Erschwernis der Bildung von Monopolen oder marktbeherrschenden Stellungen im Markt. Wenn der Anteilseigner den Manager zwingen kann, Dividenden auszuschütten und Gewinne nicht innerhalb der Gesellschaft in Form von Rücklagen oder Eigenkapital zu thesaurieren, und wenn die Anteilseigner die Gewinne für Konsum und nicht für die Reinvestition in die Anteile der Gesellschaft verwenden, wird es für die Firma schwieriger sein, zu wachsen und den Markt zu dominieren oder zu kontrollieren.

X. Shareholder Value und das Verständnis der Marktgesellschaft

Die Betonung des Shareholder Value wirkt auf das Verständnis der Ordnung der Marktwirtschaft zurück. Die Betonung, die die Shareholder Value-Theorie auf den zukünftigen Cash Flow und die erwarteten Erträge aus alternativen Investitionsprojekten legt, lenkt das Interesse des Unternehmers auf neues Wissen und neue Produkte, die hohe Finanzerträge versprechen. Der Shareholder Value-Ansatz konzentriert sich nicht auf die Anpassung der Firma an gegebene Marktbedingungen, sondern auf die Schaffung neuer Produkte und die Erschließung neuer Märkte. In dieser Betonung der neuen und alternativen Investitionsgelegenheiten steht die Shareholder Value-Theorie der Prozeßtheorie des Marktes in der Österreichischen Schule der Nationalökonomie näher als der Theorie des allgemeinen Gleichgewichts und der neoklassischen

Ökonomie.[14] Sie kann damit auch eine wichtige Korrektur der statischen Vorstellung der Wirtschaftsordnung und der wirtschaftlichen Institutionen bewirken, die in der deutschen Ordnungstheorie des Ordo-Liberalismus dominant ist.

Die Shareholder Value-Theorie zeigt, daß die statische Ordnung, die dem Modell der vollkommenen Konkurrenz zugrunde liegt, ständig durch neue Alternativen und Gelegenheiten der Investition aufgebrochen werden muß und daß der Markt ein Prozeß ist, in dem das Kapital in die besten alternativen Verwendungsmöglichkeiten fließt, die häufig gerade in vollständig neuen Produkten und Produktionsprozessen bestehen. Investitionen müssen die relative Marktsituation der Firma beachten und nach neuen Gelegenheiten Ausschau halten, um auch jene Märkte, die im Gleichgewicht sind, durch unternehmerische Innovation und das Neupositionieren von Firmen aufzubrechen. Der Shareholder Value-Ansatz bestätigt eher die Theorie des Marktprozesses der Österreichischen Schule als die neoklassische Vision des allgemeinen Gleichgewichts. Er ist eine Konzeption der Schaffung von Ungleichgewichten im Markt.

XI. Ungleiche Möglichkeiten der Steuervermeidung für Arbeit und Kapital und die Nowendigkeit der Bildung von Shareholder Value in Arbeitnehmerhand

Die Öffnung des Weltmarktes, vor allen Dingen die Öffnung der ostasiatischen und chinesischen Märkte, hat notwendigerweise zu einem Wandel im Verhältnis von Kapitaleinkommen und Arbeitseinkommen in den hochentwickelten Volkswirtschaften geführt. Es ist unvermeidlich, daß Kapital knapper geworden ist trotz des Phänomens der verstärkten Vererbung von Kapitalbesitz, der besonders in Deutschland einen wichtigen historischen Wandel nach den erheblichen Vermögensverlusten während und nach dem Zweiten Weltkrieg darstellt. Ein weit gestreuter Vermögens- und Kapitaltransfer durch

14 Vgl. zu dieser Unterscheidung in der Theorie des Marktes A. BOSCH, P. KOSLOWSKI, R. VEIT (Eds.): *General Equilibrium or Market Process. Neoclassical and Austrian Theories of Economics*, Tübingen (Mohr Siebeck) 1990, und P. KOSLOWSKI: *Prinzipien der Ethischen Ökonomie*, Tübingen (Mohr Siebeck) 1988, 2. Aufl. 1994.

Vererbung wird zum ersten Mal in Deutschland vollzogen, der allerdings auf den Westen Deutschlands beschränkt ist.

Im Weltmaßstab ist jedoch die Knappheit von Kapital trotz der niedrigen Zinssätze gegeben, eine Tatsache, die durch die hohen Dividenden und Kurssteigerungen im Aktienmarkt bestätigt wird. Die Globalisierung ist nicht nur der Grund, sondern auch das Resultat der Erweiterung des Kapitalmarktes, die wiederum durch die Nachfrage nach Kapital in jenen Ländern, die durch ein hohes Angebot an Arbeit und einen hohen Bedarf an Kapitalinvestitionen aus den entwickelten Volkswirtschaften gekenzeichnet sind, hervorgerufen wird. Um ein Beispiel zu geben, sei auf den Zinssatz für Industriekredite in Rußland hingewiesen, der im Sommer 1997 bei 48 v. H. per annum lag, ein Zinssatz, der ein Indikator für eine extreme Kapitalknappheit ist. Dieser hohe Zinssatz ist zugleich ein Indikator für eine Wirtschaftsordnung, die nicht funktioniert. Nicht nur in Rußland mit seinen extremen Marktbedingungen, sondern auch im Weltmarkt hat sich das Verhältnis zwischen Kapital- und Arbeitseinkommen gewandelt. Kapital ist knapper geworden als Arbeit, eine Entwicklung, die umgekehrt auch die Globalisierung der Verwendung von Kapital und Kapitalinvestitionen bewirkt.

Die relative Steigerung der Kapitaleinkommen im Verhältnis zu den Arbeitseinkommen wird verstärkt durch ein Phänomen, das ebenfalls eine Folge der verstärkten Globalisierung und Mobilität des Kapitals ist, die erhöhte Steuervermeidung in den fortgeschrittenen Volkswirtschaften.

Das Phänomen der erhöhten Steuervermeidung bei Kapitaleinkommen wird dadurch hervorgerufen, daß Kapitaleinkommen ihre Besteuerung leichter vermeiden können als Arbeitseinkommen. Da der Ort, an dem Kapital besteuert wird, leichter zu einem Ort, an dem niedrigere Steuerraten vorherrschen, verändert werden kann als der Ort, an dem die Arbeitseinkommen besteuert werden, da der Faktor Arbeit notwendig stärker inkulturiert und in eine Gemeinschaft integriert ist, während der Faktor Kapital frei um den Erdball flotieren kann, sind Kapitaleinkommen weniger ortsgebunden als Arbeitseinkommen.

Das Problem der Steuervermeidung und die Tatsache, daß Kapitaleinkommen Steuern leichter vermeiden können als Arbeitseinkommen, bildet die Achillesferse des Shareholder Value-Ansatzes. Es macht es notwendig, Kapital in der Hand von Arbeitnehmern zu bilden. Ein verstärktes Eigentum an den Produktionsmitteln in der Hand der Arbeitnehmer wird dringlich nicht primär aufgrund von Überlegungen der Einkommensverteilung und weil Kapitaleinkommen stärker steigen als Arbeitseinkommen. Vermögensbildung in

Arbeitnehmerhand wird vielmehr deshalb notwendig, weil die Besteuerung ungleicher und damit die Steuergerechtigkeit problematisch wird. Wenn Kapital- und Anteilseigner die Besteuerung zu einem höheren Grad vermeiden können als die Arbeitnehmer, indem sie legale Steuervermeidung praktizieren, ohne auf illegale Steuerhinterziehung oder gar Steuerbetrug zurückzugreifen, steht die Volkswirtschaft vor einer Herausforderung, die nicht zuerst ein Verteilungsproblem bei den Einkommen, sondern ein Problem der Steuergerechtigkeit und der Verteilung der Steuerlasten ist. Die Besteuerung wird regressiv, anstatt progressiv oder zumindest linear zu sein.

Es gibt einen wachsenden Konsens innerhalb der Wirtschaftswissenschaft, daß die höhere Mobilität des Kapitals im Weltmaßstab es unmöglich macht, den herkömmlichen Steuerstaat aufrechtzuerhalten, wie er in den fortgeschrittenen Volkswirtschaften bisher vor allen Dingen in Kontinentaleuropa verwirklicht war.[15] Die Steuerbasis von Ländern mit einer hohen Steuerate wie Deutschland und Italien wird nach und nach durch die Möglichkeit zerstört, den Firmenstandort oder wenigstens den Ort, an dem die Firma besteuert wird, in Länder mit niedrigeren Steuersätze zu verlegen. Deutschland wird inzwischen von kleineren Ländern umgeben, die alle niedrige Steuersätze aufweisen wie Österreich, Luxemburg und die Schweiz und damit Kapital aus den Ländern mit höheren Steuersätzen anziehen. Kleine Länder können den Rückgang der inländischen Steuereinnahmen, der bei einer Senkung der Steuersätze auftritt, durch den Zufluß von Kapital aus Ländern mit hohen Steuern mehr als ausgleichen.

In einer solchen Situation wird die Aufgabe drängend, ein neues Gleichgewicht zwischen den relativen Vorteilen bei der Besteuerung zwischen Kapital- und Arbeitseinkommen zu schaffen. Die Bildung von Shareholder Value nicht nur in solchen Kreisen, die bisher Kapitaleigentümer waren, sondern auch in der Hand von Arbeitnehmern wird wegen der Besteuerungsungleichheit zu einer zwingenden politischen Aufgabe.

Die Regierungen von Steuerstaaten erweisen sich mehr und mehr als unfähig, die Möglichkeiten der Steuervermeidung, die Kapitaleignern zur Verfügung stehen, zu verhindern, und sie stehen der Verlegung der Kapitaleinkommen ins Ausland zum Zweck der Steuervermeidung vergleichsweise hilflos gegenüber. Die Regierung kann zwei Konsequenzen aus dieser Entwick-

15 Vgl. VITO TAZI: „Globalization, Tax Competition and the Future of Tax Systems", in: G. KRAUSE-JUNK (Hrsg.): *Steuersysteme der Zukunft*, Berlin (Duncker & Humblot) 1998, S. 11-27.

lung ziehen: Sie kann erstens die indirekten Steuern auf Einkommen verlagern auf die direkten Steuern auf Konsum. Dies ist eine Option, die jedoch auch die Progression der Besteuerung aufhebt und in ihrer Wirkung auf die niedrigen Einkommensgruppen eher regressiv ist.

Die andere Option, die der Regierung zur Verfügung steht, ist es, den Zugang zu Einkommensarten, die unvermeidlich niedriger versteuert werden, auch jenen Gruppen zu eröffnen, die bisher keinen Zugang zu ihnen hatten, der Gruppe der Arbeitnehmer, und die Steuersätze auf Kapitaleinkünfte für alle zu senken. Die Ungleichheiten der Besteuerung zwischen Kapital oder Shareholer Value einerseits und Arbeitseinkommen andererseits können langfristig nicht aufrecht erhalten werden.

Weil Kapitaleinkommen Länder mit sehr hohen und vielleicht nicht einmal rechtfertigbaren Steuerraten meiden und weil dieser Sachverhalt von der Regierung außer durch Maßnahmen der strikten sozialen Kontrolle kaum geändert werden kann, müssen Individuen aus allen sozialen Schichten Kapitaleigner werden, um in der Lage zu sein, die unvermeidlich niedrigeren Steuersätze für Kapitaleinkommen in Anspruch nehmen zu können, die durch den Prozeß der Globalisierung herbeigeführt werden.[16]

Die Ungleichheit der Einkommen und die ungleiche Verteilung des Kapitalbesitzes wird auch unter den Bedingungen der verstärkten Bildung von Kapitaleigentum in den Händen von Arbeitnehmern fortdauern, aber die Ungleichheit der Besteuerung des gesamten persönlichen Einkommens wird zumindest im Grad der Ungleichheit verringert, wenn es zu einer verstärkten Bildung von Kapital in Arbeitnehmerhand kommt.

---

16 Die Wirkungen der Steuern und die Steuervermeidung waren bereits ein Argument für die Bildung von Produktivvermögen in Arbeitnehmerhand in den 50er Jahren. Nell-Breuning als der einflußreichste Vordenker in dieser Frage begründete die Forderung nach der Bildung von Kapital in Arbeitnehmerhand mit der hohen Besteuerung von Kapital, die eine Überinvestition der Kapitaleigner in Steuervermeidung bewirkte und damit zu einem hohen Maß an ökonomisch nutzlosen Investitionen führte, die nur durch den Wunsch nach Steuervermeidung und Steuerersparnis vollzogen wurden. Vgl. O. VON NELL-BREUNING: „The Formation of Private Property in the Hands of Workers" (1956), in: P. KOSLOWSKI (Ed.): *The Social Market Economy. Theory and Ethics of the Economic Order*, Berlin, New York, Tokyo (Springer) 1998, S. 305ff.

PETER KOSLOWSKI

XII. Shareholder Value und die Individualethik des Investors

Eine der Schwierigkeiten des Shareholder Value-Ansatzes ist es, daß er die Gewinnmaximierung oder die Maximierung des Shareholder Value zu einem Ziel macht, das ethisch nicht mehr in Frage gestellt wird. Vom Standpunkt der Wirtschaftsethik ist Gewinnverfolgung wie die Verfolgung jedes endlichen Zieles jedoch nur legitim unter ethischen Nebenbedingungen und innerhalb der Ordnung der Ziele, die ein Individuum für sich wählt. Nicht jede Verfolgung und Bildung von Gewinn wird vom Recht und von der Ethik gebilligt. Gewinne aus Insider Trading z.B. sind eine Form der Gewinnbildung, die vom Gesichtspunkt der Allokationseffizienz her im Urteil des Ökonomen sogar effizient sein kann, die jedoch vom Recht verboten wird, weil sie zentralen Grundsätzen des Rechts, vor allen Dingen dem Prinzip der Rechtsgleichheit widerspricht. Es gibt auch andere Formen des Gewinns und andere Arten der Gewinnbildung, die weder legal noch ethisch akzeptabel sind, wie alle Formen des Gewinns, die aus Korruption entstehen. Es ist daher unmittelbar einsichtig, daß Shareholder Value-Maximierung nur legitim ist, wo Bestechung und andere Formen der Korruptionen nicht verwendet werden, um sie zu erzielen.

Die Einschränkungen in den zulässigen Arten der Gewinnmaximierung betreffen nicht nur das Recht, obgleich die rechtlichen Beschränkungen die wesentlichen sind. Sie betreffen auch die ethischen Normen, weil es immer Ungleichzeitigkeiten in der Entwicklung des Rechts gibt. Gewöhnlich geht die Bildung ethischer Normen der Bildung der Rechtsnormen voraus. So wurde z.B. Insider Trading an der Börse für unethisch erklärt, bevor es illegal wurde und durch das Strafrecht sanktioniert wurde. Es wurde durch die informellen Regeln der Berufsethik der Börsenmakler und Banken für unethisch erklärt.

Gewinnmaximierung und die Maximierung des Shareholder Value sind nur unter ethischen und rechtlichen Bedingungen möglich, und die Erfüllung dieser Bedingungen oder Constraints impliziert auch, daß der Investor sich die Wirtschaftsethik der Investition zu eigen macht. Der Investor hat die ethische Verpflichtung zu prüfen, wo er investiert. Der österreichische Wirtschaftsethiker Messner schloß beispielsweise Investitionen in Kolonialunternehmen aus, die Eingeborene ausbeuteten, weil dies eine unethische Form der Gewinnerzielung sei.[17]

Die andere, umstrittenere Frage ist, ob der Investor eine Verpflichtung hat, in seinem eigenen Land zu investieren oder zumindest einen größeren Teil seines Portfolios für Investitionen in seinem eigenen Land zu verwenden. Eine strikte Verpflichtung kann kaum gerechtfertigt werden, aber es ist eine sinnvolle Frage, ob es nicht zu den Überlegungen eines Anteilseigners gehören muß, seinem eigenen Land einen Vorrang bei seinen Investitionen zu geben, weil die Loyalität zum Standort des Investments ethisch relevant sein kann.

XIII. Shareholder Value, Investitionsfonds und Untreue der Investition

Wenn ein integrierter Weltkapitalmarkt im Entstehen ist und wenn es die einzige Verpflichtung des Investors sein soll, sein Kapital jederzeit so schnell wie möglich an den Ort zu verlagern, wo es eine Kapitalertragsrate erzielen könnte, die nur marginal höher ist als an dem gegenwärtigen Ort der Investition, sieht sich die Volkswirtschaft dem Problem der „ökonomischen Untreue" gegenüber. Durch die Dominanz einer engen Interpretation der Forderungen des Shareholder Value-Prinzips würde es zu einer quasi ethischen Sanktionierung der totalen Untreue der Investition kommen.

Das Problem der „Untreue der Investition" wird besonders dadurch erschwert, daß die anonymen Pensionsfonds eine wachsende Rolle im Kapitalmarkt spielen. Wenn die Pensions- und Investitionsfonds in der Weise arbeiten, daß sie ihre Investitionen sofort liquidieren würden, wenn sie eine Kapitalertragsquote erzielen könnten, die nur um 0,01 v. H. nach Abzug aller Transaktionskosten höher ist als die Investition, in der sie sich gegenwärtig engagiert haben, wäre die daraus folgende Strategie nicht volkswirtschaftlich

---

17 Vgl. J. MESSNER: *Ethik. Kompendium der Gesamtethik*, Innsbruck, Wien, München (Tyrolia) 1955, VII. Buch: *Wirtschaftsethik*. - Messner entwickelte seine These als Teil einer Kolonialethik unter nicht-kolonialen Bedingungen. Seine These kann auf das Problem angemessener Löhne in Ländern übertragen werden, in denen der staatliche Minimallohn bereits so niedrig ist, daß er nicht angemessen erscheint im Vergleich zu den Lebenshaltungskosten.

rational und effizient, weil die „Untreue“ der Investmentfonds jene Firma, die sie verlassen, unnötig unter Druck setzt, neue Anteilseigner zu finden.

Das andere fragwürdige Resultat der Shareholder Value-Debatte besteht in ihren Rückwirkungen auf die Struktur der menschlichen Motivation. Indem sie die Gewinnerzielung zum letzten Zweck aller Wirtschaftsaktivität macht, verbirgt der Shareholder Value-Ansatz die Frage und vermeidet die Debatte, welche Arten der Wirtschaftsaktivität legitim sind und welche nicht und ob es Wirtschaftsaktivitäten gibt, die wohl das Shareholder Value maximieren, aber vom ethischen Standpunkt nicht akzeptabel sind. Auch diese Wirkung ist durch die Inversion von Mitteln und Zielen im Begriff der Firma verursacht, die das Resultat der Shareholder Value-Theorie sein kann.

Wenn die Shareholder Value-Maximierung zum letzten Zweck der Wirtschaft und zur ersten Aufgabe aller Firmen gemacht wird, geht die Unterscheidung zwischen legitimen und illegitimen Formen der Gewinnerzielung verloren, weil der tatsächliche Zweck der Firma oder einer wirtschaftlichen Aktivität stets nur noch als Mittel für den Zweck der Gewinnmaximierung oder als ein untergeordnetes Ziel angesehen wird, das das erste Ziel und die erste Pflicht der Menschen, die in der Wirtschaft arbeiten, das Shareholder Value zu maximieren, nicht in Frage stellen kann. Die Rückwirkungen dieser Veränderung auf die Motivationsstruktur des Menschen sind erheblich.[18]

Die Wirkungen von Investmentfonds und ihrer möglichen Untreue sind höchst unterschiedlich in den verschiedenen Ländern. Während die Pensionsfonds praktisch keine Rolle im Kapitalmarkt in Deutschland spielen und die Börse deshalb nicht so lebendig ist wie in den USA und Großbritannien,

---

18 Das Problem der Inversion von Mitteln und Zielen wird von Helen Alford und Michael Naughton in Begriffen der Inversion von fundamentalen und ausgezeichneten Gütern formuliert. Obgleich die Bedeutung dieser Unterscheidung einsichtig ist, scheint es, daß die Idee, daß Shareholder Value der fundamentale Zweck der Firma und die anderen Zwecke wie die Erfüllung der „Stakes“ der anderen Stakeholder ausgezeichnete Güter sind, der Tatsache nicht Gerechtigkeit widerfahren läßt, daß es das fundamentale Gut der Firma ist, das bestmögliche Produkt zu erstellen mit optimaler Produktivität und Arbeitsbedingungen. Das gute Produkt und die guten Produktionsbedingungen sind sozusagen schon das fundamentale Gut der Firma. Vgl. H. ALFORD und N. NAUGHTON: „Working the Common Good: The Purpose of the Firm“, Vortrag auf der Tagung „The Nature and Purpose of the Business Organisation within Catholic Social Thought“, 13. August 1998, University of St. Thomas, Minneapolis/ St. Paul, USA, erscheint im Kongreßband, der von M. NAUGHTON herausgegeben wird.

spielen die Pensionsfonds als Finanzinstitutionen im Kapitalmarkt der USA und Großbritanniens eine zentrale Rolle. Zwar sollte die Bildung von Pensionsfonds in Deutschland unterstützt werden, um den Kapitalmarkt zu stärken,[19] man muß sich jedoch bewußt sein, daß der hohe Grad an Unpersönlichkeit der Investitionen in den Pensionsfonds auch eine problematische Seite aufweist.

Da die Manager der Pensionsfonds nicht für sich selbst investieren, sondern für andere, fühlen sie sich zu einer vollständigen Nichtinvolviertheit und Untreue gegenüber den Firmen, in die sie investieren, legitimiert. Die Manager der Pensionsfonds investieren nicht als Anteilseigner, sondern als Agenten oder Treuhänder für andere Prinzipale oder Mandanten, und sie investieren für die Altersrenten anderer. Sie können sich daher ständig von ihrer Verantwortung für die Firmen, in die sie investieren, dadurch exkulpieren, daß sie darauf verweisen, daß sie das Shareholder Value im Interesse ihrer Pensionäre maximieren müssen und daß jedes Mittel, das Shareholder Value zu maximieren, gerechtfertigt ist, weil es um die Alterssicherung geht. Diese Exkulpierung von der Verantwortung für die Konsequenzen der eigenen Investitionsentscheidungen, die durch die Dominanz des Shareholder Value-Prinzips ermöglicht wird, ist nicht in derselben Weise möglich für jene Anteilseigner, die für ihre eigene Rechnung investieren.

Jede Art der treuhänderischen Beziehung oder des Handelns für jemand anderen und dessen Zwecke bewirkt eine Reduktion der moralischen Verpflichtung, weil die Verantwortung für die Handlungen zwischen dem Prinzipal und dem Agent geteilt wird und hin- und hergeschoben werden kann. Im Falle der Investmentfonds wird die Verantwortung der Fondsmanager für die Investitionsentscheidungen dadurch reduziert, daß das Interesse des Rentners an hohen Altersrenten oberflächlich gesehen legitim jenseits aller Diskussion zu sein scheint und die Fonds in der rücksichtslosen Verfolgung der Shareholder Value-Maximierung durch die Manager der Fonds sich stets auf dieses höherrangige Interesse berufen können.

Das Phänomen der „Desinvoltura“, des Nichtinvolviertseins des institutionellen Investors in die Sache und das Produkt der Firma, in die er investiert, gilt auch für das bereits beschriebene Verhältnis der Holding zu ihren Divisions. Auch hier kommt es zur Gefahr der Untreue der Investition der Holding gegenüber den Divisions. Die Untreue der Holding ruft wiederum die Gegenre-

19 Vgl. RAINER FEHN: „Schaffen Pensionfonds über vollkommenere Kapitalmärkte mehr Beschäftigung?“, in diesem Band unten.

aktion der Untreue der Divisions gegenüber der Holdingzentrale hervor. Aus seiner wirtschaftsethischen Beratungspraxis ist dem Autor bekannt, daß die Untreue und das Desinteresse der Divisions am Schicksal der Gesamtfirma zunehmend zum Problem für Holding-Gesellschaften werden, die sich an den Wirtschaftsethiker mit der Bitte wenden, eine Ethik für den Umgang der Divisions untereinander und mit der Zentrale zu entwerfen.

Das Element der Untreue in den Investitionsentscheidungen, das durch die institutionellen Regelungen der Pensionsfonds verstärkt werden kann, ist nicht nur fragwürdig von einem ethischen Standpunkt aus, sondern auch vom Standpunkt der Allokationseffizienz. Man muß die Frage stellen, ob der Investor im Rahmen des Shareholder Value-Prinzips nicht auch die Pflicht haben muß, einer Firma bis zu einem gewissen Grade treu zu bleiben, auch wenn diese Firma, in die er investiert hat, in eine Periode der Krise gerät. Die Verpflichtung zu einer gewissen Solidarität mit dem Gegenstand der Investition und die Verpflichtung, die Allokationseffizienz bzw. Shareholder Value-Maximierung zu sichern, müssen gegeneinander abgewogen werden.

Die Frage der Untreue der Investitionen ist dem Problem vergleichbar, wie die Firma mit den persönlichen Krisen ihrer Mitarbeiter umgehen sollte. Kann es diese sofort feuern, wenn ihre Beitragsleistungen abfallen? Oder sollte sie sich verpflichtet fühlen, ihnen eine Chance zu geben, sich von Krisen zu erholen? In beiden Fällen ist es schwer, das Problem zu quantifizieren und eine einfache Lösung zu geben. Die notwendige Treue und die notwendige Untreue oder Bereitschaft zur Abwanderung in Investitions- und Arbeitsbeziehungen müssen vom Entscheidungsträger in persönlicher Verantwortung gegeneinander abgewogen werden.

XIV. Schluß: Shareholder Value als Nebenwirkung eines guten Produkts der Firma

Die Theorie, daß das Unternehmen so etwas wie einen natürlichen Zweck hat und daß dieser Zweck nicht zu einem Mittel für einen anderen Zweck gemacht werden sollte, wird kritisiert werden von Ansätzen der subjektiven Wertlehre, die behaupten, daß das menschliche Individuum frei ist, seine Zwecke zu setzen, daß es so etwas wie einen natürlichen Zweck nicht gibt und daher auch nicht so etwas wie einen natürlichen Zweck der Firma.

Dieser Gegeneinwand hat insofern Berechtigung, als Erfolg und Motivation nicht notwendig verbunden sind. Ein Individuum kann an dem Zweck der Firma an sich nicht interessiert sein, sondern nur an seinen eigenen Interessen oder seinem Shareholder Value und dennoch erfolgreicher sein und mehr Gutes bewirken als ein Individuum, das eifrig nach dem Zweck der Firma strebt und nicht an seinem eigenen Gewinn interessiert ist, aber das am Ende weder dazu kommt, ein gutes Produkt zu produzieren, noch ein hohes Shareholder Value zu erzielen, während die Person, die das Shareholder Value als ersten Zweck zu maximieren bestrebt war, zugleich ihr erstes Ziel, das Shareholder Value, wie das Gemeinwohl der Firma, das gute Produkt und eine hohe Produktivität, verwirklichte.

An dieser Stelle sind zwei Unterscheidungen sinnvoll: die Unterscheidung zwischen der Individual- und Sozialethik und die Unterscheidung zwischen einer einzwecklichen und einer mehrzwecklichen Motivation.

Die Unterscheidung zwischen der Individual- und Sozialethik verweist auf den Unterschied zwischen der Rechtfertigung der Regeln und Erwartungen der Ethik und der Bereitschaft des Individuums, diese auch zu seinen eigenen Prinzipien zu machen. Man kann Individuen nicht zwingen, sich in ihrer individuellen Ordnung der Zwecke die Ordnung der Zwecke der sozialen Institutionen zu eigen zu machen, der sie angehören. Man kann jedoch zeigen, daß es für die Institution als ganze und für ihre Mitglieder vorteilhaft ist, wenn die richtige Ordnung von Motiven und Zwecken in ihr vorherrscht und die Mitglieder der Organisation in ihrem individuellen Handeln bestimmt. Die Idee der Ordnung der Zwecke zwingt den Individuen die Ordnung der Zwecke nicht auf, aber sie kann rechtfertigen und gute Gründe dafür angeben, was die Ordnung der Zwecke sein sollte und warum Institutionen und ihre Mitglieder sie sich zu eigen machen sollten.

Die Tatsache, daß mit schlechter Motivation manchmal bessere Erfolge erzielt werden und daß schlechte Erfolge manchmal das Resultat der besten Motive sind, diskreditiert den Zusammenhang zwischen erwünschten Motiven und erwünschten Erfolgen nicht. Es mag zwar in Einzelfällen besser sein, mit schlechten Motiven gute Erfolge zu erzielen, als mit guten Motiven schlechte Erfolge. Für die Begründung sozialer Normen, Motive und Erfolgserwartungen, für die Sozialethik, ändert diese Tatsache jedoch nichts daran, daß es noch besser ist, gute Erfolge mit guten Motiven zu erzielen. Auch wenn es manchmal besser sein mag, mit schlechten Motiven gute Erfolge zu erzielen, als mit guten Motiven schlechte Erfolge, ist sozialethisch der beste Zustand einer Institution doch der, daß gute Erfolge mit guten Motiven verwirklicht werden.

Die Unterscheidung zwischen einer einzwecklichen und einer mehrzwecklichen Motivation des Handelnden macht deutlich, daß das Shareholder Value-Prinzip als Kontrollprinzip der Unternehmung nicht bedeutet, daß der Eigentümer der Firma nur noch den Zweck der Maximierung des Shareholder Value kennt, sondern daß er zugleich den Zweck der Firma und seinen eigenen Zweck der Shareholder Value-Maximierung verfolgt.

Die Motivationsstruktur des Unternehmers, Eigentümers und Managers kann mit dem Begriff der „Überdeterminiertheit der Handlung" beschrieben werden. Dieser Begriff wurde ursprünglich von Sigmund Freud aus der Traumdeutung eingeführt: Unsere Träume sind von mehreren Motiven, die sich überlagern, determiniert.[20] Aber nicht nur unsere Träume, sondern auch unsere Handlungen und unser Wirtschaftshandeln sind überdeterminiert.

Der Begriff der Überdeterminiertheit und der sich überlagernden Determinanten des Wirtschaftshandelns ist geeigneter, das Verhältnis des Zwecks der Firma und der Zwecke der Shareholder zu beschreiben, als eine Theorie, die die Inversion der Mittel und Zwecke und die Reduktion des Zweckes der Firma, des Produkts, darauf, allein Mittel zur Maximierung des Shareholder Value zu sein, vertritt. Shareholder Value, ein hoher Wert der Firmenanteile, sollte die Nebenwirkung eines guten Produkts und einer guten Firma, nicht aber ein gutes Produkt und eine gute Firma die Nebenwirkung der Shareholder Value-Maximimierung sein.

20 S. FREUD: *Die Traumdeutung* (1900), Frankfurt am Main (S. Fischer) 1982.

Teil I

Zwang zur wirtschaftlichen Dynamik durch Shareholder Value Maximierung? Volkswirtschaftliche Aspekte des Shareholder Value-Prinzips

2. Kapitel

Shareholder Value und die Kriterien des Unternehmenserfolgs aus Sicht der Politik

HELMUT STAHL

I. „Shareholder Value" in der öffentlichen Diskussion

Die öffentliche Diskussion darüber, welcher Nutzen oder welche Gefahren vom Konzept des Shareholder Values ausgehen, wird gegenwärtig auch in Deutschland höchst kontrovers geführt. Mein Eindruck ist: diese Debatte ist oftmals teils polemisch, teils ideologisch - losgelöst von den Sachverhalten, welche diese Diskussion ausgelöst haben.

Die Debatte berührt viele Felder und Segmente von Anleger- und Unternehmerverhalten, von Aktionen und Reaktionen von Tarifpolitik oder staatlicher Politik. All diese Felder und Segmente ausreichend zu beleuchten, kann in der zur Verfügung stehenden Zeit nicht geleistet werden. Deshalb wird der Versuch, „Shareholder Value und Kriterien des Unternehmenserfolgs aus Sicht der deutschen Politik" zu erfassen, zwangsläufig unvollständig, damit ergänzungsbedürftig bleiben.

Die Diskussion läuft holzschnittartig gezeichnet entlang folgender Argumentationslinien:

- Shareholder Value steht zum einen als Begriff für Rationalisierung und Arbeitsintensivierung, vor allem zu Lasten der Arbeitnehmer; verkürzt gesprochen: „Mehr Profit mit weniger Arbeitskräften zu geringerem Lohn". Dazu passen dann Bilder und Berichte in den Massenmedien von Bilanzpressekonferenzen, auf denen Manager von Großunternehmen stolz den höchsten Gewinn der Unternehmensgeschichte, im gleichen Atemzug aber damit den verknüpften Beschäftigungsabbau verkünden. Aus meiner Sicht ist das alles andere als geeignet, in der Öffentlichkeit Zustimmung zum Ansatz des Shareholder Values zu gewinnen.

- Andererseits wird in der Diskussion das Konzept des Shareholder Value als einzig mögliche Antwort der Unternehmen auf die Herausforderungen der Globalisierung, damit des sich weltweit verschärfenden Wettbewerbs betont. Unterlegt wird diese Sicht durch das im internationalen Vergleich niedrige Niveau von Unternehmensrenditen in Deutschland sowie der Tatsache, daß ausländische Investitionen in den letzten Jahren an Deutschland weitgehend vorbeigegangen sind. Generell seien dies Belege, daß der Standort Deutschland in einer Welt freier Kapitalflüsse nicht länger wettbewerbsfähig sei, deshalb das Konzept des Shareholder Values greifen müsse.

Gewürzt wird die Debatte mit dem Infragestellen der in den vergangenen Jahrzehnten erfolgreichen Ordnung der Sozialen Marktwirtschaft. Soziale Marktwirtschaft - so die Kritik - sei eine auf Konsens angelegte Ordnung, bei der sich Unternehmer und Manager mit den Beschäftigten zu Lasten der Kapitaleigner wie der Arbeitslosen auf zu hohe Löhne und zu gute Arbeitsbedingungen geeinigt hätten. Dieses Kartell der Arbeitsplatzbesitzer sei von nationalen wie internationalen Kapitaleigner geduldet worden, solange der Wohlstand wuchs und Arbeitsplätze geschaffen wurden. Dies sei nunmehr vorbei. Dieses System, auch als „rheinischer Kapitalismus" qualifiziert, sei an seine Grenzen gestoßen. Zwar gelte nach wie vor: Gute Arbeitsbeziehungen und hervorragende Qualifikationen deutscher Arbeitnehmer hätten zwar Höchstwerte bei der Produktivität erbracht, jedoch reiche die Produktivität nicht mehr aus, die Kosten aufzufangen. Als ein Beleg dafür gelten u.a. die jährlich aktualisierten Zahlen des Instituts der deutschen Wirtschaft. Ihnen zufolge liegt die westdeutsche Arbeitsproduktivität im verarbeitenden Gewerbe um rund 21 % über dem Durchschnitt der anderen Industrieländer, die Stundenlöhne um 41 % und die Lohnzusatzkosten sogar um 78 %.

II. Kostensenkungsstrategien reichen nicht

Diese Zahlen wiederum werfen mehr Fragen als Antworten auf. Deutschland ist Vizeweltmeister im Export. Die deutsche Volkswirtschaft wird im Jahr 1997 den höchsten Außenbeitrag seit der Wiedervereinigung Deutschlands erwirtschaften. Die Zahlen des Instituts der deutschen Wirtschaft geben also keine Antwort darauf, warum Deutschland so exportstark ist, gleichzeitig deutsche Arbeitnehmer mehr verdienen, als dies durch Produktivitätsvorsprünge gerechtfertigt wäre.

Ein Versuch, die Lücke zwischen einem Vorsprung an Produktivität deutscher Unternehmen bei gleichzeitigem Nachteil hoher Kosten zu erklären, ist die These, daß Kapitaleigner diese Lücke durch geringere Gewinne als anderswo ausgleichen, also Gewinnverzicht üben. Allerdings kann auch diese These nicht überzeugen. In der Tat gibt es wenige Beispiele für deutsche Großunternehmen, die über lange Zeiträume ihren Firmenwert stark steigern konnten. Andererseits jedoch haben sich der Wert börsennotierter Unternehmen und die Eigenkapitalrendite in Deutschland langfristig mit etwa 11 % ansehnlich entwickelt. Das ist auch im internationalen Vergleich ein guter Wert.

Hier ist ebenfalls manches zu hinterfragen. Kein Geheimnis ist, daß der Gewinnausweis in den Bilanzen - um es vorsichtig auszudrücken - nicht immer die Aussagekraft besitzt, die Laien ihm zuordnen. Mit der Globalisierung von Unternehmen werden beispielsweise auch Gewinne globalisiert. Die Techniken hierzu sind hochentwickelt. Dies kann zu so erstaunlichen Phänomenen führen, daß starke, gesunde Konzerne im Sitzland weniger Gewinne ausweisen und damit versteuern als manche kleine und mittlere Betriebe. In den Industrie- und Handelskammern, die von den Unternehmen Kammerbeiträge erheben, zeigen sich hier nicht selten erstaunliche Phänomene - das nämlich ein „Kleiner" mehr zahlt oder zahlen müßte als ein „Großer". Und auch die These überzogener Lohnkosten verliert als wichtigste Erklärung von Standortnachteilen Deutschlands an Überzeugungskraft; denn auf Grund zurückhaltender Tarifpolitik der letzten Jahre befinden sich die Lohnstückkosten, wie Mitte Dezember 1997 im „Handelsblatt" nachzulesen war, „in einem steilen Sinkflug".

Es muß also andere, zusätzliche Faktoren geben, die erklären, warum hohe deutsche Lohnkosten und starke Wettbewerbsposition am Weltmarkt miteinander vereinbar sind. Eine Erklärung liegt in Innovations- und Qualitätsvorsprüngen, die deutsche Unternehmen im weltweiten Wettbewerb erarbeiten konnten, die sich aber in Kostenvergleichen nur unzureichend widerspiegeln. Die deutsche Wirtschaft hat im Bereich höherwertiger Technologie, vor allem im Fahrzeugbau, Maschinenbau oder in der Chemie, eine hervorragende Wettbewerbsposition. Darüber hinaus kennzeichnet die deutsche Wirtschaft eine große Breite von Produkten. Die Produktionspalette enthält nahezu alles, was weltweit nachgefragt wird. Die deutsche Wirtschaft verfügt über einen leistungsfähigen Mittelstand. Es gibt neben exportstarken Großunternehmen eine große Zahl von „kleinen Weltmarktführern" - sogenannte hidden-champions - aus dem mittelständischen Bereich. Sie haben sich in bestimmten Marktsegmenten vielfach deutliche Wettbewerbsvorsprünge erarbeiten können.

Deutsche Unternehmen investieren kräftig im Ausland. Auch die Direktinvestitionen in Rußland wachsen, wenngleich ein höheres Niveau wünschenswert wäre. Das stärkere Auslandsengagement der deutschen Wirtschaft wird oftmals interpretiert als Flucht vor zu hohen Kosten. Gegen solche Behauptungen stehen Fakten:

- 65 % dieser Investitionen werden in Europa getätigt.
- 20 % gingen in die USA
- nur etwa 15 % der deutschen Auslandsinvestitionen flossen in den letzten Jahren in Regionen mit deutlichem Kostengefälle gegenüber Deutschland, vor allem nach Mittel- und Osteuropa oder Südostasien.

Natürlich gilt: neue, aufstrebende Standorte im Ausland bieten Kostenvorteile, die zu nutzen lohnt. Große Teile der Textilindustrie folgen beispielsweise ständig den niedrigsten Lohnniveaus - Produktionsstätten werden etwa von Thailand nach Vietnam und in China von der teureren Küste in das billigere Landesinnere verlagert. Solchen Prozessen wird im Zuge der Globalisierung wachsende Bedeutung zukommen. Dadurch werden zweifellos Arbeitsplätze exportiert.

Gleichzeitig werden hiermit- so paradox das scheint - im Inland auch Arbeitsplätze und Unternehmensrendite gesichert. Denn durch Mischkalkulation von Produktionskosten im In- und Ausland können im Inland Produkte wettbewerbsfähig bleiben, angemessene Gewinne erwirtschaftet werden und die Verbraucher von günstigen Preisen profitieren. Die Alternative, Arbeitsplätze am inländischen Standort um jeden Preis zu erhalten, führt oftmals dazu, daß diese Arbeitsplätze, weil nicht wettbewerbsfähig, ganz wegfallen. So hat die deutsche Wirtschaft beispielsweise in den 60er und 70er Jahren nahezu die gesamte Foto- oder Unterhaltungselektronikindustrie an Japan und andere, heute führende Hersteller verloren.

Kostensenkungsstrategien haben aus meiner Sicht mit dem Konzept des Shareholder Value auch nur teilweise zu tun. Jedes Unternehmen, das allein über eine Strategie der Kostenreduktion versuchen würde, im Wettbewerb zu bestehen, wäre von vornherein auf der Verliererstraße. Denn hier sind in der Regel Unternehmen aus Mittel- und Osteuropa oder aus Schwellenländern erfolgreicher als Unternehmen aus hochentwickelten Industriestaaten mit ihren vergleichsweise hohen Produktionskosten.

Eine Strategie der Kostenreduktion ist also ein und nur ein Mittel, die Wettbewerbsfähigkeit zu erhalten und zu stärken. Mindestens ebenso wichtig sind Strategien, auf allen wichtigen Märkten der Welt nahe am Kunden präsent zu sein. Die globale Wirtschaft sprengt die Enge nationaler Märkte. Das gilt für alle Produkte und Dienstleistungen, die weltweit handelbar sind. Deshalb investieren deutsche Unternehmen vor allem in Europa und in den USA wie umgekehrt ausländische Unternehmen durch Investitionen ihre Marktchancen auf hochentwickelten Märkten sichern wollen.

Zusammengefaßt bedeutet dies: Kostenunterschiede sind weder der einzige noch der entscheidende Grund für die Internationalisierung der deutschen Wirtschaft. Immer wichtiger wird eine Strategie, die darauf ausgerichtet ist, mit neuen Produkten neue Märkte zu gewinnen oder neue Märkte zu kreieren. Neue Märkte entstehen beispielsweise im Internet, entstehen über die Biotechnologie in der Pharmazie, in der Nanotechnologie durch Miniaturisierung kleinster Antriebe oder in der Entdeckung neuer Materialien, die völlig neue Produktlinien ermöglichen.

III. Technologiekompetenz und hohes Qualifikationsniveau sind unabdingbar

Voraussetzungen dafür wiederum sind hohe Technologiekompetenz und ein hohes Qualifikationsniveau der Arbeitnehmer. Für Unternehmen mit diesen Voraussetzungen sind Shareholder Value und Stakeholder Value kein Widerspruch. Für innovative Firmen sind hochqualifizierte Mitarbeiter auch bezahlbar und die Basis für eine weitere Expansion des Unternehmens. Hohe Renditen und Sicherheit von Arbeitsplätzen sind damit in der Realität gleichwertige wie gleich notwendige Bedingungen erfolgreicher Unternehmen. Und vielleicht liegt hierin gerade ein spezifischer Vorteil einer Sozialen Marktwirtschaft, wie sie in Deutschland verwirklicht ist, aber selbstverständlich weiterentwickelt und angepaßt werden muß den Bedingungen einer neuen Qualität weltumspannenden Wettbewerbs.

Der Mittelstand, kleine und mittlere Unternehmen, sind eine der Hauptsäulen Sozialer Marktwirtschaft - und zwar gesellschaftlich wie ökonomisch. Gerade die kleinen und mittleren Unternehmen sind es, die schneller, kreativer und flexibler als große auf veränderte Anforderungen reagieren, die neue Produkte und Produktlinien, neue Dienstleistungen erfinden. Kleinen und mittleren Unternehmen, die hervorragende Produkte haben oder attraktive Dienstleistungen anbieten können, fehlt jedoch oftmals die Möglichkeit, diese erfolgreich auch zu vermarkten. Wenn das so ist, wird der Erfolg des Unternehmens nicht optimal sein. Ein Konkurrent, der über die notwendigen Vertriebswege verfügt, also Produkt oder Dienstleistung am Markt durchsetzen kann, wird deshalb trotz eines schlechteren Produkts oder einer weniger guten Dienstleistung erfolgreicher sein. Den Nachteil hätten das kleine, innovative Unternehmen ebenso wie die Verbraucher, die auf ein besseres Produkt, eine bessere Dienstleistung verzichten müssen.

Deshalb kann es klug sein, im Sinne marktstrategischer Entscheidungen Stärken zu kombinieren, beispielsweise das Unternehmen mit einem hervorragenden Produkt, aber ohne leistungsfähige Vermarktungswege, mit dem Unternehmen zusammenzuführen, das über eine gute Vermarktungsinfrastruktur verfügt. Den Nutzen eines solchen Zusammengehens haben dann Gesellschafter und Arbeitnehmer beider Unternehmen; denn Gewinnaussichten wie Arbeitsplatzsicherheit in beiden Unternehmen können wachsen, auch wenn vorübergehend Arbeitsplatzverluste eintreten können. In diesem Sinne wäre das Konzept einer Firmenwertsteigerung oder des Shareholder Values also ein Weg, auch den Wohlstand einer Gesellschaft insgesamt zu erhöhen.

Ob dieser Effekt eintritt, also die Steigerung des Wertes eines Unternehmens gleichzeitig zu mehr Arbeitsplätzen und mehr Wohlstand für breite Bevölkerungskreise beiträgt, ist nicht sicher vorherzusagen. Eine sichere Prognose, ob für Beschäftigte, die bei einer Rationalisierung oder Unternehmenszusammenlegung ihren Arbeitsplatz verlieren, wieder neue Arbeitsplätze in ausreichender Zahl entstehen, ist ebenfalls ungewiß. Die Frage jedoch ist, ob von einem rational-strategisch handelnden Management verlangt werden kann, durch Verzicht auf Kostensenkungspotentiale die Möglichkeiten der Steigerung des Firmenwertes ungenutzt zu lassen.

IV. Arbeitszeit und Löhne stärker flexibilisieren

Häufen sich Situationen wie diese, richten die Beteiligten oftmals aneinander Appelle:

- Die einen, vornehmlich Arbeitgeber und große Teile der Wirtschaftswissenschaft, fordern von Arbeitnehmern Lohnzurückhaltung zur Sicherung von Arbeitsplätzen.
- Die anderen, insbesondere die Arbeitnehmer und ihre Organisationen, beantworten diese Forderung in gleicher Regelmäßigkeit mit der Gegenforderung nach Gewinnzurückhaltung.

Tatsächlich wurden in der deutschen Wirtschaft in den letzten Jahren Kostensenkungen in vorher nie gekanntem Ausmaß realisiert. Spiegelbildlich sind die Gewinne vieler Unternehmen wieder fühlbar gestiegen. Dennoch konnte ein deutlicher Abbau der viel zu hohen Arbeitslosigkeit nicht erreicht werden. Offenbar haben hohe Gewinne bisher nicht zu entsprechend mehr Beschäftigung im Inland geführt. Aber auch gute Gewinne werden dauerhaft nicht haltbar sein, wenn hohe Arbeitslosigkeit Lohnzusatzkosten oder staatliche Abgaben weiter wachsen lassen. Deshalb wurden in Deutschland Maßnahmen zur Begrenzung und Senkung der Lohnzusatzkosten ergriffen, deshalb ist eine Steuerreform, wie sie von der Bundesregierung eingebracht wurde, von größter wachstums- und beschäftigungspolitischer Bedeutung.

Aber es bedarf darüber hinaus auch neuer, ergänzender Rezepte. Eines der wichtigsten ist: Wir brauchen eine stärkere Flexibilisierung der Arbeitszeit, damit mehr Menschen ihren Wunsch nach von ihnen gewünschten Arbeitszeiten verwirklichen können. Das bedeutet mehr Zeitsouveränität für die Arbeitnehmer und erfordert mehr Flexibilität im Personalmanagement der Unternehmen. Daß ein solches Rezept wirkt, zeigt die hohe Teilzeitquote in den Niederlanden, die mehr als doppelt so hoch ist wie die deutsche.

Verknüpft damit, aber auch unabhängig davon bedarf es einer stärkeren Flexibilisierung der Löhne und Gehälter. Die Entlohnung muß leistungsgerechter werden, ohne das Erfordernis angemessener sozialer Sicherheit auszuhebeln.

Richtig ist, daß unsere Gesellschaft eine dauerhafte Schieflage in der Verteilung der Zuwächse am Bruttosozialprodukt nicht hinnimmt. Entweder spielen sich angemessene Verteilungswirkungen über Marktmechanismen neu ein; beispielsweise kann dies in längerfristiger Perspektive durch Verknappung des Produktionsfaktors Arbeit eintreten; oder es entsteht - mehr spezifiziert - ein neues Gleichgewicht durch die Verknappung qualifizierter Arbeit; oder es entsteht durch eine klug angelegte Strategie im Rahmen der bei uns grundgesetzlich verankerten Tarifautonomie. Tarifautonomie bedeutet, daß für die Regelung der Arbeitsbeziehungen insbesondere Arbeitgeber und Arbeitnehmer verantwortlich und zuständig sind. Diese Verantwortung wiederum setzt auf eine Kultur industrieller Beziehungen, die wandelbar ist.

Beispielsweise könnten - und ich halte dies für einen richtigen Weg - Arbeitnehmer stärker am Erfolg oder Mißerfolg ihres Unternehmens beteiligt werden. Dies bedeutet, daß ein Teil des Lohns in Gewinnbeteiligung oder Verlustbeteiligung besteht. Verlustbeteiligung hilft, in schwierigen Situationen des Unternehmens Arbeitsplatzsicherheit zu ermöglichen. Gewinnbeteiligung kann ein Beitrag sein, Arbeitnehmer an einer guten Ertragsentwicklung ihrer Unternehmen teilhaben zu lassen. Dies könnte sowohl die gesamtwirtschaftliche Nachfrage stimulieren als auch Arbeitnehmer wie Management motivieren.

Eine weitere Variante, die mit einer Gewinnbeteiligung verknüpft werden kann, folgt der Philosophie einer „Miteigentümergesellschaft". Ihr liegt zugrunde, Arbeitnehmer nicht nur als abhängige Lohn- und Gehaltsempfänger zu sehen, sondern auch als Miteigentümer. Ein Teil des Lohns wird nach diesem Konzept als Investivlohn dem eigenen Unternehmen oder Kapitalsammelstellen zugeführt. Bei wachsender Kapitalintensität der Produktion ist dies nicht nur ein gesellschaftspolitisch vernünftiger, sondern auch ökonomisch höchst sinnvoller Ansatz. Denn zum einen wird mehr Kapital verfügbar gemacht zur Verbesserung der Kapitalausstattung des Unternehmens wie einer Volkswirtschaft. Zum anderen kann hier eine Säule der Partizipation an den Erträgen der Wirtschaft entstehen, die zu einer stärkeren Identifikation von Arbeitnehmern mit ihren Unternehmen und den Wirkungsmechanismen von Marktwirtschaften führt und darüber hinaus als erweiterte Basis sozialer Sicherung eingesetzt werden kann.

Eine solche Strategie offensiv anzugehen ist notwendig, nicht nur für Deutschland, sondern für alle Industrienationen und sich entwickelnde Volkswirtschaften in West- wie Osteuropa oder Asien. Gemeinsam ist ihnen, daß ihre Erwerbsbevölkerung altert. Betrug beispielsweise in Deutschland der Anteil der über 60jährigen an der Gesamtbevölkerung 1994 gut ein Fünftel der Bevölkerung, so wird er in 30 oder 40 Jahren voraussichtlich bei mehr als einem Drittel liegen. Dies bedeutet, daß ein immer größerer Teil der nicht erwerbstätigen Bevölkerung, ob Kinder oder alte Menschen, aus dem dann aktuellen Bruttosozialprodukt versorgt werden muß, das von einem wesentlich kleineren Teil der Bevölkerung zu erwirtschaften ist.

In den meisten europäischen Gesellschaften ruht die Alterssicherung überwiegend auf einem Umlageverfahren. Das bedeutet, daß die jeweils aktive Bevölkerung der jeweils nicht aktiven Bevölkerung den Lebensunterhalt durch Zahlung von Beiträgen zur Sozialversicherung oder von Steuern gewährleistet. Kaum vorstellbar jedoch ist, daß die erwerbstätige Generation etwa im Jahr 2025 oder 2030 mehr als die Hälfte ihres Einkommens aufwendet, um die Ausbildung der Jungen wie die Unterhaltssicherung der Alten zu übernehmen. Je mehr diese Aufgabe dadurch erleichtert wird, daß Ältere Teile ihres Lebensunterhalts durch Renditen und Verzehr vorher produktiv angelegten Kapitals bestreiten, um so geringer werden die Probleme, auch zukünftigen Generationen von Älteren einen angemessenen Lebensunterhalt zu sichern. So betrachtet würde das Konzept des Shareholder Value für Rentner, die stärker zu Rentiers würden, eine attraktive Option der Zukunftssicherung sein.

V. Globalisierung und Wissenschaftsgesellschaft erfordern neue Wirtschaftsstrategien

Entscheidungen von einzelnen, von Unternehmungen wie Politik sind immer Entscheidungen unter der Bedingung der Unsicherheit. Niemand weiß heute, wie die Rahmenbedingungen für Gesellschaft und Wirtschaft im Jahre 2010, im Jahre 2020 oder 2030 sein werden. Dennoch müssen Unternehmer, Manager wie Politiker heute Entscheidungen treffen. Entscheidend hierfür sind Anschauungen und Leitbilder über zukünftige Entwicklungen. Darüber kann trefflich gestritten werden. Ein amerikanischer Wissensschaftstheoretiker hat dies auf den Punkt gebracht: Wenn wir wüßten, was in 20 Jahren wäre, bräuchten wir darauf keine 20 Jahre zu warten. Insoweit ist jedes Voraussehen subjektiv.

Meine Sicht der Dinge ist: Wir werden uns auf zwei Megatrends prägender Zukunftsentwicklungen einstellen müssen. Dies ist zum einen die dynamische Entwicklung hin zur Globalisierung. Zum anderen ist dies die ebenso dynamische Entwicklung hin zu einer Wissensgesellschaft. Beide sind nicht hinreichend bestimmt, aber in ihren Grundtendenzen erkennbar.

HELMUT STAHL

Zum Megatrend Globalisierung:

Globalisierung ist kein neues, sie ist ein altbekanntes Phänomen. Globalisierung vorangetrieben haben die antiken Seefahrer Arabiens ebenso wie Marco Polo oder Christoph Columbus, der auf der Suche eines neuen Handelswegs nach Indien Amerika sozusagen beiläufig entdeckte.

Neu jedoch ist die Dynamik des Globalisierungsprozesses.

- Täglich neu ist auf den Fernsehbildschirmen die Welt bis in ihre entlegensten Winkel erlebbar.
- Nie ist die Weltwirtschaft so schnell gewachsen wie heute. 50 % der Weltbevölkerung leben heute in Ländern, in denen das wirtschaftliche Wachstum pro Jahr über 6 % beträgt.
- Noch Mitte der 80er Jahre lagen die weltweiten Direktinvestitionen bei 77 Mrd US-Dollar. 1995 lagen sie bereits viermal so hoch.
- Das Handelsvolumen der internationalen Finanzmärkte explodiert. Anfang der 80er Jahre wurden täglich 60 Mrd US-Dollar weltweit als Devisen gehandelt. Anfang der 90er Jahre waren es bereits 1.200 Mrd. US-Dollar.

Neu sind auch die Konsequenzen, die Unternehmen aus der Globalisierung ziehen. Sie vergleichen bei ihren Investitionsentscheidungen weltweit Kosten, verfügbares Wissen und Qualifikation, und sie bewerten die Marktaussichten des jeweiligen Standortes. Insbesondere Großunternehmen sind „heimatlos" geworden. Sie investieren und produzieren dort, wo große Absatzmärkte, geeignetes Know-how und entsprechend ausgebildete Menschen vorhanden sind.

Der zweite Megatrend ist die Entwicklung hin zu einer Wissensgesellschaft.

Wissen ist der Rohstoff der Zukunft. Intelligente Produkte und Dienstleistungen entstehen durch intelligente Köpfe und solide Qualifikationen. Wissen bedeutet Kompetenz, aus neuen Erkenntnissen oder durch neuartige Kombinationen vorhandener Erkenntnisse Erkenntnisfortschritte und Produkte zu schöpfen. Weltweit erscheinen täglich 20 000 wissenschaftliche Aufsätze. Zur Jahrtausendwende arbeiten so viele Wissenschaftler auf der Welt, wie alle Wissenschaftlergenerationen zusammengenommen in den vergangenen 2500 Jahren. Alle 5 bis 7 Jahre verdoppelt sich das Wissen.

Etwa 60 Mio Menschen haben weltweit Zugang zum Internet. Für sie ist der Globus ein virtuelles Dorf. Informationen und Wissen, Konstruktionsentwürfe oder Kulturereignisse sind in Sekundenschnelle weltumspannend verfügbar.

Träger des Wissens sind nicht Maschinen, Träger des Wissens sind die Menschen. Nur sie können Informationen zu Wissen veredeln. Deshalb sind Bildung und Ausbildung entscheidende Fundamente der Zukunftsgestaltung. Dies ist keine Feststellung nur eines für Bildung und Wissenschaft engagierten Menschen; die Feststellung hat handfeste unternehmensbezogene wie volkswirtschaftliche Hintergründe. Wenn Wissen und Können die entscheidende Ressource der Zukunft sind, dann gewinnen Mitarbeiter einen anderen, höheren Stellenwert, als sie ihn gegenwärtig einnehmen. In der Literatur wird bereits vom „Knowledge-Worker" gesprochen. Diese an das Unternehmen zu binden wird zunehmend ein Muß unternehmerischer Strategie für die globalen Märkte. Auch dafür ist eine erfolgsabhängige Beteiligung an den Erträgen des Unternehmens ein interessantes Instrument. Auch hier schließt sich also wieder der Kreis einer umfassenden Sicht des „shareholder value".

VI. Günstige Rahmenbedingungen

Natürlich bleiben Ansätze wie diese unvollkommen, werden sie nicht abgesichert und ermöglicht durch ein Kapitalmarktkonzept, daß eine Volkswirtschaft im globalen Wettbewerb attraktiv für Anleger macht. Hier wurden in den vergangenen Jahren in Deutschland eine Vielzahl von Maßnahmen umgesetzt. Sie reichen von der Abschaffung der Börsenumsatz- und Gesellschaftssteuer, der Schaffung einer gesetzlichen Insiderregelung bis hin zur Gründung der Deutschen Terminbörse und der Deutschen Börsen-AG oder des „Neuen Marktes". Wichtige Weichenstellungen werden durch das 3. Finanzmarktförderungsgesetz vorgenommen. Es wurde vom Bundeskabinett bereits verabschiedet und soll 1998 in Kraft treten. Es wird zu einer weiteren Modernisierung des Börsenrechts führen, zu verbesserten Anlagemöglichkeiten für Investementfonds und leichterem Zugang zu Wagniskapital.

Ich habe zu Beginn meiner Ausführungen die Debatte um das Konzept des Shareholder Values, wie sie in Deutschland geführt wird, als oftmals teils polemisch, teils ideologisch, qualifiziert. Wichtig scheint mir aus Sicht der Politik, die Rationalität der Diskussion dadurch zu erhöhen, daß stärker als bisher die Frage in den Mittelpunkt rückt: Welche Konzepte sind geeignet, welche geben die voraussichtlich besseren Instrumente an die Hand, die Zukunftsentwicklung von Wirtschaft und Gesellschaft effizienter zu gestalten. In einer solchen Debatte um langfristige Perspektiven verliert nach meiner Auffassung manche Schärfe an Gewicht, mit der gegenwärtig argumentiert wird. Zugleich ergeben sich, ausgelöst vom Shareholder Value-Konzept, für eine Gestaltungsdiskussion bereichernde Aspekte, die gewohnte Verhaltensweisen und Strukturen, wie beispielsweise die des deutschen Aktienrechts oder unternehmensinterner Kapitalmärkte, produktiv in Frage stellen. Daraus wiederum werden Wirtschaft wie Politik Nutzen ziehen.

3. Kapitel

Übernahme und Shareholder Value
Festung Deutschland?

BERND RUDOLPH

I. Problemstellung

Im März 1997 scheiterte der Übernahmeversuch von Krupp auf Thyssen, obwohl der ökonomische Nutzen dieser Transaktion nicht bestritten wurde. Die sog. Stahlmoderatoren hatten bereits Jahre zuvor unter Beteiligung von Politikern eine vergleichbare Transaktion vorgeschlagen, wie sie im Zuge des gescheiterten Übernahmeversuchs umgesetzt werden sollte.[1] Auf Druck von Gewerkschaften, der Politik und der Öffentlichkeit, die nicht zuletzt durch den sich heftig wehrenden Vorstand der Thyssen AG aktiviert worden waren, zog Krupp als Bieter sein Übernahmeangebot an die Aktionäre der Thyssen AG zurück. Im Nachgang wurden dann verschiedene Versuche unternommen, die

---

1 Vgl. o.V., „Finanzplatz hat Schaden erlitten“, *VWD Finanz- und Wirtschaftsspiegel* v. 27. 3. 1997. Zum Verlauf des Vorgangs vgl. auch RUDNICK (1997).

ökonomischen Ziele der Übernahme auf anderem Wege doch noch zu erreichen. Diese Bemühungen konnten aber nicht verhindern, daß insbesondere von der britischen Finanzpresse eine offenbar unterentwickelte Übernahmekultur in Deutschland beklagt und von der „deutschen Krankheit" (German Disease) gesprochen wurde.

Bei genauerer Analyse der mangelhaften Übernahmekultur in Deutschland kann man über den Einzelfall Thyssen-Krupp hinaus die Beobachtung machen, daß das Phänomen feindlicher Übernahmen in Deutschland im Vergleich zu anderen Ländern und insbesondere im Vergleich zu den USA der achtziger Jahren äußerst selten auftritt und daß bei spektakulären Fällen das Management der Zielgesellschaft unterschiedlich ausgeprägte Abwehrmechanismen ergreifen kann. Aus der mangelnden Beweglichkeit der Eigentümerstrukturen wird geschlossen, daß notwendige umfassende Konzentrations- und Restrukturierungsprozesse in Deutschland offenbar gar nicht oder nur in Ausnahmefällen möglich sind, so daß ein Standortmangel aufgrund einer unterentwickelten Kapitalmarktkultur zu verzeichnen sei.[2]

Die Diagnose der „deutschen Krankheit" stellt nicht in Abrede, daß es innerhalb von Unternehmen laufend zu Umstrukturierungen und Umorganisationen kommt, die in der Regel kein ausführlicher Gegenstand der Presseberichterstattung und öffentlichen Diskussion sind. Die Diagnose zielt vielmehr auf einen Mangel an weitergehenden Transaktionen der Unternehmenskontrolle. Wenn Umstrukturierungen und Reorganisationen innerhalb von Unternehmen und Konzernen nicht ausreichen, um eine im internationalen Vergleich attraktive Wettbewerbsposition zu erreichen, dann müssen Möglichkeiten geprüft und umgesetzt werden können, über die Unternehmensgrenzen hinausreichende Neuordnungen vorzunehmen.[3] Solche Reorganisationen sollen größere Produktionseinheiten, eine Neuorganisation der Produktionsstrukturen und flexiblere Produktionsprozesse ermöglichen. Weitergehende Umstrukturierungen setzen in bestimmten Fällen Möglichkeiten der Veränderung

---

2 Vgl. o. V., „Britische Presse findet Symptom für die ‚deutsche Krankheit'", *FAZ* v. 26. 3. 1997.

3 PICOT / REICHWALD / WIGAND (1997), S. 199ff., diskutieren verschiedene Modularisierungskonzepte als Ansätze zur Restrukturierung von Unternehmen mit dem Ziel der Verwirklichung integrierter, kundenorientierter Prozesse in kleinen, überschaubaren Einheiten mit dezentraler Entscheidungskompetenz und Ergebnisverantwortung. Es liegt auf der Hand, daß zur Umsetzung eines solchen Konzepts nicht nur gelegentlich etablierte Unternehmensgrenzen überschritten werden müssen.

der Corporate Governance der Unternehmen, nämlich der Entscheidungs- und Eigentümerstrukturen und damit der Unternehmenskontrolle voraus. Die „deutsche Krankheit" zielt also auf die Feststellung von Mängeln in der Veränderbarkeit der Entscheidungs- und Eigentümerstrukturen von Unternehmen und damit auf Mängel des deutschen Marktes für Unternehmenskontrolle.

Für den folgenden Beitrag ergeben sich daraus zwei Fragen. Erstens ist zu klären, ob, wie im Fall Thyssen zu beobachten, die Möglichkeiten des Managements, feindliche Übernahmen zu verhindern, in Deutschland in der Tat zu stark ausgeprägt sind. Zweitens ist zu untersuchen, ob das deutsche Finanzsystem wertsteigernde Unternehmensübernahmen behindert oder gar vollends im Sinne einer uneinnehmbaren Festung der Alteigentümer bzw. des Managements der Unternehmen unmöglich macht. Zur Beantwortung beider Fragen bedarf es eines allgemeineren Bezugsrahmens, der mit der kapitalmarktorientierten Finanzierungstheorie bereitgestellt wird. Im zweiten Abschnitt wird der Zusammenhang zwischen dem Marktwert von Unternehmen und der Entscheidung über innerbetriebliche sowie unternehmensübergreifende Restrukturierungen entwickelt, wobei dem neoklassischen Grundmodell mit allseits gleicher Informationslage der Ansatz asymmetrisch verteilter Informationen bei den beteiligten Wirtschaftssubjekten gegenübergestellt wird. Der dritte Abschnitt gibt einen Überblick über mögliche Abwehrmechanismen des Managements gegen einen Kontrollwechsel, der vierte Abschnitt stellt Unternehmensübernahmen in den Kontext alternativer Finanzsysteme. Als Ergebnis der Analyse ergibt sich, daß in Deutschland feindliche Übernahmen offenbar als Ausnahmeerscheinungen gewertet werden müssen.

II. Shareholder Value, Restrukturierungen und Unternehmenszusammenschlüsse

1. Restrukturierungen im neoklassischen Finanzierungsmodell

Eine Kernaussage der neoklassischen Finanzierungstheorie[4] besagt, daß alle mehrperiodigen Entscheidungen an ihrem Kapitalwert ausgerichtet werden

4 Eine kurze Zusammenstellung der Annahmen und Ergebnisse der neoklassischen Finanzierungstheorie findet man in RUDOLPH (1983).

sollten. Diese Aussage läßt sich auch auf innerbetriebliche Restrukturierungsmaßnahmen anwenden. Nach der Kapitalwertregel der Investitionsplanung, die im übrigen unter den Voraussetzungen eines vollkommenen Kapitalmarktes nur eine andere Formulierung des Shareholder Value-Ansatzes darstellt, gilt, daß alle Investitionsprojekte und alle Restrukturierungsmaßnahmen durchgeführt werden sollten, deren Kapitelwert positiv ist. Der Kapitalwert einer Investition bzw. der Kapitalwert einer Restrukturierung gibt den Wertzuwachs des Vermögens der Eigentümer an, der sich mit der Investition bzw. Restrukturierung erreichen läßt. Kapitalwertpositive Restrukturierungsmaßnahmen sind im neoklassischen Modell der Finanzierungstheorie einzelwirtschaftlich für alle Eigentümer vorteilhaft. Unter geeigneten Annahmen sind marktwertsteigernde Investitionen auch gesamtwirtschaftlich positiv zu beurteilen.

Kapitalwertkalküle werden typischerweise für mehrperiodige Entscheidungen innerhalb von Unternehmen formuliert, gelten aber unter den Bedingungen vollkommener und vollständiger Kapitalmärkte unternehmensübergreifend (projektspezifisch), wobei natürlich positive und negative Interdependenzen zu den übrigen Aktivitäten der Organisationseinheiten, in die sie eingebettet sind, berücksichtigt werden müssen. Investitionsrechnungen lassen sich im Rahmen dieses Ansatzes bei sicheren wie unsicheren Erwartungen problemlos auf unternehmensübergreifende Restrukturierungsmaßnahmen übertragen, woraus die einfache Entscheidungsregel folgt, daß alle Restrukturierungsmaßnahmen mit positivem Kapitalwert vorteilhaft sind. Die formale Grundstruktur dieser Regel läßt sich an einem einfachen Modell mit sicheren Erwartungen demonstrieren.[5]

Es sei EK_1 der Marktwert des Eigenkapitals eines Unternehmens 1. Bei vollkommenem Kapitalmarkt ist der Marktwert des Eigenkapitals gleich den von den Anteilseignern in das Unternehmen eingebrachten Zahlungsmitteln

---

5 Eine einfache Modifikation des Modells besteht in der Annahme unsicherer Erwartungen mit rein technologischer Unsicherheit, so daß der Annahmerahmen des neoklassischen Modells nicht verlassen wird. In diesem Fall gelten trotz Unsicherheit alle diskutierten Zusammenhänge weiter, und zwar auch dann, wenn die Annahme eines risikofreien Fremdkapitals fallengelassen wird. Voraussetzung ist aber weiterhin ein vollkommener und vollständiger Kapitalmarkt, was insbesondere bedeutet, daß keine Transaktionskosten oder Steuern zu berücksichtigen sind und sich durch Unternehmenszusammenschlüsse keine Veränderungen in den Bewertungen von Zahlungsströmen in den möglichen Umweltzuständen ergeben.

zuzüglich dem Kapitalwert aller im Unternehmen bereits durchgeführten oder in Zukunft noch durchzuführenden Investitionsprojekte. Bei vollkommenem Kapitalmarkt ist darüber hinaus der Wert jedes Eigenkapitaltitels gleich groß, d.h. es gibt keine Paketzuschläge oder andere vom einheitlichen Marktpreis abweichende gezahlte Aktienkurse; damit kann es auch keine Interessengegensätze zwischen den Aktionäre geben.

Der Marktwert des Eigenkapitals EK_1 läßt sich auf einem anderen Wege auch aus dem Marktwert des Unternehmens MW_1 durch Abzug des Marktwertes des Fremdkapitals FK_1 berechnen. Der Marktwert des Unternehmens 1 ist gleich dem Barwert aller zukünftigen, aus den durchgeführten und noch durchzuführenden Investitionsprojekten generierten Cash Flows des Unternehmens. Zieht man von diesem Marktwert des Unternehmens den Marktwert des Fremdkapitals ab, so erhält man den Marktwert des Eigenkapitals, den Shareholder Value.

Bei vollkommenem Kapitalmarkt und kapitalmarktgerechter Verzinsung des Fremdkapitals kann der Marktwert des Eigenkapitals einerseits als Differenz der Marktwerte des Unternehmens und des Fremdkapitals und andererseits als Summe aus den von den Anteilseignern eingebrachten Zahlungsmitteln und allen Kapitalwerten der Investitionsprojekte berechnet werden:

$$
\begin{aligned}
EK_1 &= \text{Barwert der Einzahlungsüberschüsse des Unternehmens } MW_1 \\
&\quad - \text{Marktwert des Fremdkapitals des Unternehmens } FK_1 \\
&= \text{von den Eigentümern eingebrachte Zahlungsmittel} \\
&\quad + \text{Kapitalwert aller Investitionsprojekte des Unternehmens 1}
\end{aligned}
$$

Nun wird neben dem Unternehmen 1 noch ein Unternehmen 2 betrachtet, für das vergleichbare Bewertungsbeziehungen gelten. Bei vollkommenem Kapitalmarkt gilt auch für den Marktwert des Eigenkapitals dieses Unternehmens 2 die Gleichheit des Nettobarwertes aller den Eigentümern zuzurechnenden Einzahlungsüberschüsse und der um den Kapitalwert aller Investitionsprojekte ergänzten eingebrachten Zahlungsmittel der Anteilseigner des Unternehmens 2.

Wird von Unternehmen 1 oder Unternehmen 2 in $t = 0$ eine zusätzliche Investition I_0 mit einem positiven Kapitalwert $K^*_0 > 0$ getätigt, dann steigt der Marktwert des Eigenkapitals um diesen Kapitalwert (Wertadditivität), d.h. die Eigentümer dieses Unternehmens werden genau um den Kapitalwert der in ihrem Unternehmen durchgeführten Investition reicher.

$$EK_1^{neu} = EK_1 + K^*_0 \qquad \text{bzw. } EK_2^{neu} = EK_2 + K^*_0.$$

Nun kann man diesen einzelwirtschaftlichen Investitionskalkül ohne zusätzliche restriktive Annahmen auf den unternehmensübergreifenden Fall einer Restrukturierung übertragen. Dabei ist es gleichgültig, welche absatz- oder produktionswirtschaftlichen Vorteile (economies of scale, economies of scope) den positiven Kapitalwert inhaltlich bewirken, so daß der Zusammenschluß der Unternehmen vorteilhaft wird. Für jede unter finanzwirtschaftlichen Kriterien vorteilhafte Restrukturierung durch einen Unternehmenszusammenschluß gilt die Synergiebedingung, daß der Marktwert des Eigenkapitals des fusionierten Unternehmen EK(1+2) größer sein muß als die Summe der Marktwerte des Eigenkapitals EK_1 und EK_2 der Unternehmen 1 und 2:[6]

$$(*) \qquad EK_{(1+2)} > EK_1 + EK_2$$

Gilt Beziehung (*), dann ist mit der Fusion ein positiver Kapitalwert verbunden, so daß es vorteilhaft ist, daß das Unternehmen 1 das Unternehmen 2 übernimmt oder umgekehrt das Unternehmen 2 das Unternehmens 1. Die rechtliche Form der Übernahme ist dabei ebenso irrelevant wie die „Übernahmerichtung", ob also Unternehmen 1 oder 2 die Bieter oder die Zielgesellschaft ist. Die Ratio der Vorteilhaftigkeit wird durch das Kapitalwertkriterium aufgedeckt. Bei einer kapitalwertpositiven Restrukturierung ist der Marktwert des Eigenkapitals des fusionierten Unternehmens größer als die Summe der Marktwerte des Eigenkapitals beider Unternehmen.

$$EK_{(1+2)} > EK_1 + EK_2 \quad \text{bzw.}$$
$$EK_{(1+2)} - EK_1 - EK_2 = K_0^{(\text{Übernahme})} > 0$$

Da die „Richtung" der Übernahme bei vollkommenem Kapitalmarkt für die Vorteilhaftigkeitsbeziehung irrelevant ist, kann beispielsweise Unternehmen 2 die Aktionäre von Unternehmen 1 mit EK_1 auszahlen. Die Aktionäre von 2 würden dann den gesamten Zugewinn des Marktwertes des Eigenkapi-

---

6 Im Rahmen der neoklassischen Finanzierungstheorie kann von Reichtumsverschiebungen zu Lasten der Gläubiger bei Unternehmensübernahmen abstrahiert werden, da das (vorab bekannte) Kreditausfallrisiko durch einen entsprechenden Risikoaufschlag kompensiert wird. Die alleinige Betrachtung der Marktwerte des Eigenkapitals ist demnach ausreichend.

tals realisieren. Umgekehrt könnte das Unternehmen 1 die Aktionäre von 2 mit EK_2 auszahlen. Der gemeinsame Marktwertzuwachs des Eigenkapitals wäre gleich.

Allerdings bestünde in beiden Fällen für die Aktionäre der Zielgesellschaft kein besonderer Anreiz, ihre Aktien zum bestehenden Marktwert abzugeben. Die Bietergesellschaft wird also in realistischen Übernahmeverhandlungen im Zweifel eine Übernahme nur dann herbeiführen können, wenn den Aktionären der Zielgesellschaft ein gewisser Zugewinn eingeräumt wird mit der Folge, daß der Kapitalwert der Übernahmetransaktion $K_0^{(\text{Übernahme})}$ auf die Beteiligten aufgeteilt wird. Für die Zielgesellschaft selbst ist die Transaktion nur dann eine vorteilhafte Maßnahme, wenn der Marktwert des Eigenkapitals für die eigenen Aktionäre steigt.

Berücksichtigt man zusätzlich Transaktionskosten (z.B. Kosten des formellen Zusammenschlusses, Anpassungskosten in allen Bereichen der Unternehmensorganisationen oder durch die Fusion ausgelöste Steuerzahlungen), dann heißt das, daß $K_0^{(\text{Übernahme})}$ so groß sein muß, daß erstens die Aktionäre der Zielgesellschaft eine Marktwertsteigerung erfahren und zweitens die Transaktion auch nach Berücksichtigung der Transaktionskosten für die Aktionäre der Bietergesellschaft noch lohnt. Da die Art der Finanzierung für den Marktwert der Unternehmen irrelevant ist, stellt sich nicht die Frage nach der Zusammensetzung des Eigenkapitals. Die Interessen möglicher Mehrheits- und Minderheitsaktionäre sind gleichgerichtet, Kontrollaktivitäten wegen des gleichen Informationsstandes aller Kapitalmarktteilnehmer unnötig.

Zieht man aus dem neoklassischen *Kapitalwertkalkül der Unternehmensübernahme finanzpolitische* Schlußfolgerungen, dann erhält man als Ergebnis, daß man Übernahmetransaktionen nur dann erwarten darf, wenn

- erstens der Marktwertzuwachs einer Unternehmensübernahme, eines Unternehmenszusammenschlusses oder einer anderen Transaktion zur Restrukturierung von Unternehmen so groß ist, daß nach Abzug der zu erwartenden Kosten der Übernahmetransaktion und Restrukturierung ein Nettozuwachs für die Aktionäre der Ziel- und der Bietergesellschaft verbleibt und

- zweitens der gemeinsame Nettomarktwertzuwachs (Kapitalwert der Übernahme) so auf die beiden ursprünglichen Eigentümergruppen verteilt wird, daß für beide Aktionärskreise ein Vermögenszuwachs realisiert wird.

Bei homogenen Erwartungen wird man davon ausgehen können, daß sich die Aktionäre beider Unternehmen den erwarteten Zugewinn aufteilen. Von der speziellen Art der Teilungsregel ist (bei symmetrischer Informationsverteilung) der gesamte Zugewinn und damit die gesamtwirtschaftliche Vorteilhaftigkeit einer Unternehmensübernahme aber unabhängig. Die Teilungsregel ist also irrelevant, solange für beide Aktionärsgruppen ein Anreiz zur Durchführung der Transaktion verbleibt.

Die von der Wirtschaftspresse beklagte deutsche Krankheit würde nach dem Ansatz dieses neoklassischen Modells bedeuten, daß es in Deutschland eine Fülle kapitalwertpositiver Umstrukturierungsmöglichkeiten im Sinne eines Zugewinns für die Shareholder von Bieter- und Zielgesellschaften gibt, die nicht durchgeführt werden, obwohl dadurch zugleich die gesamtwirtschaftliche Effizienz der Kapitalallokation verbessert würde. Gründe für ein solches Defizit könnten in hohen Transaktionskosten oder rechtlichen Rahmenbedingungen bestehen, die Übernahmetransaktionen per Gesetz oder faktisch verhindern.

Wenn auch dieses Ergebnis durchaus ein Licht auf die wirklichen Gründe für die mangelnde Übernahmekultur am deutschen Kapitalmarkt werfen mag, so scheint mit dem Begriff der „Festung Deutschland" doch ein darüber hinausgehendes Phänomen gemeint zu sein. Das skizzierte Modell geht nämlich von einer Interessenharmonie aller Eigentümer an den Märkten aus, die wesentlich auf der Annahme gleich verteilter Informationen basiert. In diese Interessenharmonie ist wegen des hohen Informationsstandes auch das Management der Gesellschaften eingebunden.

Im nachfolgenden Abschnitt ist nun zu prüfen, welche abweichenden Entscheidungen und Komplikationen auftreten können, wenn die restriktive Annahme symmetrisch verteilter Informationen aufgehoben wird.

2. Asymmetrische Informationsverteilung zwischen Eigner und Manager

Bekanntlich verlieren bei asymmetrisch verteilten Informationen zwischen den Wirtschaftssubjekten viele Ergebnisse des neoklassischen Modells ihre Gültigkeit.[7] Asymmetrisch verteilte Informationen können zwischen einer

7 Insbesondere verlieren die Irrelevanztheoreme ihre Gültigkeit; die Existenz und Strukturierung des Eigenkapitals und Fremdkapitals kann Auslöser für realwirtschaftliche Aktivitäten sein und ist daher für den Marktwert der Aktien

Vielzahl von Kapitalmarktteilnehmern und anderen Wirtschaftssubjekten bestehen. Im folgenden wird nur eine für die untersuchte Fragestellung besonders prägnante mögliche asymmetrische Informationsverteilung und damit einhergehende Interessendivergenz analysiert, nämlich jene zwischen dem Management und den Eigentümern von Aktiengesellschaften.[8]

Bei der Analyse möglicher Übernahmefälle ist es zweckmäßig, einerseits Aktiengesellschaften mit einem engen Eigentümerkreis zu betrachten, bei denen die Unternehmenskontrolle von einem oder wenigen Eigentümern wirksam wahrgenommen wird (*eigentümerkontrollierte Gesellschaften*), so daß von den Eigentümern abweichende Erwartungen und Interessen des Managements eher vernachlässigbar erscheinen. Andererseits werden Publikumsgesellschaften betrachtet, die keine solche konzentrierte Eigentümerstruktur aufweisen (*kapitalmarktkontrollierte Gesellschaften*), so daß zu erwarten ist, daß das Management über das unternehmensinterne Geschehen im allgemeinen besser informiert ist als die Eigentümer. Es wird also angenommen, daß das Management keiner wirksamen Kontrolle durch einzelne Aktionäre unterliegt und prinzipiell gegenüber dem fragmentierten Aktionärsbesitz seine eigenen Interessen durchsetzen kann. Publikumsgesellschaften können allerdings durch Gesetz, Satzung, geeignete Anreizmechanismen oder Selbstbindung des Managements ebenfalls auf die Ziele ihrer Anteilseigner verpflichtet sein. Die folgende Tabelle gibt einen gerafften Überblick über wesentliche Kapitalstruk-

---

von erheblicher Bedeutung; darüber hinaus kann es sinnvoll sein, Finanzintermediäre in den Prozeß der Kapitalanlage und Kapitalaufnahme einzuschalten. Vgl. grundlegend SCHMIDT / TERBERGER (1996), S. 405 ff. und speziell zur Finanzintermediation bei asymmetrischer Informationsverteilung BREUER (1993) und SPICHER (1997).

8 Neben sog. Principal Agent-Problemen auf der Eigentümer-Manager-Ebene gibt es vielfältige Principal Agent-Probleme auf der Ebene der Alteigentümer und der Eigentümer der zu übernehmenden bzw. übernommenen Gesellschaft. Insbesondere ist es denkbar (und im deutschen Übernahmerecht keineswegs ausgeschlossen), daß die oder einige Eigentümer der übernommenen Gesellschaft nicht den Marktwert ihrer Anteile erhalten, sondern zu einem niedrigeren Wert entschädigt werden. In einem solchen Fall kann es vorkommen, daß das oben genannte Synergiekriterium nicht greift, d.h. die Fusion gesamtwirtschaftlich nicht effizient ist, die Übernahme für die Aktionäre der übernehmenden Gesellschaft aber dennoch von Vorteil sein kann. Die ist der Fall, wenn $EK_{(1+2)} < EK_1 + EK_2$ und zugleich $EK_{1neu} > EK_1$ gilt. Vgl. für eine eingehende Analyse solcher Situationen insbesondere WENGER (1995) sowie WENGER / HECKER / KNOESEL (1997).

turunterschiede in Finanzsystemen, die durch eigentümerkontrollierte oder kapitalmarktkontrollierte Gesellschaften geprägt sind.[9]

Kapitalstrukturtypen in alternativen Finanzsystemen

	Eigentümerkontrolliertes Finanzsystem (*control-oriented*)	Kapitalmarktkontrolliertes Finanzsystem (*arm's-length*)
Anteil der kontrollorientierten Finanzierung	Hoch	Niedrig
Ausbaugrad des Kapitalmarktes	Klein, wenig liquide	Groß, sehr liquide
Anteil der börsennotierten Gesellschaften	Bescheiden	Groß
Eigentumsanteile an Fremd- und Eigenkapital	Konzentriert	Gestreut
Anlegerzielsetzung	Kontrollorientiert	Portfolioorientiert
Mechanismen zur Trennung von Kontroll- und Kapitalbasis	Häufig	Begrenzt
Dominierender Agency Konflikt der Finanzierung	Kontrollierende versus Minderheitsaktionäre	Eigentümer versus Management
Bedeutung von feindlichen Übernahmen	Sehr begrenzt	Möglicherweise sehr wichtig

Ausgehend von dieser Gliederung kann man in einem ersten Schritt annehmen, daß im Fall eigentümerkontrollierter Bieter- und Zielgesellschaften die in der neoklassischen Analyse herausgestellten Ergebnisse approximativ gültig bleiben sollten, so daß man auch ein Zusammenschlußverhalten der

9 Vgl. BERGLÖF (1997), der aus den beiden ‚generischen' Formen der Finanzierung Grundmuster und Rollenverteilung sowie mögliche Problembereiche beider Finanzierungssysteme ableitet. Zur nachfolgenden Tabelle vgl. BERGLÖF (1997), S. 97. Zu einer etwas abweichenden Begriffsbildung vgl. HELLWIG (1997), der auch darauf hinweist, daß Begriffe wie markt- oder kontrollorientiertes Finanzsystem nicht einfach mit der Kennzeichnung funktionsfähiger Märkte für Unternehmenskontrolle gleichgesetzt werden dürfe.

Unternehmen erwarten darf, das einer marktwertmaximierenden Politik entspricht. Über die Aufteilung des Restrukturierungskapitalwertes ist damit noch keine Hypothese verbunden. Empirische Befunde sprechen dafür, daß bei zahlreichen Mergertransaktionen letztlich nicht der erhoffte Synergiegewinn realisiert wird, was bewirkt, daß die Aktionäre der Zielgesellschaft beim Verkauf einen Kursgewinn realisieren können, während der nachhaltige Marktwertzuwachs bei den Aktionären der Bietergesellschaft bescheiden bleibt oder gar nicht erreicht wird.[10] Der Verhandlungsprozeß zwischen dem bietenden Kontrollaktionär und dem Eigentümer der Zielgesellschaft ist aber privat überschaubar, Managerinteressen dürften bei solchen Kontrolltransaktionen nur eine untergeordnete Rolle spielen. Problematisch bleibt die Aufteilung eines Marktwertzuwachses auf die kontrollierenden Eigentümer und die Minderheitsaktionäre, was hier nicht weiter untersucht werden soll.

Im Fall, daß es sich bei der Ziel- und / oder Bietergesellschaft als typischen Fall für ein kapitalmarktorientiertes Finanzsystem um eine Publikumsgesellschaft handelt, wird man dagegen erwarten können, daß das Management seine eigenen Interessen (auch gegen die Interessen der Aktionäre) durchzusetzen versucht. Nun ist allerdings zu unterscheiden, ob die Manager ihre Interessen in der Bietergesellschaft, in der Zielgesellschaft oder in beiden Gesellschaften durchsetzen können. Eine Übersicht über mögliche Verhaltensweisen kann der allgemeinen Gliederung von Principal Agent-Modellen folgen, wie sie auch für andere Bereiche der Unternehmensfinanzierung gilt. Dabei wird (beliebig) unterstellt, daß Unternehmen 1 als mögliche Bietergesellschaft und Unternehmen 2 als mögliche Zielgesellschaft betrachtet wird.

10 Vgl. SCHERER (1990), S. 324, WALDECKER (1995), S. 2.

Umweltzustand / Manager	Übernahme lohnt sich, d.h. $EK_{(1+2)} > EK_1 + EK_2$	Übernahme lohnt nicht, d.h. $EK_{(1+2)} < EK_1 + EK_2$
des bietenden Unternehmens	Manager verzichtet trotz Vorteilhaftigkeit für die Anteilseigner wegen zu hoher Risikoaversion oder „Trägheit" auf Übernahmeaktivitäten.	Manager bemüht sich trotz mangelnder Synergieeffekte um Übernahme, um z.B. seinen Einfluß oder sein Gehalt zu steigern.
der Zielgesellschaft	Manager wehrt sich zur Sicherung seines persönlichen Einflusses und seines Gehalts trotz Vorteilhaftigkeit für die Anteilseigner gegen die Übernahme.	Manager wird trotz mangelnder Synergieeffekte z.B. durch Gewährung persönlicher Vorteile zur Unterstützung der Übernahme gewonnen.

Wenn es nach der Verhaltensübersicht der vorliegenden Tabelle auch viele verpaßte Gelegenheiten oder ökonomisch nicht fundierte Übernahmesituationen geben mag, so schält sich für kapitalmarktkontrollierte Finanzsysteme jener Fall als relevant heraus, in dem die Zielgesellschaft eine Publikumsgesellschaft ist, bei der das Management seine eigenen Ziele wirksam verfolgen und durchsetzen kann und sich aus unterschiedlichen Gründen gegen einen finanzwirtschaftlich vorteilhaften Zusammenschluß zur Wehr setzt. Da das Management fürchten muß, daß sich seine Position im Zuge des Zusammenschlusses verschlechtert[11], wird es Vorkehrungen treffen, um sich gegen eine Übernahme zur Wehr zu setzen. Der folgenden kurze Überblick zeigt, daß dem Management dabei prinzipiell ein breites Arsenal von Abwehrmechanismen zur Verfügung steht. Die Frage, ob und in welcher Weise die Möglichkeiten dieses Arsenals wirklich genutzt werden, ist dann Gegenstand der nachfolgenden Überlegungen.

11 In extremen Fällen wird man davon ausgehen können, daß der positive Kapitalwert des Zusammenschlusses sogar durch die Entscheidung zur Auswechslung des Managements generiert wird.

III. Abwehrmechanismen des Managements

Als Abwehrmechanismen bezeichnet man alle direkten und indirekten Handlungsmöglichkeiten des Managements einer möglichen Zielgesellschaft einer Übernahme, die eine Übertragung der Kontrollrechte auf einen neuen Eigentümer verteuern oder vereiteln sollen.[12] Man kann die Abwehrmechanismen danach unterscheiden, ob sie als Gegenmaßnahme zu einer Übernahmedrohung oder bereits im Vorfeld ohne konkreten Anlaß erfolgen. Die präventiven Abwehrmechanismen kann man weiter danach unterscheiden, ob sie im finanzwirtschaftlichen Bereich (z.B. über gesellschaftsrechtliche Vorkehrungen) oder in der nicht-finanziellen Sphäre des Unternehmens ansetzen.

1. Ad hoc-Abwehrmaßnahmen

Ad hoc-Abwehrmaßnahmen werden vom Management der Zielgesellschaft als unmittelbare Reaktion auf ein bereits vorliegendes oder bevorstehendes feindliches Übernahmeangebot eingesetzt. Ob eine Abwehrmaßnahme vom Management eingesetzt werden darf oder nicht, ist teilweise gesetzlich geregelt. Im allgemeinen trifft das Gesellschaftsrecht Vorkehrungen gegen den Einsatz von Ad hoc Abwehrmaßnahmen. Die Behandlung ist aber in einzelnen Ländern durchaus unterschiedlich.[13]

- Mit der Einräumung einer *„Kronjuwele"(crown juwel option)* an einen Dritten soll der angreifenden Gesellschaft der Anreiz zur Übernahme ge-

---

12 Es kann weitere Hindernisse bei der Übernahme oder Zusammenführung von Unternehmen geben, die aber hier nicht betrachtet werden. So kann selbstverständlich ein Großaktionär des Zielunternehmens von einer Weiterveräußerung seiner Anteile auch dann Abstand nehmen, wenn diese Transaktion für ihn ökonomisch sinnvoll wäre. Ein ökonomisch relevantes Hindernis ist häufig die Fusionskontrolle, d.h. Aktivitäten der Kartellgesetzgebung und des Kartellamtes, die zu weitgehende Konzentrationen in einer Branche verhindern sollen und daher Fusionen auf nationaler oder europäischer Ebene verbieten. Externe Effekte von Unternehmenszusammenschlüssen auf die Faktor- und Gütermärkte werden hier nicht berücksichtigt.

13 Nachfolgend angesprochene Abwehrmechanismen sind in Deutschland durchweg verboten, gehören aber in den USA und Großbritannien zum Standard. Vgl. ausführlich MICHALSKI (1997), S. 159 ff.

nommen werden, weil ein besonders wichtiger Vermögensgegenstand des Unternehmen verkauft wurde. Diese Maßnahme kann dadurch sogar im Hinblick auf einen Erfolg der Abwehrmaßnahme abgesichert sein, daß mit dem Aufkäufer ein Rückkaufsrecht der Zielgesellschaft vereinbart wird.

- Das Abwehrinstrument „*goldener Fallschirme*" (*golden parachutes*) räumt dem Vorstand der Zielgesellschaft bei einem Arbeitsplatzverlust aufgrund einer erfolgreichen Übernahme so hohe Abfindungen ein, daß der Kapitalwert der Übernahme empfindlich geschmälert wird („künstliche Transaktionskosten").
- Die Einschaltung eines dem Management der Zielgesellschaft freundlich gesonnenen Bieters als „weißer Ritter" (*white knight*) soll das bedrohte Unternehmen durch ein eigenes Übernahmeangebot und die damit einhergehende Verteuerung des Kaufpreises für die Zielgesellschaft vor einer unfreundlichen Übernahme bewahren.
- Als „*Gegenangriff*" (*pac man*) bezeichnet man schließlich ein kurzfristig ausgearbeitetes Übernahmeangebot der von der Übernahme bedrohten Gesellschaft an die Eigentümer der Bietergesellschaft mit der Absicht, die finanzwirtschaftliche Basis des Angreifers zu schwächen.

2. Präventive finanzwirtschaftliche Abwehrmechanismen

Bei den präventiven Mechanismen zur Abwehr möglicher zukünftiger Übernahmedrohungen handelt es sich im wesentlichen um die Veränderung der Eigenkapitalbasis oder die Ausgabe besonderer Eigenkapitaltitel im weiteren Vorfeld eines möglichen Übernahmeangebots.[14]

- *Der Erwerb eigener Aktien* durch die Zielgesellschaft ist eine naheliegende Vorgehensweise zur Abwehr möglicher Übernahmeversuche. Zwar bleibt der Marktwert des Unternehmens zunächst konstant, weil die durch den Kursanstieg bedingte Verteuerung der verbleibenden Aktien eine rein technische Reaktion darstellt. Der Rückkauf signalisiert dem Kapitalmarkt aber, daß eine Unterbewertung der Anteile und damit die Gefahr einer Übernahme vorliegt. Dieses Signal wirkt marktwertsteigernd und disziplinierend auf das Management. Als Nebenwirkung des Aktienrückkaufs

14 Vgl. MICHALSKI (1997).

kann die gesellschaftliche Effizienz durch einen erhöhten Managementanteil oder eine intensivere Kontrolle durch konzentrierte Aktienbestände verbessert werden.[15]

- Die Emission von Titeln mit speziellen Bezugsrechten, die sich unter der Bedingung einer Übernahme auf Anteile an der übernommenen, für den Fall einer Verschmelzung sogar auf Anteile an der übernehmenden Gesellschaft beziehen, sind nach amerikanischem Recht möglich, verstoßen aber in Deutschland gegen den aktienrechtlichen Gleichbehandlungsgrundsatz.[16]
- Zu den präventiven Abwehrmaßnahmen zählen *Stimmrechtsbeschränkungen* bzw. Höchststimmrechte, die seit geraumer Zeit allerdings verschärfter Kritik ausgesetzt sind.[17]
- Darüber hinaus besteht die Möglichkeit, präventiv sog. *Überkreuzbeteiligung* mit einer oder mehreren anderen Zielgesellschaft aufzubauen. Überkreuzbeteiligungen bzw. Ringverflechtungen schützen die beteiligten Manager insoweit vor einer Übernahme, als die am Markt verfügbaren Beteiligungstitel verknappt werden und der Aufbau einer Kontrollmehrheit drastisch erschwert wird.[18]

---

15 Vgl. HAMPEL (1994), S. 56.

16 Rechtlich stellt sich die prinzipielle Frage, inwieweit die Einleitung von Vorbeuge- und Abwehrmaßnahmen von der Geschäftsführungskompetenz des Vorstandes gedeckt ist. Dagegen sprechen vor allem die Neutralitäts- und die Treuepflicht des Vorstandes, die auch aus § 53 a AktG abgeleitet werden kann: „Aktionäre sind unter gleichen Voraussetzungen gleich zu behandeln." Der Vorstand darf seine eigene Position nicht durch die Inanspruchnahme von Mitteln der Gesellschaft stärken, da eine solche Maßnahme einem Teil der Aktionäre, der das Übernahmeangebot annehmen möchte, schadet. Daher ist es ihm grundsätzlich untersagt, auf die Aktionärsstruktur Einfluß zu nehmen. Dennoch ist es rechtlich umstritten, welche Abwehrmaßnahmen der Vorstand – trotz seiner Neutralitätspflicht – ergreifen darf. Indirekte Einflußnahme im Rahmen der Dividendenpolitik oder des Bookbuildings bei Kapitalerhöhungen sind davon unbenommen. Vgl. MICHALSKI (1997), S. 159.

17 Insbesondere ADAMS (1990), S. 70 ff. stellt ihre wirtschaftlichen Nachteile eindringlich dar.

18 BULOW / HUANG / KLEMPERER (1996) behandeln in einer spieltheoretischen Analyse den Einfluß vorhandenen Anteilsbesitzes der Bieter auf den Ausgang der Auktion um ein Unternehmen. Es zeigt sich, daß schon kleine Beteiligun-

- Mit einer vom Management proaktiv durchgeführten Erhöhung des Verschuldungsgrads, die häufig erst Ergebnis von Übernahmen ist, reduziert sich die Attraktivität von Kontrolltransfers. Dahinter steht die These, daß die mit zunehmendem Verschuldungsgrad zurückgehenden Liquiditätsreserven das Management disziplinieren.

Da der Bieter häufig daran interessiert sein muß, den Aufsichtsrat und damit auch den Vorstand der Zielgesellschaft seinen Vorstellungen entsprechend neu zu besetzen, zielen in den USA Abwehrmaßnahmen auch darauf ab, eine Auswechslung der Mitglieder des board of directors zu verhindern. Die im deutschen Aktienrecht etablierte Zweiteilung der Organe einer Aktiengesellschaft in Aufsichtsrat und Vorstand und mitbestimmungsrechtliche Regelungen stellen bereits durch ihre Konstruktion einen Abwehrblock dar, der eine Neubesetzung der Organe erschwert.

3. Präventive realwirtschaftliche Abwehrmechanismen

Neben den finanzwirtschaftlichen Möglichkeiten des Managements, sich der Disziplinierung durch mögliche feindliche Übernahmen zur Wehr zu setzen, gibt es weniger offensichtliche präventive Möglichkeiten im realwirtschaftlichen Bereich, die in der Literatur häufig übersehen werden, und die darüber hinaus in der Praxis regelmäßig auch nur schwer als Abwehrmaßnahmen zu identifizieren sind. Man kann sie als Verschanzungsstrategien bezeichnen (*‚Einigelungsstrategien', management entrenchment*). So kann beispielsweise das Management bereits bei der Einstellung überaus lange Amtszeiten mit einem hohen Festgehalt vereinbaren oder sich durch Vornahme managerspezifischer Investitionen „unentbehrlich" machen, d.h. hohe versunkene Kosten (sunk costs) aufbauen, die den Aufsichtsgremien oder einem neuen Eigentümer die Ablösung des alten Managements erschweren. Die Verfolgung komplexer technologischer Strategien, die laufende Inanspruchnahme von Absatzkanälen auf der Basis privater Beziehungen oder der Aufbau abhängiger Mannschaften können wirksame Vehikel der Verschanzung sein,

---

gen zu einer aggressiveren Bietstrategie führen, die die Wahrscheinlichkeit der Übernahme durch andere Bietgesellschaften ohne oder mit einer kleineren Beteiligung gering werden läßt.

die die Wahrscheinlichkeit für eine Übernahme mit dem Ziel einer Auswechselung des Managements vermindern können.[19]

IV. Corporate Governance Strukturen in Deutschland

Jenkinson und Ljungqvist (1997) haben in einer empirischen Studie Evidenz für die These von der Bedeutung privater Kontrolltransaktionen für den deutschen Markt zusammengetragen, indem sie die Takeover-Situation am deutschen Kapitalmarkt einer eingehenden Analyse unterziehen. Dabei stellen sie fest, daß es zwar wenige oder keine unfreundlichen öffentlichen Übernahmeangebote (Tender Offer) gibt, daß aber dafür andere, dem deutschen Finanzsystem angemessenere Mittel des Kontrollaufbaus beobachtet werden können. In der von ihnen studierten Fallsammlung stellen sie nämlich eine Vielzahl von Fällen fest, in denen (feindlichen) Blockanteile Gegenstand von Transaktionen sind.

Diese Beobachtung fügt sich nahtlos in die Charakterisierung des deutschen Finanzsystems als eigentümerkontrolliertes System, das überwiegend durch Aktiengesellschaften gekennzeichnet ist, die einen Kontrollaktionär (oder mehrere kontrollierende Aktionäre) aufweisen. Wenn im folgenden der Einfachheit halber Bietergesellschaften entweder klar als Publikumsgesellschaften oder kontrollierte Aktiengesellschaften gekennzeichnet werden, und ebenso Zielgesellschaften entweder der Gruppe der Publikums- oder der kontrollierten Aktiengesellschaften zugeordnet werden, dann ergibt sich folgende Konstellation:

---

19 Vgl. SHLEIFER / VISHNY (1989), S. 123-139. Verschanzungsstrategien können erstens natürlich ganz generell auch darauf gerichtet sein, das Management der laufenden Unternehmenskontrolle (z.B. durch das Monitoring durch die Aufsichtsgremien) zu entziehen, und zweitens dann auch über finanzwirtschaftliche Maßnahmen umgesetzt werden, wozu auch der Aufbau von Überkreuzbeteiligungen und Ringverflechtungen gehört. Vgl. BERGER / OFEK / YERMACK (1997). Diese Maßnahmen sind oben als präventive Abwehrmaßnahmen gegen feindliche Übernahmeversuche eingeordnet worden, können aber mehrfache Wirkungen entfalten und im allgemeinen eine wirksame Kontrolle des Managements erschweren.

BERND RUDOLPH

Anhang 2: Aktionärsstruktur deutscher börsennotierter Unternehmen 1991[23]

Unternehmen mit...	nur stimmrechtslosen Aktien	Stimmrechtsbegrenzung	vinkulierten Aktien	Mehrstimmrechtsaktien
Kontrolle durch Mehrheitsbeteiligungen				
einzelner Aktionär oder Aktionärspool mit mind. 90% Stimmenanteil	22		3	4
einzelner Aktionär oder Aktionärspool mit mind. 75% Stimmenanteil	6		6	4
einzelner Aktionär oder Aktionärspool mit mind. 50% Stimmenanteil	5		5	11
	33		14	19
Kontrolle durch Beteiligungen mit Sperrminorität				
ein Block mit Sperrminorität		2	3	3
zwei Blöcke mit Sperrminorität	1	1	3	4
drei Blöcke mit Sperrminorität	1			
	2	3	6	7
Kontrolle durch Beteiligungen ohne Sperrminorität				
mindestens ein Block ohne Sperrminorität		10	3	1
Anteile im Streubesitz (keine offengelegten Beteiligungen)		7		2
		17	3	3
Informationen über Eigentümerstruktur nicht verfügbar	2	1	2	3
Summe	37	21	25	32

23 Quelle: JENKINSON / LJUNGQVIST (1997).

72

Die gesellschaftsrechtlichen Abwehrmaßnahmen betreffen im wesentlichen Publikumsgesellschaften. Da in Deutschland aber Publikumsgesellschaften eher selten sind, kann auch nicht erwartet werden, daß eine nennenswerte Anzahl feindlicher (oder freundlicher) Übernahmen im Zuge einer Tender Offer stattfinden kann. Wenn man davon ausgeht, daß die Eigentümerstruktur in Deutschland stark konzentriert ist, so daß kaum Unternehmen als reine Publikumsaktiengesellschaften zu beobachten sind, dann sind auch keine öffentlichen Takeover – Transaktionen zu erwarten. Vielmehr ist zu erwarten, daß sich die kontrollierenden Aktionäre der Bieter- und Zielgesellschaften (Käufer und Verkäufer) verständigen, den Vorstand der Zielgesellschaft in den Verhandlungsprozeß einbeziehen und schließlich die Minderheitsaktionäre der Zielgesellschaft informieren und gegebenenfalls abfinden.

Das für den deutschen Kapitalmarkt typische Übernahmeprofil zeigt also seine problematische Stelle in den Interessenkonflikten zwischen alten und neuen, zwischen kontrollierenden und nicht kontrollierenden Eigentümern und weniger in möglichen Interessenkonflikten mit dem Vorstand der Zielgesellschaft.

Die Diskussion um die Frage einer fehlenden Übernahmekultur in Deutschland geht also an der typischen Grundstruktur des deutschen Finanzsystems vorbei, wenn aus der mangelnden Häufigkeit feindlicher Übernahmeversuche auf ein Defizit in der Transaktionstätigkeit geschlossen wird. Für den deutschen Kapitalmarkt sind feindliche Übernahmen auf Publikumsgesellschaften allein deshalb kaum zu erwarten, weil solche Zielgesellschaften ausgesprochen rar sind. Andererseits lassen sich zahlreiche Kontrolltransaktionen nachweisen, wobei in der Regel bei diesen Transaktionen ein kontrollierender Großaktionär von einem anderen Großaktionär abgelöst wird.

Jenkinson und Ljungqvist (1997) machen in ihrer empirischen Studie auch darauf aufmerksam, daß beim für das deutsche Finanzsystem typischen Aufbau feindlicher Blockanteile durchaus den Kreditinstituten eine erhebliche Intermediärsfunktion zukommt. Kreditinstitute helfen einerseits beim Aufbau von Mehrheitsbeteiligungen und unterstützen andererseits Unternehmen, den Aufbau feindlichen Blockbesitzes zu verhindern, und übernehmen so auch in der Unternehmenskontrolle eine weitere wichtige Intermediärsfunktion.

V. Ergebnis

Es gibt eine ganz Reihe von Hemmnissen für eine konsequent am Shareholder Value orientierte Politik der Unternehmen. In Publikumsgesellschaften, die keinen Großaktionär aufweisen, kann insbesondere das Management andere Ziele als die Eigentümer verfolgen und diese Ziele auch durchsetzen, da es über die Entscheidungsmacht im Unternehmen verfügt. Die aus dem Eigentümer - Manager Konflikt resultierenden Probleme und Lösungsmöglichkeiten sind in der Finanzierungstheorie vielfach diskutiert worden. Insbesondere ist auf Tatenlosigkeit (Drückebergerei), exzessiven „Konsum am Arbeitsplatz" und auf die Realisierung risikoarmer Strategien hingewiesen worden. Es gibt eine ganze Reihe finanzwirtschaftlicher Vehikel, die bewirken sollen, daß die Eigentümerziele dennoch von den Managern verwirklicht werden. Dazu gehören neben Aktienoptionsprogrammen oder der Beteiligung am Eigentum der Gesellschaft ein hoher Verschuldungsgrad, bei dem sich eine Tatenlosigkeit verbietet und der den Konsum am Arbeitsplatz niedrig hält. Es erscheint aber für den deutschen Kapitalmarkt zweifelhaft, ob es gesamtwirtschaftlich Sinn macht, zur weiteren Durchsetzung einer Managementdisziplinierungsfunktion Übernahmen anzuregen und eine ausgeprägte Regulierung von Unternehmensübernahmen in Erwägung zu ziehen.

Übernahmen sind kein Selbstzweck. Das gilt auch für feindliche Übernahmen, also solche, bei denen das Management der übernommenen Gesellschaft eine abwehrende Haltung gegenüber den neuen Eigentümern einnimmt. Übernahmen haben, wenn von einer Shareholder Value-Orientierung ausgegangen wird, nur dann Sinn, wenn der Marktwert des Eigenkapitals mit der

Fusion wächst.[20] Allerdings können Aktionäre nicht gezwungen werden, eine kapitalwertsteigernde Politik zu verfolgen, sowie sie nicht gezwungen werden können, eine kapitalwertmaximale Investitionsstrategie zu verfolgen. Das Gesellschaftsrecht sollte aber im Sinne des Eigentumsschutzes dafür sorgen, daß bei bestehendem Wunsch nach Durchsetzung einer marktwertorientierten Politik durch das Management keine unüberwindbaren Hindernisse aufgebaut werden können.

Eine Durchsicht der dem Management in Deutschland zur Verfügung stehenden Abwehrmechanismen ergibt, daß die rechtlichen Möglichkeiten für ad hoc Abwehrmaßnahmen eher schwach ausgeprägt sind, daß es aber präventive Maßnahmen mit unterschiedlichem Charakter gibt, die die These vom Festungscharakter durchaus erhärten. Ob die von der Presse diagnostizierte deutsche Krankheit eher auf Beispielen von beobachtbaren ad hoc-Maßnahmen oder auf dem Grundtrend grundsätzlicher präventiver Maßnahmen beruht, sei dahingestellt. Die „deutsche Krankheit" paßt jedenfalls nicht gut in das für Deutschland typische eigentümerorientierte Modell der Unternehmenskontrolle. Die Zahl der börsennotierten Gesellschaften ist in Deutschland noch sehr begrenzt. Die Arbeitnehmermitbestimmung spielt eine wesentliche Rolle. Die Kontrolle wird nicht über den Börsenmarkt, sondern durch private Kontrolltransaktionen übertragen. Der Schutz von Minderheitsaktionären findet vornehmlich über Konzernrecht und Austrittsrechte statt.

In der Finanzierungstheorie sind bislang keine generellen Überlegenheitskriterien für kontroll- oder arm's length-Finanzsysteme herausgearbeitet worden. Daher kann auch keine eindeutige Politik für einen optimalen Kontrollwechsel empfohlen werden.[21] Die Frage des Kontrollwechsels stellt sich

---

20 Hierbei ist zu berücksichtigen, daß eine Zunahme des Marktwertes des Eigenkapitals nicht unbedingt ein Zeichen für eine gesamtwirtschaftliche Wohlfahrtssteigerung sein muß, da Wertsteigerungseffekte des Aktionärsvermögens das Ergebnis einer Umverteilung zu Lasten ungeschützter „stakeholder" (Arbeitnehmer, Gläubiger, Zulieferer etc.) sein können. Vgl. KRAHNEN (1997), S. 11.

21 Aufgrund der empirisch beobachtbaren Bedeutung der Selbstfinanzierung sowie den mangelhaften Kontrollmechanismen für externe Kapitalgeber über alle Finanzsysteme hinweg bezweifelt HELLWIG die Bedeutung der Kontrollthematik für die Beurteilung und Abgrenzung von Finanzsystemen. Dies müsse vielmehr vor dem Hintergrund ihrer eigentlichen Bedeutung als Mittler innerhalb des Unternehmenssektors geschehen, wobei sich die Mittlerleistung auf

einerseits innerhalb des Finanzsystems und andererseits im Hinblick auf eine mögliche Veränderung der Finanzsysteme. Für eigentümerkontrollierte Systeme ist darüber hinaus unklar, ob der kontrollierende Eigentümer eher ein Privatperson oder wiederum eine Finanzinstitution, z.B. eine Pensionskasse sein soll. Für Privatpersonen und reiche Familien spricht der unbürokratische Ansatz, für Pensionskassen die Repräsentanz breiterer Vermögensschichten. Gegen Privatpersonen und reiche Familien spricht die mangelnde gesamtgesellschaftliche Legitimation und die Tendenz zu einer weiteren Vermögenskonzentration, gegen Pensionskassen der Aufbau bürokratischer Strukturen und die Schaffung zusätzlicher Principal Agent-Probleme an den Finanzmärkten.

Literaturverzeichnis

ADAMS, MICHAEL: „Die Ursupation von Aktionärsbefugnissen mittels Ringverflechtung in der ‚Deutschland AG'", *Die Aktiengesellschaft* 39 (1994), S. 148-158.

ASSMANN, HEINZ-DIETER: „Verhaltensregeln für freiwillige öffentliche Übernahmeangebote", *Die Aktiengesellschaft* 40 (1995), S. 563-572.

BAUMS, THEODOR / FRAUNE, CHRISTIAN: „Institutionelle Anleger und Publikumsgesellschaft: Eine empirische Untersuchung", *Die Aktiengesellschaft* 40 (1995), S. 97-112.

BAUMS, THEODOR: „Lehren aus dem Fall Krupp-Thyssen", *Wirtschaftsdienst* 77 (1997), S. 259-260.

BERGER, PHILIP G. / OFEK, ELI / YERMACK, DAVID L.: „Managerial Entrenchment and Capital Structure Decisions", *Journal of Finance* 52 (1997), S. 1411-1438.

BERGLÖF, ERIK: „Reforming Corporate Governance: Redirecting the European Agenda", *Economic Policy* 24 (1997), S. 91-123.

BERLE, ADOLF / MEANS, GARDINER: *The Modern Corporation and Private Property*, New York 17 (MacMillan) 1950.

---

den Transfer zwischen Unternehmen mit überschüssiger Liquidität und solchen mit Liquiditätsbedarf bezieht. Vgl. HELLWIG (1997).

BREUER, WOLFGANG: *Finanzintermediation und Kapitalmarktgleichgewicht*, Wiesbaden (Gabler) 1993.

BULOW, JEREMY / HUANG, MING / KLEMPERER, PAUL: *Toeholds and Takeovers*, unveröffentlichtes Manuskript, Aug. 1996.

DRUKARCZYK, JOCHEN / SCHMIDT, HARTMUT: „Permanente Unternehmenskontrolle statt gelegentlicher Schreckschüsse", *Wirtschaftsdienst* 77 (1997), S. 261-263.

FRANKE, GÜNTER: „Kritik an der Kritik der Publikumsgesellschaft", in: B. GAHLEN / J. HESSE / J. J. RAMSER (Hrsg.): *Finanzmärkte*, Tübingen (J.C.B. Mohr [P. Siebeck]) 1997, S. 57-88.

HAMPEL, VOLKER: „Erwerb eigener Aktien und Unternehmenskontrolle", in: *Beiträge zur Theorie der Finanzmärkte*, Nr. 10, Frankfurt am Main 1994.

HELLWIG, MARTIN: „Unternehmensfinanzierung, Unternehmenskontrolle und Ressourcenallokation: Was leistet das Finanzsystem?", in: B. GAHLEN / J. HESSE / J. J. RAMSER (Hrsg.): *Finanzmärkte*, Tübingen (J.C.B. Mohr [P. Siebeck]) 1997, S. 211-243.

HOPT, KLAUS J.: „Präventivmaßnahmen zur Abwehr von Übernahme- und Beteiligungsversuchen", in: G. SIEBEN / H.-G. STEIN (Hrsg.): *Unternehmensakquisitionen – Strategien und Abwehrstrategien*, Stuttgart (Schäffer-Poeschel) 1992, S. 39-56.

HOPT, KLAUS J: „Aktionärskreis und Vorstandsneutralität", *Zeitschrift für Unternehmens- und Gesellschaftsrecht* 22 (1993), S. 534-566.

HOPT, KLAUS J.: „Europäisches und deutsches Übernahmerecht", *Zeitschrift für das gesamte Handelsrecht und Wirtschaftsrecht* 161 (1997), S. 368-420.

JENKINSON, TIM / LJUNGQVIST, ALEXANDER: *Hostile Stakes and the Role of Banks in German Gorporate Governance*, Arbeitspapier (Oxford University und CEPR) Juli 1997.

JUHNKE, ROBBIN: *Die Trennung von Eigentum und Verfügungsgewalt in der deutschen Publikums-Aktiengesellschaft und der Funktionswandel ihrer Organe*, Frankfurt a. M. (Lang) 1995.

KAISER, DIRK: *Finanzintermediäre am Markt für Unternehmenskontrolle. USA und Bundesrepublik Deutschland im Vergleich*, Wiesbaden (Gabler) 1994.

KAPLAN, STEVEN N.: „Corporate Governance und Unternehmenserfolg: Ein Vergleich zwischen Deutschland, Japan und den USA", in: D. FEDDERSEN / P. HOMMELHOFF / U. H. SCHNEIDER (Hrsg.): *Corporate Governance. Optimierung der Unternehmensführung und der Unternehmenskontrolle im deutschen und amerikanischen Aktienrecht*, Köln (Schmidt) 1996, S. 301-315.

KNOLL, HEINZ-CHRISTIAN: *Die Übernahme von Kapitalgesellschaften – Unter besonderer Berücksichtigung des Schutzes von Minderheitsaktionären nach amerikanischem, englischem und deutschem Recht*, Baden-Baden (Nomos) 1992.

KRAHNEN, JAN PIETER: *Finanzierungstheorie: Ein selektiver Überblick*, Manuskript zur Wissenschaftlichen Tagung der Erich-Gutenberg-Arbeitsgemeinschaft Köln e.V. anläßlich des 100. Geburtstages Erich Gutenbergs am 12. und 13. Dezember 1997 in Köln.

KÜBLER, FRIEDRICH: *Aktie, Unternehmensfinanzierung und Kapitalmarkt*, Köln (Gesellschaft für bankwissenschaftliche Forschung) 1989.

KÜBLER, FRIEDRICH / SCHMIDT, REINHARD H.: *Gesellschaftsrecht und Konzentration*, Berlin (Duncker & Humblot) 1988.

LIPKA, SABINE: *Managementeffizienz und Kapitalmarktkontrolle. Empirische Tests neuerer Ansätze der Theorie der Firma*, Frankfurt am Main (Lang) 1995.

LÜTTMANN, RUTH: *Kontrollwechsel in Kapitalgesellschaften: Eine vergleichende Untersuchung des englischen, US-amerikanischen und deutschen Rechts*, Baden-Baden (Nomos) 1992.

MANNE, H. G.: „Mergers and the Market for Corporate Control“, *Journal of Political Economy 73* (1965), S. 110-120.

MICHALSKI, LUTZ: „Abwehrmechanismen gegen unfreundliche Übernahmeangebote („unfriendly takeovers") nach deutschem Aktienrecht“, *Die Aktiengesellschaft* 42 (1997), S. 152-163.

O. V.: „Finanzplatz hat Schaden erlitten", *VWD Finanz- und Wirtschaftsspiegel* v. 27. 3. 1997.

O. V.: „Britische Presse findet Symptom für die ‚deutsche Krankheit‘“, *Frankfurter Allgemeine Zeitung* v. 26. 3. 1997.

PELTZER, MARTIN: „Der Kommissionsentwurf für eine 13. Richtlinie über Übernahmeangebote vom 7. 2. 1996“, *Die Aktiengesellschaft* 42 (1997), S. 145-151.

PICOT, ARNOLD / REICHWALD, RALF / WIGAND, ROLF T.: *Die grenzenlose Unternehmung. Information, Organisation und Management*, Wiesbaden (Gabler) 1996.

ROLL, RICHARD: „Empirical Evidence on Takeover Activity and Shareholder Wealth“, in: THOMAS E. COPELAND (Hrsg.): *Modern Finance and Industrial Economics*, New York (Blackwell) 1987, S. 74-91.

RUDNICK, BERNFRID: „Drehbuch und Regie im Fall Krupp / Thyssen“, *Börsen-Zeitung* v. 31. 12. 1997.

RUDOLPH, BERND: „Zur Bedeutung der kapitaltheoretischen Separationstheoreme für die Investitionsplanung“, *Zeitschrift für Betriebswirtschaft* 53 (1983), S. 261 -287.

SCHERER, F. M.: *Industrial Market Structure and Economic Performance*, Boston et al. 3 (Houghton Mifflin) 1990.

SCHMIDT, REINHARD H. / TERBERGER, EVA: *Grundzüge der Investitions- und Finanzierungstheorie*, Wiesbaden 3 (Gabler) 1996.

SCHMITZ, RONALDO: „Zur Rolle der Banken bei feindlichen Übernahmen“, *Wirtschaftsdienst* 77 (1997), S. 251-253.

SCHWARTZE, ANDREAS: „Europäische Regelungen für Unternehmensübernahmen – eine kapitalmarktorientierte Betrachtung“, C. OTT / H.-B. SCHÄFER (Hrsg.): *Ökonomische Analyse des Unternehmensrechts*, Heidelberg (Physica) 1993, S. 264-284.

SEMLER, JOHANNES: „Unternehmensüberwachung durch den Kapitalmarkt“, in: ARNOLD PICOT (Hrsg.): *Corporate Governance. Unternehmensüberwachung auf dem Prüfstand*, Stuttgart (Schäffer-Poeschel) 1995, S. 29-87.

SHLEIFER, ANDREI / VISHNY, ROBERT W.: „Management Entrenchment: The Case of Manager–Specific Investment“, *Journal of Financial Economics* 25 (1989), S. 123-139.

SPICHER, THOMAS: *Kapitalmarkt, unvollständige Verträge und Finanzintermediäre*, Lohmar (Eul) 1997.

WAGNER, FRANZ W.: „Shareholder Value: Eine neue Runde im Konflikt zwischen Kapitalmarkt und Unternehmensinteresse“, *Betriebswirtschaftliche Forschung und Praxis* 49 (1997), S. 473-498.

WALDECKER, PETER: *Strategische Alternativen in der Unternehmensentwicklung. Interne Entwicklung und Unternehmensakquisition*, Wiesbaden (Gabler) 1995.

WASTL, ULRICH / WAGNER, FRANZ: „Wechselseitige Beteiligungen im Aktienrecht", *Die Aktiengesellschaft* 42 (1997), S. 241-250.

WATTER, ROLF: *Unternehmensübernahmen. Kontrollwechsel in der Aktiengesellschaft mittels Aktienkauf, Übernahmeangebot, Fusion und verwandter Tatbestände*, Zürich (Schulthess Polygraph) 1990.

WENGER, EKKEHARD: „Markt für Unternehmenskontrolle“, in: WOLFGANG GERKE / MANFRED STEINER (Hrsg.): *Handwörterbuch des Bank- und Finanzwesens*, Stuttgart (Schäffer-Poeschel) 1995, Sp. 1409-1419.

WENGER, EKKEHARD / HECKER, RENATE / KNOESEL, JOCHEN: „Abfindungsregeln und Minderheitenschutz bei börsennotierten Kapitalgesellschaften“, in: B. GAHLEN / J. HESSE / J. J. RAMSER (Hrsg.): *Finanzmärkte*, Tübingen (J.C.B. Mohr [P. Siebeck]) 1997, S.93-1456.

WENGER, EKKEHARD: „Im Selbstbedienungsladen des Konzernmanagements wird der Privatanleger noch immer verhöhnt“, *Wirtschaftsdienst* 77 (1997), S. 254-258.

WESTON, J. F. / CHUNG, K. S. / HOAG, S. E.: *Mergers, Restructuring and Corporate Control, Engelwood Cliffs*, N.J. (Prentice Hall) 1990.

Anhang 1: Eigentümerstruktur deutscher börsennotierter Unternehmen 1991[22]

	Anzahl der Unter-nehmen	Anteil der Unter-nehmen
Kontrolle durch Mehrheitsbeteiligung		
Aktionär oder Aktionärspool mit mind. 90% Stimmenanteil	129	23,1%
Aktionär oder Aktionärspool mit mind. 75% Stimmenanteil	103	18,5%
Aktionär oder Aktionärspool mit mind. 50% Stimmenanteil	170	30,5%
	402	72,0 %
Kontrolle durch Beteiligung mit Sperrminorität		
ein Block mit Sperrminorität	47	8,4%
zwei Blöcke mit Sperrminorität	28	5,0%
drei Blöcke mit Sperrminorität	11	2,0%
	86	15,4%
Kontrolle durch Beteiligung ohne Sperrminorität		
mindestens ein Block ohne Sperrminorität	37	6,6%
Nur Streubesitz (keine offengelegten Beteiligungen)	18	3,2%
	55	9,9%
Informationen über die Eigentümer-struktur nicht verfügbar	15	2,7%
Summe	558	100,0%

22 Quelle: JENKINSON / LJUNGQVIST (1997).

Anhang 2: Aktionärsstruktur deutscher börsennotierter Unternehmen 1991[23]

Unternehmen mit...	nur stimmrechtslosen Aktien	Stimmrechtsbegrenzung	vinkulierten Aktien	Mehrstimmrechtsaktien
Kontrolle durch Mehrheitsbeteiligungen				
einzelner Aktionär oder Aktionärspool mit mind. 90% Stimmenanteil	22		3	4
einzelner Aktionär oder Aktionärspool mit mind. 75% Stimmenanteil	6		6	4
einzelner Aktionär oder Aktionärspool mit mind. 50% Stimmenanteil	5		5	11
	33		14	19
Kontrolle durch Beteiligungen mit Sperrminorität				
ein Block mit Sperrminorität		2	3	3
zwei Blöcke mit Sperrminorität	1	1	3	4
drei Blöcke mit Sperrminorität	1			
	2	3	6	7
Kontrolle durch Beteiligungen ohne Sperrminorität				
mindestens ein Block ohne Sperrminorität		10	3	1
Anteile im Streubesitz (keine offengelegten Beteiligungen)		7		2
		17	3	3
Informationen über Eigentümerstruktur nicht verfügbar	2	1	2	3
Summe	37	21	25	32

23 Quelle: JENKINSON / LJUNGQVIST (1997).

4. Kapitel

Schaffen Pensionsfonds über vollkommenere Kapitalmärkte mehr Beschäftigung?

RAINER FEHN

I. Einleitende Bemerkungen

Die anhaltende Beschäftigungsmisere ist derzeit zweifellos das wichtigste wirtschaftspolitische Problem in den meisten kontinentaleuropäischen Ländern und insbesondere in Deutschland. Die weitverbreitete Erfolglosigkeit im Kampf gegen die Arbeitslosigkeit läßt sich allerdings kaum mehr darauf zurückführen, daß über die Ursachen der Krise auf dem Arbeitsmarkt Unklarheit herrscht. Vielmehr besteht mittlerweile ein weitgehender Konsens dahingehend, daß strukturelle Gründe, also tiefsitzende Funktionsmängel auf den Güter- und Faktormärkten, die Hauptschuld tragen. Folglich scheidet die noch vor einiger Zeit beliebte Methode, der Arbeitslosigkeit mit einem Ankurbeln der Güternachfrage zu begegnen, als erfolgversprechende Strategie aus. Damit würde nur die bereits totgeglaubte Inflation wieder angefacht, während an der Beschäftigungsfront keine dauerhaften Erfolge erzielt würden.

In erster Linie muß Arbeitslosigkeit dadurch abgebaut werden, daß auf dem Arbeitsmarkt der Marktmechanismus wieder stärker zum Tragen kommt. Dies bedeutet vor allem, daß die aggregierte Lohnhöhe und die Lohnstrukturen flexibler werden müssen, das heißt, daß sie stärker auf negative Datenänderungen reagieren müssen. Dies ist nur durch eine Politik der Deregulierung des Arbeitsmarktes und durch eine Entmachtung des Tarifkartells zu erreichen. Spätestens hier wird verständlich, warum den meisten Regierungen Kontinentaleuropas der Kampf gegen die Arbeitslosigkeit derart schwer fällt. So lange wie einflußreiche Interessengruppen und auch der Medianwähler von rigiden Arbeitsmärkten profitieren, entspricht es nicht dem Machterhaltungskalkül der politischen Entscheidungsträger, den Arbeitsmarkt durchgreifend zu liberalisieren. Angesichts der Gefahr, die Regierungsmacht zu verlieren, halten sie lieber an Reparaturmaßnahmen im Stile der in der Realität praktizierten aktiven Arbeitsmarktpolitik fest, obwohl dadurch längerfristig die Misere auf dem Arbeitsmarkt häufig eher verschlechtert als verbessert wird (Berthold / Fehn 1996 und 1997a; Saint-Paul 1996).

Aufgrund dieser Dilemmasituation rücken indirekte Kanäle, über welche die Arbeitslosigkeit möglicherweise abgebaut werden kann, zunehmend in den Vordergrund des wirtschaftspolitischen Interesses. So wird die Notwendigkeit einer einheitlichen europäischen Währung häufig mit deren vermeintlichen positiven Beschäftigungswirkungen begründet. Weniger fragwürdig ist sicherlich die These, daß wettbewerblichere Gütermärkte und funktionsfähigere Kapitalmärkte die Arbeitslosigkeit reduzieren würden. Am wenigsten Beachtung fand bislang der letztere Zusammenhang zwischen unvollkommenen Kapitalmärkten und struktureller Arbeitslosigkeit. Dies muß um so mehr erstaunen, als sich die meisten Ökonomen darüber einig sind, daß ein Anspringen der privaten Investitionstätigkeit der Schlüssel für dauerhafte Beschäftigungszuwächse ist. Während aggregierte Lohnzurückhaltung und flexible Lohnstrukturen bei negativen Datenänderungen helfen, vorhandene Beschäftigung zu erhalten, lassen sich neue Beschäftigungspotentiale primär über einen effizienten Kapitaleinsatz, eine ausgeprägte Innovationstätigkeit und eine hohe Quote an Unternehmensneugründungen erschließen. Gerade das vielzitierte amerikanische Beschäftigungswunder deutet auf diese Zusammenhänge hin, etwa weil neue Arbeitsplätze dort bei weitem nicht nur in den unteren Lohngruppen entstanden sind (Krueger / Pischke 1997; McKinsey 1994).

Es stellt sich allerdings die Frage, wie es gelingen kann, in Europa die Kapitalmärkte funktionsfähiger zu machen. Vergleicht man die Situation auf den Kapitalmärkten in den zumindest seit Anfang der 90er Jahre beschäftigungspolitisch erfolgreichen Ländern, wie den USA, Großbritannien und den Niederlanden, mit derjenigen in den restlichen kontinentaleuropäischen Ländern, dann sticht vor allem ein Unterschied ins Auge. In den beschäftigungspolitisch erfolgreichen Ländern spielt die private Alterssicherung insbesondere in Form von Pensionsfonds durchweg eine weitaus größere Rolle. Während etwa in den USA private Pensionsfonds immer mehr zum dominanten Akteur auf dem Kapitalmarkt avancieren, stehen diese in Deutschland nach wie vor deutlich im Schatten der Universalbanken. Möglicherweise besteht aber ein direkter Zusammenhang zwischen der hiesigen Beschäftigungmisere und dem wahrscheinlich zweitwichtigsten wirtschaftspolitischen Problem hierzulande, nämlich der sich verschärfenden Dauerkrise der umlagefinanzierten Zwangssysteme der Alterssicherung.

Um herauszufinden, ob sich aus diesem Problemfeld wirtschaftspolitischer Handlungsbedarf ergibt, geht der Beitrag im weiteren wie folgt vor. Zunächst wird gezeigt, wie rigide Arbeitsmärkte zu der anhaltenden Beschäftigungsmisere führen. Anschließend wird untersucht, wie sich Kapitalmarktunvollkommenheiten auf die Höhe der strukturellen Arbeitslosigkeit auswirken. Darauf aufbauend wird analysiert, ob Pensionsfonds dazu beitragen, die Kapitalmärkte funktionsfähiger zu machen und damit strukturelle Arbeitslosigkeit abzubauen. Schließlich gehen die wirtschaftspolitischen Schlußfolgerungen der Frage nach, welche Hemmnisse einer bedeutsameren Rolle von Pensionsfonds am Kapitalmarkt hierzulande im Wege stehen.

II. Was sind die Ursachen der anhaltenden Beschäftigungsmisere?

1. Warum führen rigide Arbeitsmärkte zu struktureller Arbeitslosigkeit?

Steigende Arbeitslosigkeit ist das Ergebnis von Anpassungslasten in Form von exogenen Datenänderungen, welche die Anpassungskapazität einer Volkswirtschaft übersteigen. Die privaten wirtschaftlichen Akteure sind nicht bereit, diese Anpassungslasten zu tragen und versuchen, sie auf Dritte - zumeist auf den Staat - abzuwälzen. Da sich nicht nur die Inflationsrate in Deutschland seit einiger Zeit auf niedrigem Niveau stabilisiert hat und die Kapazitätsauslastung keinesfalls außergewöhnlich niedrig ist, sondern auch weil die Sockelarbeitslosigkeit über die Konjunkturzyklen hinweg deutlich angestiegen ist, dominiert die quasi-gleichgewichtige bzw. strukturelle Komponente in der Arbeitslosigkeit. Konjunkturelle Arbeitslosigkeit, die auf einer mangelnden Güternachfrage beruht, spielt demgegenüber nur eine untergeordnete Rolle (van der Willigen 1995; Lindbeck 1996).

Der massive Anstieg der strukturellen Arbeitslosigkeit in Deutschland resultiert primär aus steigenden Anpassungslasten aufgrund von Veränderungen der Arbeitsnachfrage im Zusammenspiel mit einer zu geringen Anpassungskapazität (Krugman 1994; Fehn 1997). Die Anpassungslasten haben aus mehreren Gründen zugenommen. Erstens wachsen aufgrund des arbeitssparenden technischen Fortschritts und der Globalisierung die qualifikatorischen Anforderungen an die Arbeitnehmer, so daß sich die Arbeitsnachfrage immer stärker weg von gering qualifizierten hin zu höher qualifizierten Arbeitnehmern verlagert. Zweitens ist in allen Industrieländern ein eindeutiger Trend dahingehend zu beobachten, daß die Arbeitsnachfrage im industriellen Sektor rückläufig ist, während sie im Dienstleistungssektor zunimmt. Drittens ist die Arbeitsnachfrage wegen eines immer volatileren wirtschaftlichen Umfeldes erheblich instabiler geworden, so daß die von den einzelnen Unternehmungen für einen gegebenen Reallohn als optimal erachtete Beschäftigungsmenge stärker schwankt und die risikobereinigte Arbeitsnachfrage zurückgeht (Bertola / Ichino 1995; Jackman 1995; Rodrik 1997).

Ein Anstieg der strukturellen Arbeitslosigkeit könnte nur bei einer ausreichend großen Anpassungskapazität vermieden werden. Bei den gegenwärtigen institutionellen Rahmenbedingungen in Deutschland ist dies aber gerade nicht der Fall, so daß die steigenden Anpassungslasten nahezu zwangsläufig eine höhere strukturelle Arbeitslosigkeit zur Folge haben. Erstens sind in Deutschland die Leistungen der Arbeitslosenversicherung ebenso wie das vom Staat garantierte soziokulturelle Existenzminimum großzügig bemessen, so daß der Anspruchslohn der Arbeitnehmer relativ hoch ausfällt. Zweitens ist es vor allem aufgrund der exzessiven Auslegung des gesetzlichen Kündigungsschutzes und der Abfindungs- und Sozialplanpflichten durch die Arbeitsgerichte überaus schwer bzw. teuer, in den Unternehmungen eigentlich nicht mehr benötigte Arbeitnehmer freizusetzen. Schließlich sind drittens die Gewerkschaften in Deutschland nach wie vor relativ stark und zentral organisiert, so daß sie weitgehend in der Lage sind, flächendeckende Mindestlöhne durchzusetzen und die eigentlich notwendige Auffächerung der qualifikatorischen und sektoralen Lohnstrukturen zu verhindern.

Berücksichtigt man diese institutionellen Rahmenbedingungen, dann wird schnell klar, weshalb die skizzierten Veränderungen der Arbeitsnachfrage in Deutschland einen massiven und dauerhaften Anstieg der Arbeitslosigkeit zur Folge haben. Wegen des hohen, vom Staat garantierten Existenzminimums und der Sockellohnpolitik der Gewerkschaften wird es im deutschen Wohlfahrtsstaat immer schwieriger, gering qualifizierte Arbeitnehmer auf dem regulären Arbeitsmarkt zu beschäftigen. Eine reguläre Beschäftigung ist nur dann für beide Marktseiten attraktiv, wenn zwei Bedingungen erfüllt sind. Zum einen müssen die Arbeitnehmer einen so hohen Bruttolohn erhalten, daß ihre Nettobezüge über dem soziokulturellen Existenzminimum liegen. Zum anderen müssen sie aber auch über genügend Humankapital verfügen, um den Produktreallohn für die Unternehmung erwirtschaften zu können. Die steigende Langzeitarbeitslosigkeit in Deutschland ist ein gewichtiges Indiz dafür, daß immer häufiger zumindest eine der beiden Bedingungen verletzt ist (Berthold / Fehn 1997b).

Auch die veränderte sektorale Struktur der Arbeitsnachfrage führt unter den deutschen Rahmenbedingungen dazu, daß die Arbeitslosigkeit ansteigt. In der Industrie wurden zumindest in der Vergangenheit die zahlreichen gering qualifizierten bzw. angelernten Arbeitnehmer wegen des hohen Bestands an zur einfachen Arbeit komplementärem Realkapital und wegen der traditionell hohen Schlagkraft von Industriegewerkschaften hoch entlohnt. Werden solche in der Industrie hoch entlohnte Arbeitnehmer im Zuge des sektoralen Strukturwandels entlassen, dann ist in Deutschland kaum damit zu rechnen, daß sie in den expandierenden Dienstleistungssektor wechseln. Denkbar schwach ist für sie der Anreiz, in den Bereich der gering entlohnten gebundenen Dienstleistungen zu überzutreten, weil ihre Ansprüche auf Transferzahlungen vom Staat zumindest für einen erheblichen Zeitraum nach der Entlassung über oder nur knapp unter der dortigen Entlohnung liegen. Es ist daher für sie attraktiver, vor den Toren des industriellen Hochlohnsektors Schlange zu stehen und zu warten, ob sie nicht eines Tages doch wieder dort beschäftigt werden. Ein Wechsel in den Bereich der ungebundenen Dienstleistungen wäre zwar im allgemeinen finanziell vorteilhaft. Über diese Option verfügen ehemalige Industriearbeiter aber zumeist nicht. Weder besitzen sie das dafür notwendige Humankapital, noch ist es für sie rentabel, entsprechendes Humankapital aufzubauen (Paqué 1994).

Schließlich wirkt sich auch ein volatileres wirtschaftliches Umfeld unter den hiesigen Rahmenbedingungen negativ auf die Beschäftigungssituation aus. Dies ist intuitiv leicht nachvollziehbar, weil den Unternehmungen die notwendige Flexibilität fehlt, sich an häufiger auftretende Schocks zügig und kostengünstig anpassen zu können. Die Arbeitnehmerseite ist gerade bei zentral organisierten Lohnverhandlungen und restriktiven Kündigungsschutzregelungen nicht bereit, auf dieses nunmehr schwerer wiegende Flexibilitätsdefizit und den für die Unternehmungen ökonomisch teurer gewordenen Kündigungsschutz mit einer größeren Lohnzurückhaltung zu reagieren. Die den Insidern durch diese institutionellen Rahmenbedingungen eingeräumte Marktmacht erlaubt es ihnen, die teurer gewordene Versicherungsprämie für Beschäftigungssicherheit nicht selbst in Form von Einbußen beim Nettoreallohn zu entrichten, sondern in Form verminderter Einstellungschancen auf die arbeitslosen Outsider abzuwälzen. Eine steigende strukturell bedingte Arbeitslosenquote ist die unausweichliche Folge (Fehn 1997).

Der anhaltende Anstieg der strukturellen Arbeitslosigkeit ist aber auch darauf zurückzuführen, daß sich gerade in großzügig ausgebauten Wohlfahrtsstaaten zyklisch bedingte Arbeitslosigkeit aufgrund von Insider-Outsider-Problemen sehr leicht strukturell verfestigt (Lindbeck 1993; Bean 1994). Zum einen verliert ein Arbeitsloser mit zunehmender Dauer der Arbeitslosigkeit immer mehr den Kontakt zum Arbeitsmarkt, so daß er letztlich zum Outsider wird. Zum anderen ist das Lohnsetzungsverhalten der Insider nach negativen Datenänderungen dafür verantwortlich, daß auf dem Arbeitsmarkt Persistenzprobleme auftreten und einmal entstandene Arbeitslosigkeit sich leicht zu Langzeitarbeitslosigkeit auswächst. Das Interesse der nach einem negativen Schock entlassenen Insider, wieder einen Arbeitsplatz zu erhalten, wird mit wachsender Dauer der Arbeitslosigkeit von den beschäftigt gebliebenen Insidern und den sie vertretenden Gewerkschaften in den Tarifverhandlungen immer weniger berücksichtigt. Dies spiegelt sich darin wider, daß nur ein Anwachsen der Arbeitslosigkeit und der Bestand an Kurzzeitarbeitslosen, nicht aber die Höhe der Langzeitarbeitslosigkeit einen empirisch signifikanten mäßigenden Einfluß auf das Lohnsetzungsverhalten ausüben (Layard 1996; Elmeskov 1993). Verschärfte Insider-Outsider-Probleme haben eine Verschiebung der Lohnsetzungskurve nach Nordosten und einen entsprechenden Anstieg der strukturellen Arbeitslosigkeit zur Folge. Der großzügig ausgebaute Wohlfahrtsstaat sowie die erhebliche Macht der Gewerkschaften verschärfen ohne Frage die Insider-Outsider-Probleme auf dem deutschen Arbeitsmarkt. Im Ergebnis ist die anhaltende Beschäftigungsmisere somit entscheidend auf die hiesigen institutionellen Rahmenbedingungen zurückzuführen. Sie schränken die Anpassungskapazität der deutschen Volkswirtschaft stark ein, so daß die Anpassungslasten veränderter Strukturen und einer geringeren Stabilität der Arbeitsnachfrage zu einem massiven Anstieg der strukturellen Arbeitslosigkeit führen. Diese Faktoren tragen auch dazu bei, daß sich zyklische Arbeitslosigkeit sehr leicht strukturell verfestigt.

2. Weshalb verschärfen Kapitalmarktunvollkommenheiten das Problem struktureller Arbeitslosigkeit?

In der Analyse der Ursachen für die anhaltende Beschäftigungsmisere blieb der Kapitalmarkt bislang unerwähnt. Zwar entspricht dies der üblichen Vorgehensweise in der Literatur (Alogoskoufis u.a. 1995; Bean 1994; Lindbeck 1993). Wie sich leicht zeigen läßt, werden dadurch aber eine Reihe wichtiger Aspekte unterschlagen. Funktioniert der Lohnmechanismus nicht ausreichend, dann lassen sich Beschäftigungszuwächse nur über eine Steigerung der Arbeitsnachfrage bei gegebenen realen Lohnkosten für die Unternehmungen erreichen. Wichtige Ansatzpunkte dafür sind eine vermehrte Kapitalakkumulation, die Entwicklung innovativer Produkte, eine hohe Quote an Unternehmensneugründungen sowie eine dadurch geförderte hohe Wettbewerbsintensität auf dem Gütermarkt. Für alle diese Größen spielt aber die Funktionsfähigkeit des Kapitalmarktes eine entscheidende Rolle, so daß bei einer Analyse der anhaltenden Arbeitslosigkeit der Kapitalmarkt mit in die Überlegungen einzubeziehen ist (McKinsey 1994; Stiglitz 1992). Die in der Literatur übliche Vernachlässigung des Kapitalmarktes ist nur dann gerechtfertigt, wenn der Kapitalmarkt annähernd friktionsfrei funktioniert. Ein solcher perfekt funktionierender Kapitalmarkt zeichnet sich durch vollkommene Information sowie durch die Abwesenheit von Transaktionskosten und von staatlich induzierten Allokationsverzerrungen aus. Für diesen Extremfall besagt das Modigliani-Miller-Theorem, daß die Struktur der Unternehmensfinanzierung irrelevant ist für den Unternehmenswert und für reale Entscheidungen in der Unternehmung (Modigliani / Miller 1958). Die seit einiger Zeit unternommenen intensiven Anstrengungen im Bereich der Kapitalmarktforschung gelangen aber zum Ergebnis, daß Finanzierungsfragen sehr wohl Rückwirkungen auf reale Entscheidungen und somit auch auf die Höhe und die Struktur der Arbeitsnachfrage haben. Folglich kann von einem perfekt funktionierenden Kapitalmarkt nicht ausgegangen werden.

Das entscheidende Problem auf dem Kapitalmarkt ist dabei die asymmetrische Informationsverteilung zwischen dem Geldgeber (Prinzipal) und der Unternehmung bzw. deren Management (Agent). Daraus entstehen sowohl „adverse selection"-Probleme als auch Anreize zum „moral hazard"-Verhalten des Agenten. Agency-Kosten bei Finanzierungsverträgen sind die unweigerliche Folge. Die Agenten sind im allgemeinen über die Erfolgschancen spezifischer Projekte besser informiert als die Prinzipale. Die Prinzipale können darüber hinaus in der Regel nicht hinreichend genau überwachen, wie der

Agent die ihm zur Verfügung gestellten finanziellen Mittel einsetzt. Die sich ergebenden erheblichen diskretionären Handlungsspielräume des Managements haben zur Folge, daß sich die Aufnahme sowohl von Fremdkapital als auch von Eigenkapital aufgrund der zwangsläufig auftretenden „moral hazard"- und „adverse selection"-Probleme schwierig gestaltet. Kennen die Banken nur das durchschnittliche, nicht aber das unternehmensspezifische Kreditausfallrisiko, dann setzen sie den Zins als „screening"-Instrument ein, um potentielle Kreditnehmer mit geringen Ausfallrisiken nicht zu verschrecken, und um damit das durchschnittliche Kreditausfallrisiko in Grenzen zu halten. Würden die Banken die Zinsen bis auf das markträumende Niveau steigen lassen, dann hätte dies zur Folge, daß die Kreditnehmer immer riskantere Projekte realisieren. Daher würde die Wahrscheinlichkeit wachsen, daß die Schuldner die aufgenommenen Kredite nicht zurückzahlen können. Analog zum Greshamschen Gesetz in der Geldtheorie verdrängen die schlechten Schuldner sukzessive die guten. Der für die Banken gewinnmaximale Zinssatz liegt genau dort, wo sich die gegenläufigen Effekte von steigenden Zinsen in Form von höheren Zinsforderungen und in Form von einer höheren Ausfallwahrscheinlichkeit marginal entsprechen. Da der Zins aber somit neben der Markträumungsfunktion noch eine „screening"-Funktion wahrnehmen muß, liegt der von den Banken gesetzte Zins unterhalb des markträumenden Zinssatzes, so daß es zum Phänomen der Kreditrationierung kommt. Dabei sind kleine Unternehmungen eher von Kreditrationierung betroffen als große, weil bei ihnen die für die Überwachung des Investitionsverhaltens anfallenden Kosten relativ zur Gesamtgröße des Kreditengagements stärker zu Buche schlagen (Stiglitz / Weiss 1981; Greenwald / Stiglitz 1993a).

Ähnlich ist die Situation, wenn Unternehmungen neues Eigenkapital akquirieren wollen. Da zwischen den potentiellen Erwerbern von Anteilen an der Unternehmung und der Unternehmensleitung eine asymmetrische Informationsverteilung über den tatsächlichen Wert der Unternehmung besteht, müssen die Anleger stets fürchten, beim Kauf von Unternehmensanteilen über den Tisch gezogen zu werden. Sie vermuten, daß die über Insiderinformationen verfügende Unternehmensleitung die Unternehmung für überbewertet hält, und sie gerade deshalb versucht, junge Aktien am Markt zu plazieren. Die Ausgabe von jungen Aktien hat daher einen negativen „signalling"-Effekt für den Kapitalmarkt zur Folge. Unternehmensleitungen erhalten aber nicht nur aufgrund von solchen „adverse selection"-, sondern auch aufgrund von „moral hazard"-Problemen nur sehr begrenzt neues Eigenkapital. Mit festen Zahlungsverpflichtungen verbundene Kredite üben im Gegensatz zu Eigenkapital einen massiven Druck auf das Management aus, kein „shirking" am Arbeitsplatz zu betreiben. Bei einem zu geringen Arbeitseinsatz droht ansonsten der Konkurs mit allen negativen Konsequenzen für das Management. Die Anteilseigner einer Unternehmung sind daher daran interessiert, den Eigenkapitalanteil nicht zu hoch werden zu lassen, damit das Management im eigenen Interesse einen hohen Arbeitseinsatz erbringt (Greenwald / Stiglitz 1993b). Wie aus Abbildung 1 hervorgeht, sind diese Überlegungen gerade für Deutschland in hohem Maße relevant, weil sich die Eigenkapitalquote deutscher Unternehmungen seit Mitte der 60er Jahre nahezu halbiert hat.

Abb. 1 Die Entwicklung der Eigenkapitalquote deutscher Unternehmungen

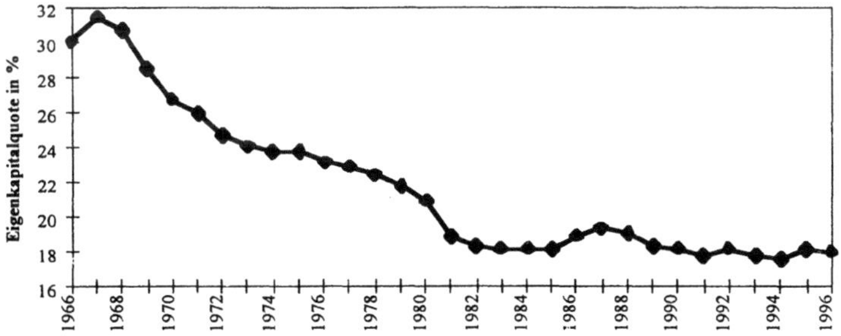

Quellen: Institut der Deutschen Wirtschaft (1997) und Irsch / Zimmermann-Trapp (1986).

Das Management kann aber nur dann „shirking on the job" betreiben, wenn die Kontrolle durch den Kapitalmarkt unzureichend ist. Dieses Kontrollproblem hängt erneut mit der Schlüsselannahme der asymmetrischen Informationsverteilung zwischen Agent und Prinzipal auf dem Kapitalmarkt zusammen. Das Management börsennotierter Unternehmungen verfügt bei dieser Konstellation unweigerlich über einen diskretionären Handlungsspielraum, den es in der Regel so ausnutzt, daß nicht etwa die Eigenkapitalrendite und damit der „shareholder value", sondern ihr eigener Nutzen maximiert wird. Dieser hängt aber vor allem vom eigenen Einkommen und von Prestigeüberlegungen ab. In bezug auf den Arbeitseinsatz läßt sich dieses Problem allerdings nicht nur durch eine hohe Fremdkapitalquote lindern. Vielmehr sind anreizkompatible Arbeitsverträge, etwa in Form von adäquat ausgestalteten Optionsverträgen auf Aktien der eigenen Unternehmung, das zielgenauere und nicht mit negativen gesamtwirtschaftlichen Folgen verbundene Instrument, um das Management zu einem hohen Arbeitseinsatz zu motivieren.

Diskretionäre Handlungsspielräume führen neben „shirking"-Problemen auch dazu, daß ein positiver Kapitalwert nicht mehr das alleinige Kriterium dafür ist, ob ein Projekt durchgeführt wird. Vielmehr spielen auch die gerade erwähnten Kriterien Einkommen und Reputation des Managements eine wichtige Rolle, denen bei vollkommenem Kapitalmarkt keine oder allenfalls eine untergeordnete Bedeutung zukommt. Beide Größen hängen in der Regel positiv von der Unternehmensgröße ab und werden im Konkursfall negativ beeinflußt. Nur wenn die Kontrolle des Managements durch den Kapitalmarkt effizient funktioniert, ist nicht zu befürchten, daß es aufgrund dieser Aspekte beim Einsatz des knappen Produktionsfaktors Kapital zu Verschwendung kommt und Allokationsverzerrungen auftreten.

Die Eigenkapitalrationierung der Unternehmungen im Zusammenspiel mit den diskretionären Handlungsspielräumen des Managements haben schließlich zur Konsequenz, daß sich Unternehmungen risikoavers verhalten. Im Rahmen der neoklassischen Arrow-Debreu-Welt postuliert die Portfolio-Selection-Theorie zwar, daß das Management einer Unternehmung das unternehmensspezifische Risiko bei seinen Entscheidungen nicht beachten sollte, weil es die Aktionäre durch Halten des (Welt-) Marktportfolios wegdiversifizieren können. Eine solche risikoneutrale Unternehmenspolitik berücksichtigt aber nur die Interessen der Aktionäre. Da die Unternehmensleitung den ihr zur Verfügung stehenden diskretionären Handlungsspielraum zu ihren eigenen Gunsten ausnutzt, verfolgen Unternehmungen jedoch in der Regel eine konkursvermeidende und unternehmenserhaltende Politik. Je stärker eine Unternehmung fremdkapitalfinanziert ist, desto größer ist das Konkursrisiko, weil Kredite im Gegensatz zu Eigenkapitaltiteln unabhängig von der Unternehmenssituation bedient werden müssen. Folglich verhalten sich vor allem solche Unternehmungen risikoavers, die stark fremdkapitalfinanziert sind und deren Management nur sehr unvollkommen von den Unternehmenseignern überwacht wird.

Bisweilen wird aufgrund von Agency-Überlegungen auch umgekehrt argumentiert, nämlich daß sich gerade Unternehmungen mit einem hohen Fremdkapitalanteil risikofreudig verhalten. Da die Fremdkapitalgeber voll an den Verlusten aus riskanten Projekten im Falle des Scheiterns partizipieren, während ihnen im Erfolgsfall nur die fest vereinbarte Verzinsung samt Tilgung zusteht, sind die Unternehmenseigner demzufolge bei hohem Fremdkapitalanteil tendenziell an einer riskanteren Unternehmenspolitik interessiert. Eine solche Unternehmenspolitik, die bewußt den Bankrottfall in Kauf nimmt, erfolgt allerdings eher bei Unternehmungen, die ohnehin am Rande des Konkurses stehen. Dies ist zum einen deshalb der Fall, weil Fremdkapitalgeber in der Regel für ihre Kredite eine ausreichende Unterlegung mit Eigenkapital fordern und sie sich Sicherheiten geben lassen, so daß ihre Forderungen im Konkursfall nur zu einem geringen Prozentsatz ausfallen. Zum anderen sind aber auch, wie bereits erwähnt, weniger die Interessen der Aktionäre, sondern vielmehr diejenigen des Managements für die Unternehmenspolitik ausschlaggebend. Im Normalfall ist das Management aber an einer konkursvermeidenden Unternehmenspolitik interessiert, weil es ähnlich wie Fremdkapitalgeber stärker an den Risiken als an den Chancen riskanter Projekte partizipiert (Hax 1990; BMWI 1997).

Neben diesen originären Mängeln des Kapitalmarktes verzerren auch staatliche Eingriffe die Kapitalallokation. So mindert etwa der Staat in nahezu allen westlichen Industrieländern nicht nur durch die Besteuerung von Zinserträgen, sondern auch durch die umlagefinanzierten Zwangssysteme der Altersabsicherung massiv den Anreiz, private Vorsorge für das Alter zu treffen. Beide Faktoren senken die Sparquote. Zwischen der Ersparnisbildung und der Höhe der Investitionen in einem Land besteht aber gemäß des Feldstein-Horioka-Paradoxons nach wie vor ein erstaunlich enger empirischer Zusammenhang, der allerdings im Zeitablauf mit wachsender internationaler Kapitalmobilität schwächer zu werden scheint (Berthold / Modery 1994; Siebert 1997b). Daher wirken sich die Besteuerung der Zinserträge und die umlagefinanzierten Systeme der Rentenversicherung so lange negativ auf die Kapitalbildung und damit auf die Höhe der Arbeitsnachfrage im Inland aus, wie dieser Zusammenhang gilt. Der Staat treibt außerdem mit den inhärent ineffizienten umlagefinanzierten Systemen der Alterssicherung die Belastung des Produktionsfaktors Arbeit mit Steuern und Abgaben nach oben. Dies reduziert die Arbeitsanreize und damit auch den von den Arbeitslosen ausgehenden Druck auf die Insider, sich bei den Lohnforderungen zu mäßigen. Eine solche Wirtschaftspolitik, welche die Zinsen besteuert und der privaten Eigenvorsorge für das Alter wenig Raum zur Entfaltung gibt, vernichtet daher eindeutig Arbeitsplätze, weil sie sowohl die Kapitalbildung behindert als auch den Lohndruck erhöht (Glismann / Horn 1995).

Aber auch die geschilderten originären Kapitalmarktunvollkommenheiten und Finanzierungsrestriktionen bleiben nicht ohne Rückwirkungen für die Situation auf dem Arbeitsmarkt. Die aufgezeigten Finanzierungsrestriktionen haben zur Konsequenz, daß Unternehmungen den größten Teil ihrer Investitionen aus Eigenmitteln bzw. aus einbehaltenen Gewinnen finanzieren, während die Außenfinanzierung durch die Aufnahme zusätzlichen Eigen- oder auch Fremdkapitals eine allenfalls untergeordnete Rolle spielt. Positive „cash flows" sind somit eine wichtige Voraussetzung dafür, daß Unternehmungen investieren und sich vor allem auch in innovativen und damit riskanten Projekten engagieren (Fazzari u.a. 1988; Hax 1990, S. 117; Smolny 1997). Sie weisen empirisch einen höheren Erklärungswert für das Investitionsverhalten als etwa der Realzins auf. Dies ist solange nicht weiter problematisch, wie hohe Zahlungsstromüberschüsse in der Vergangenheit ein guter Indikator für zukünftigen unternehmerischen Erfolg sind. In Zeiten gravierender Strukturbrüche und eines schnellen strukturellen Wandels ist diese Voraussetzung aber gerade nicht erfüllt. In einem solchen Umfeld kommt es vielmehr darauf an, das Kapital seiner produktivsten Verwendung zuzuführen, was häufig in jungen, innovativen Unternehmungen der Fall ist, die den Strukturwandel vorantreiben. Da große Strukturbrüche finanziert werden müssen und man sich nicht mehr an ein wirtschaftlich und technologisch führendes Land anhängen kann, ist es wichtig, daß ein effizienter Kapitalmarkt die Allokation der verfügbaren Finanzmittel übernimmt und er als Entdeckungsverfahren für erfolgversprechende Projekte fungiert. Es ist daher nachteilig, wenn das Management in der Lage ist, sogenannte „free cash flows" in unternehmensinternen Projekten einzusetzen, deren erwartete Rendite unterhalb der Marktrendite liegt. Die institutionellen Rahmenbedingungen auf dem Kapitalmarkt sollten somit derart ausgestaltet sein, daß den Unternehmenseignern eine starke Stellung beim Herausholen von Kapital aus der Unternehmung eingeräumt wird. Nur dann kann der Prozeß der schöpferischen Zerstörung die gewünschten Beschäftigungssteigerungen hervorbringen (Hellwig 1997, S. 29; Viñals / Berges 1988, S. 167).

Je besser der Kapitalmarkt in der Lage ist, das Problem asymmetrischer Information in den Griff zu bekommen, desto geringer ist das Ausmaß an Kredit- und Eigenkapitalrationierung, das die Unternehmungen hinnehmen müssen. Dies erhöht nicht nur das aggregierte Investitionsvolumen. Ein funktionierender Kapitalmarkt ist darüber hinaus in der Lage, riskante Investitionen, wie etwa Innovationen oder Unternehmensneugründungen zu finanzieren. In Deutschland liegt hier aber möglicherweise ein Problem vor, wenn man bedenkt, daß rund 25% der Unternehmungen fehlendes Eigenkapital als wichtiges Innovationshemmnis angeben (Winker 1993, S. 107; Smolny 1997). Neugründungen und innovative Projekte sind aber nicht nur aufgrund ihres positiven Einflusses auf den strukturellen Wandel besonders gut in der Lage, die Beschäftigung dauerhaft zu steigern. In beiden Fällen können etablierte Insider die erzielten Produktivitätszuwächse nicht in vollem Umfang abschöpfen. Bei neuen Unternehmungen gibt es noch gar keine derartigen Insider mit Marktmacht in der Lohnsetzung. Hingegen erfordert die Produktion innovativer Güter häufig Fähigkeiten, über welche eher junge, gut ausgebildete Arbeitnehmer verfügen als die schon länger beschäftigten Insider, so daß die Marktmacht der Insider in der Lohnsetzung untergraben wird (Lindbeck 1993). Funktioniert darüber hinaus die Kontrolle der Unternehmungen, dann erhöht dies die Effizienz des Kapitaleinsatzes und den Arbeitseinsatz des Managements, was wiederum auf gesamtwirtschaftlicher Ebene die Arbeitsproduktivität steigert. Somit wächst nicht nur die Arbeitsnachfrage bei gegebenen realen Lohnkosten für die Unternehmung an, sondern die Arbeitsnachfrage reagiert auch elastischer auf Lohnzurückhaltung. Letzterer Effekt ist darauf zurückzuführen, daß sinkende reale Lohnkosten und die dadurch steigenden Unternehmensgewinne bei einem funktionierenden Kapitalmarkt mit einer höheren Quote an Unternehmensgründungen und damit einem größeren Beschäftigungseffekt verbunden sind (Krueger / Pischke 1997). Die größere Elastizität der Arbeitsnachfrage hat aber wiederum disziplinierende Rückwirkungen auf die Lohnpolitik. Zunächst einmal läuft der einzelne Insider bei einer elastischeren Arbeitsnachfrage eher Gefahr entlassen zu werden, wenn die Gewerkschaft lohnpolitisch über die Stränge schlägt. Der lohnmäßigende Effekt einer elastischeren Arbeitsnachfrage wird noch verstärkt, wenn die Insider bei den Lohnverhandlungen zumindest teilweise auch die Beschäftigungsinteressen der Outsider berücksichtigen. Die Gewerkschaften erhalten nämlich für ein gegebenes Ausmaß an Lohnverzicht einen höheren Beschäftigungszuwachs.

Schließlich beeinflußt auch das Ausmaß an Risikoaversion in der Unternehmenspolitik die Situation auf dem Arbeitsmarkt. Risikoaverse Unternehmungen sind kaum bereit, innovative Projekte durchzuführen und dadurch den strukturellen Wandel voranzutreiben. Dies ist jedoch notwendig, um gerade im Zeitalter der Globalisierung neue Beschäftigungspotentiale zu erschließen. Außerdem wirkt sich die gestiegene Volatilität des ökonomischen Umfeldes um so negativer auf das Niveau der Arbeitsnachfrage aus, je risikoaverser sich die Unternehmungen verhalten. Ein volatileres wirtschaftliches Umfeld hat zur Folge, daß die Beschäftigung des aufgrund von originären und gesetzlich verursachten Entlassungskosten quasi-fixen Produktionsfaktors Arbeit mit einer größeren Wahrscheinlichkeit verlustbringend ist. Zwar treten auch hohe Gewinne mit einer größeren Wahrscheinlichkeit auf, doch ist der Nettoeffekt um so negativer, je risikoaverser sich die Unternehmungen verhalten.

III. Helfen Pensionsfonds, strukturelle Arbeitslosigkeit abzubauen?

Funktionsfähigere Kapitalmärkte können helfen, strukturell bedingte Arbeitslosigkeit abzubauen. Es ist allerdings zunächst einmal offen, welche institutionellen Veränderungen dazu geeignet sind, Kapitalmarktunvollkommenheiten zu lindern. Pensionsfonds stellen möglicherweise eine solche institutionelle Innovation dar. Pensionsfonds sind Finanzintermediäre, welche in der Regel Zahlungen von Unternehmungen außerhalb des Finanzsektors erhalten, und welche ihre finanziellen Mittel auf gepoolter Basis einziehen und anlegen, um sie letztlich mit Zins und Zinseszins in Form von Rentenzahlungen an die Sparer auszuschütten (Davis 1995, S. 5). Im Gegensatz zu den staatlich organisierten Alterssicherungssystemen in den hochentwickelten Industrieländern beruhen Pensionsfonds somit nicht auf dem Umlage-, sondern auf dem Kapitaldeckungsverfahren. Je umfassender aber das staatliche umlagefinanzierte Alterssicherungssystem ausfällt, desto geringer ist der Bedarf für eine private Zusatzvorsorge und desto weniger bedeutend sind folglich auch Pensionsfonds auf dem jeweiligen Kapitalmarkt. Aufgrund des zu beobachtenden Alterungsprozesses in der Bevölkerung ist jedoch das Umlageverfahren, wie es gegenwärtig etwa in Deutschland praktiziert wird, keinesfalls auf Dauer aufrechtzuerhalten. Private Eigenvorsorge und damit auch Pensionsfonds werden daher zwangsläufig auch hierzulande an Gewicht gewinnen.

Die sukzessive Umstellung der Alterssicherung auf das Kapitaldeckungsverfahren und der damit einhergehende Bedeutungszuwachs von Pensionsfonds könnte möglicherweise positive Beschäftigungsimpulse auslösen. Ausgerechnet in Ländern wie den USA, Großbritannien und den Niederlanden, die seit einiger Zeit beschäftigungspolitisch besonders erfolgreich sind, haben auch Pensionsfonds ein besonders großes Gewicht (Abb. 2). Es stellt sich die Frage, ob dies nur eine zufällige Beziehung ist, oder ob man ökonomisch fundiert erklären kann, warum ein kapitalfundiertes Alterssicherungssystem im Zusammenspiel mit Pensionsfonds strukturelle Arbeitslosigkeit vermeiden hilft. Dies ist grundsätzlich dann der Fall, wenn dadurch das Niveau der Arbeitsnachfrage gesteigert wird oder das Lohnsetzungsverhalten stärker diszipliniert wird.

Abb. 2 Die Bedeutung von Pensionsfonds und die Veränderung der Arbeitslosigkeit im internationalen Vergleich

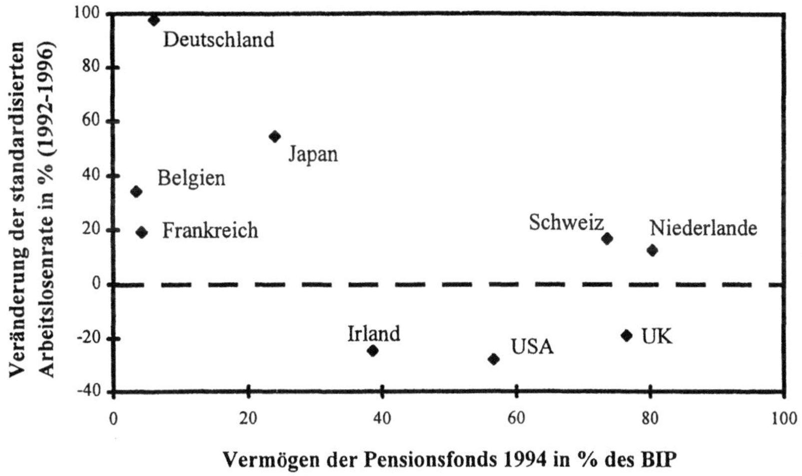

1. Steigern Pensionsfonds die Arbeitsnachfrage?

Pensionsfonds können im Rahmen eines stärker kapitalfundierten Alterssicherungssystems über mehrere Kanäle die aggregierte Arbeitsnachfrage steigern. Die primären Ansatzpunkte sind ein Anstieg der aggregierten Investitionstätigkeit, ein effizienterer Kapitaleinsatz aufgrund einer verbesserten Unternehmenskontrolle sowie die Förderung des strukturellen Wandels aufgrund einer vermehrten Bereitstellung von Risikokapital und des damit einhergehenden positiven Impulses auf Innovationen und Unternehmensneugründungen.

1) Höhere aggregierte Investitionstätigkeit: Ein oft vorgebrachtes Argument für die Umstellung der Alterssicherung auf ein kapitalfundiertes System und damit auch für Pensionsfonds ist der Anstieg der gesamtwirtschaftlichen Sparquote, was bei Gültigkeit des Feldstein-Horioka-Paradoxons mit einer höheren aggregierten Investitionstätigkeit im Inland einhergeht. Die gesamtwirtschaftliche Sparquote setzt sich aus der privaten und der staatlichen Sparquote zusammen. In bezug auf die private Sparquote ist zunächst einmal festzustellen, daß die im Rahmen eines umlagefinanzierten Systems erworbenen Ansprüche die Notwendigkeit reduzieren, privat Vorsorge in Form von Ersparnissen zu treffen. Dieser Vermögenssubstitutionseffekt umlagefinanzierter Alterssicherungssysteme wirkt sich demnach negativ auf die private Sparquote aus. Dem steht allerdings der auf die private Ersparnisbildung positiv wirkende Zinseffekt entgegen. Da umlagefinanzierte Alterssicherungssysteme bei einer schrumpfenden Bevölkerung eine niedrigere Rendite als kapitalfundierte Alterssicherungssysteme aufweisen, ist für ein gegebenes Einkommensziel im Alter eine höhere Vorsorge auch in Form von privaten Ersparnissen notwendig (Tab. 1). Theoretisch ist insofern die Wirkung umlagefinanzierter Alterssicherungssysteme auf die private Ersparnisbildung nicht eindeutig. Allerdings ist in der Regel davon auszugehen, daß der auf die private Ersparnisbildung negativ wirkende Substititutionseffekt den Zinseffekt überwiegt. Zusätzlich ist zu berücksichtigen, daß die höhere Rendite eines kapitalfundierten Alterssicherungssystems das Lebenseinkommen der privaten Wirtschaftssubjekte steigert. Da mit steigendem Lebenseinkommen die Sparquote steigt, kann langfristig somit auf jeden Fall mit einer Zunahme der privaten Ersparnisse gerechnet werden. Der positive Gesamteffekt auf die private Ersparnisbildung wird auch in empirischen Studien weitgehend bestätigt (Berthold / Schmid 1997, S. 152 ff.; Feldstein 1995 und 1996; Sachverständigenrat 1996, Ziffer 408).

Tab. 1 Rendite des Umlageverfahrens versus Kapitalmarktrendite (1970-1990)

	Bevölkerungswachstum pro Jahr	Wachstumsrate der Reallöhne	Rendite im Umlageverfahren (1. + 2. Spalte)	Kapitalmarktrendite[1]
USA	1,0	0,2	1,2	2,8
UK	0,1	2,6	2,7	3,7
Dtl.	-0,5	4,0	3,5	6,2
Japan	0,85	4,2	5,05	5,3
Kanada	1,1	1,7	2,8	2,2
NL	0,6	2,4	3,0	4,2
Schweden	0,15	1,5	1,65	3,7
Dänemark	0,2	2,8	3,0	4,6
Schweiz	0,2	1,9	2,1	2,0
Australien	1,45	0,7	2,15	2,8

[1] Reale Kapitalmarktrendite bei ausgewogenem Portfolio: 40 % inländische Aktien, 40 % inländische Schuldverschreibungen, 10 % ausländische Aktien, 10 % ausländische Schuldverschreibungen.

Quelle: DAVIS (1995, S. 37).

Neben den Auswirkungen einer Kapitalfundierung des Alterssicherungssystems auf die private Ersparnisbildung sind allerdings auch die Rückwirkungen auf die staatliche Ersparnisbildung zu beachten. Diese hängen vor allem davon ab, wie in der Übergangsphase die bereits bestehenden Rentenansprüche behandelt und finanziert werden. Es ist davon auszugehen, daß eine grundlegende Reform des Alterssicherungssystems überhaupt nur dann politisch durchsetzbar ist, wenn bereits bestehende Rentenansprüche weitgehend anerkannt werden. Daraus ergibt sich jedoch ein massives Finanzierungsproblem, weil die erwerbstätige Generation dann nicht nur bereits bestehende Rentenansprüche befriedigen muß, sondern auch noch für ihre eigene Altersvorsorge ansparen muß. Die Konsummöglichkeiten der erwerbstätigen Generation werden somit deutlich eingeschränkt. Dieses Problem der Doppelbelastung der erwerbstätigen Generation läßt sich auf zwei Wegen mildern. Zum einen kann man den Übergang zeitlich strecken. Zum anderen ist es denkbar, die ohnehin schon heute bestehende implizite Staatsschuld in eine explizite staatliche

Verschuldung umzuwandeln. Das dann dem Kapitalmarkt entzogene Kapital steht allerdings nicht mehr für Investitionen zur Verfügung. Aufgrund dieser nicht zu unterschätzenden Finanzierungsproblematik ist es während der wahrscheinlich recht lange dauernden Übergangsphase zunächst einmal offen, wie sich die Umstellung auf ein kapitalfundiertes Alterssicherungssystem auf die gesamtwirtschaftliche Sparquote auswirkt (Diamond 1996; Holzmann 1995; Homburg 1997).

Neben diesen direkten Kanälen bestehen allerdings auch noch indirekte Rückwirkungen der Ausgestaltung des Alterssicherungssystems auf die Sparquote und die Investitionstätigkeit. Ein länderübergreifender Vergleich der Entwicklung der Kapitalmärkte zeigt, daß gerade jene Länder wie die USA, Großbritannien und die Niederlande besonders hochentwickelte Kapitalmärkte aufweisen, die stärker auf kapitalfundierte Elemente und Pensionsfonds bei der Alterssicherung setzen. Dies ist durchaus kein zufälliger Zusammenhang. Es sprechen vielmehr eine Reihe von Argumenten dafür, daß eine kapitalfundierte Alterssicherung und Pensionsfonds die Entwicklung des Kapitalmarktes vorantreiben. Dadurch expandieren nicht nur die Aktien- und Wertpapiermärkte, so daß die Liquidität am Kapitalmarkt steigt, sondern es sinken auch aufgrund des weitaus größeren Transaktionsvolumens die Transaktions- und Informationskosten auf dem Kapitalmarkt. Die zu verzeichnenden Effizienzgewinne steigern aber nicht nur den Anteil des gesparten Volkseinkommens, der letztlich den Investoren zur Verfügung steht, sondern aufgrund der höheren realen Rendite wächst auch der Anreiz zu sparen relativ zur Alternative des Konsumierens insgesamt an (Bank of England 1991, S. 382; Davis 1996; Levy 1995, S. 188f.).

Pensionsfonds zeichnen sich darüber hinaus nicht nur dadurch aus, daß sie ihre finanziellen Mittel eher langfristig anlegen, sondern daß sie auch einen weitaus höheren Anteil ihres Vermögens in Aktien halten als private Haushalte (Tab. 2). Dies gilt vor allem dann, wenn sie nicht wie in Deutschland höchstens dreißig Prozent ihrer Anlagen in Eigenkapitaltiteln halten dürfen. Bei freier Mittelverwendung ist ein solches Ergebnis nicht weiter verwunderlich. Zunächst einmal können Pensionsfonds aufgrund ihrer Größenvorteile ihr Vermögen besser als Individuen am Kapitalmarkt diversifizieren, so daß sie bei der Existenz von Transaktionskosten und von Unteilbarkeiten auch einen größeren Anteil ihres Vermögens in risikobehafteten Titeln halten können. Darüber hinaus profitieren Pensionsfonds im Gegensatz zu Banken nicht nur von einem stetigen Zustrom an liquiden Mitteln, sondern sie können auch den voraussichtlichen Abzug von liquiden Mitteln mit hoher Treffsicherheit prognostizieren. Da das Liquiditätsrisiko für sie deshalb vergleichsweise gering ist, sind zwar relativ volatile, dafür aber langfristig ertragsstarke Eigenkapitaltitel für sie attraktiv.

Tab. 2 Die prozentuale Vermögensaufteilung von Pensionsfonds und privaten Haushalten (1994)

			Pensions-				
	USA	UK	Deutschland	Japan	Kanada	Frk.	Italien
Aktien	48	80	11	27	38	14	9
Schuldverschreibungen	38	11	75	61	49	39	62
Immobilien	7	6	11	2	3	7	23
Bargeld und Einlagen	7	3	3	3	7	40	6
davon Anlagen im Ausland	10	30	6	7	9	5	5
			Haushalte				
Aktien	19	12	6	7	25	32	24
Schuldverschreibungen	12	1	14	6	4	4	20
Institutionelle Anleger	44	54	28	25	31	29	9
Bargeld und Einlagen	18	26	45	62	33	32	29
Andere	7	7	7	0	7	3	18

Quelle: DAVIS (1996, Tabellen 7 und 8).

Dies trägt dazu bei, daß gerade in den USA, in denen Pensionsfonds eine bedeutende Rolle spielen, auch die Eigenkapitalbasis und das Verhältnis der langfristigen zu den kurzfristigen Verbindlichkeiten der Unternehmungen günstig ausfällt (Abb. 3). Eine hohe Quote an langfristigen Verbindlichkeiten gibt den Unternehmungen Planungssicherheit. Aber auch in den anderen angelsächsischen Ländern und in den Niederlanden ist die Ausstattung der Unternehmungen mit Eigenkapital überdurchschnittlich gut. Dagegen verzerren Finanzierungsschwierigkeiten und ein Defizit an haftendem Kapital die Risikoallokation. Insbesondere verstärken sie die negative Beschäftigungswirkung des volatileren wirtschaftlichen Umfeldes. Sie stellen ein wichtiges Hindernis für eine höhere Investitionstätigkeit dar, welches durch die Umstellung auf ein kapitalfundiertes Alterssicherungssystem und die damit wachsende Bedeutung von Pensionsfonds aus dem Weg geräumt werden kann (Davis 1995, S. 15-24; Bank of England 1991, S. 382; Ghilarducci 1994, S. 7).

Abb. 3 Die Bilanzstrukturen von Unternehmungen außerhalb des Finanzsektors im internationalen Vergleich

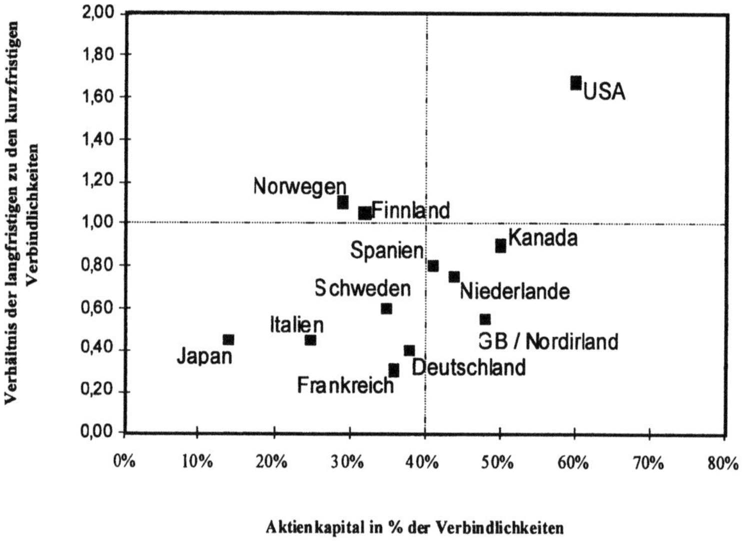

Quelle: OECD (1995, S. 40).

Diesen Überlegungen wird allerdings bisweilen entgegengehalten, daß institutionelle Anleger und insbesondere Pensionsfonds primär an kurzfristiger Gewinnmaximierung interessiert seien. Darüber hinaus würden sie aufgrund häufiger Umschichtungen ihres Portfolios bei tatsächlichen oder auch nur vermeintlich vorhandenen Arbitragemöglichkeiten die auf dem Kapitalmarkt vorhandenen Volatilitäten verstärken. Beide Faktoren würden sich ohne Frage negativ auf die Investitionstätigkeit auswirken. Es gilt allerdings zu hinterfragen, ob diese Bedenken wirklich gerechtfertigt sind. Es gibt weder dafür, daß institutionelle Investoren einen übertrieben kurzfristigen Zeithorizont aufweisen, noch dafür, daß sie die Volatilitäten auf dem Kapitalmarkt verstärken, stichhaltige empirische Evidenz. Institutionelle Anleger zeichnen sich allerdings sehr wohl dadurch aus, daß sie im Vergleich zu anderen Akteuren auf dem Kapitalmarkt überdurchschnittlich gut informiert sind. Daher können sie schneller auf Veränderungen der fundamentalen ökonomischen Daten reagieren. Stärkere Schwankungen in den sogenannten „fundamentals" schlagen sich deshalb in Ländern, in denen Pensionsfonds eine bedeutende Rolle auf dem Kapitalmarkt spielen, in volatileren Kursen nieder. Empirisch läßt sich allerdings feststellen, daß etwa in den USA die Volatilität der Aktienkurse geringer ausfällt als in Deutschland, was auch darauf zurückzuführen ist, daß dort die institutionellen Investoren für ein größeres Transaktionsvolumen auf dem Kapitalmarkt sorgen. Von Pensionsfonds ist somit insgesamt ein positiver Impuls auf die aggregierte Investitionstätigkeit zu erwarten. Länder wie Deutschland, die immer noch primär auf ein umlagefinanziertes Alterssicherungssystem setzen, können daher damit rechnen, daß ein Ausbau der kapitalfundierten Elemente in der Alterssicherung und das damit einhergehende Wachstum von Pensionsfonds die Investitionstätigkeit und damit auch die Arbeitsnachfrage steigern (Davis 1995, S. 169 f. und 1996, S. 22 f.; Dinenis / Scott 1993, S. 308; Reisen 1996, S. 170).

2) Verbesserte Kontrolle der Unternehmungen: Neben einer höheren aggregierten Investitionstätigkeit gilt es zu prüfen, ob Pensionsfonds die Arbeitsnachfrage nicht auch über indirekte Kanäle steigern. So ist denkbar, daß Pensionsfonds aufgrund ihres ausgeprägten Renditemaximierungskalküls für eine schärfere Kontrolle gerade der großen Publikumsgesellschaften sorgen. Die erheblichen diskretionären Handlungsspielräume des Managements großer Aktiengesellschaften führen ja häufig dazu, daß nicht etwa die Interessen der „shareholder", sondern diejenigen der „stakeholder" im Vordergrund der Unternehmenspolitik stehen. Management und Arbeitnehmer verbünden sich in einem solchen Fall gegen die Aktionäre. Ein gerade aus deutscher Sicht relevantes Beispiel ist die Strategie der Unternehmensdiversifizierung, welche zwar möglicherweise die Arbeitsplatzsicherheit von Management und Arbeitnehmern erhöht, aber in der Regel die Effizienz des Kapitaleinsatzes und damit die Eigenkapitalrendite senkt. Je geringer aber der diskretionäre Entscheidungsspielraum des Managements ausfällt, desto eher ist die Maximierung des „shareholder value" das Ziel der Unternehmenspolitik. Dies mag zwar gerade kurzfristig zu Beschäftigungseinbußen in den betroffenen Unternehmungen führen. Gesamtwirtschaftlich gesehen steigt jedoch die Kapitalrendite und der strukturelle Wandel wird vorangetrieben. Zumindest in einer längerfristigen

Perspektive führt daher eine verbesserte Kontrolle der Unternehmungen zu einer höheren Arbeitsnachfrage.

Prinzipiell unterscheidet man bei der Unternehmenskontrolle zwischen dem Insider- und dem Outsider-System (OECD 1995, S. 68 f.). Das Insider-System, welches insbesondere in Deutschland und Japan praktiziert wird, beruht auf einer engen Verflechtung zwischen dem Banken- und dem Unternehmenssektor. Die Überwachung soll auf gegenseitiger Basis erfolgen, wobei den Banken zumeist die dominierende Rolle zukommt. Dies liegt in Deutschland nicht zuletzt an der Institution des Depotstimmrechts, welches den Banken eine extrem starke Stellung auf Hauptversammlungen einräumt. Demgegenüber ist der Einfluß nicht nur von privaten, sondern bislang auch von institutionellen Anlegern eher gering. Läuft in der Unternehmenspolitik etwas schief, dann baut das Insider-System auf den „voice"-Mechanismus, also den Widerspruch insbesondere der betroffenen Hausbank. Eine Umsteuerung in der Unternehmenspolitik bedarf hierzulande aufgrund der den Arbeitnehmern gesetzlich eingeräumten Mitbestimmungs- und Vertretungsrechte häufig auch der Zustimmung der Arbeitnehmerseite. Daher läßt sich auch hier, ähnlich wie auf dem Arbeitsmarkt, von einem konsensorientierten System sprechen. Eine externe Intervention findet in der Regel erst am Rande der Illiquidität statt, und nicht schon dann, wenn die Unternehmenspolitik eindeutig von den Interessen der Aktionäre abweicht (Coffee 1991; Hax 1990; Schneider-Lenné 1992).

Demgegenüber baut das in den angelsächsischen Ländern praktizierte Outsider-System auf den „exit"-Mechanismus auf dem Kapitalmarkt. Wenig rentabel arbeitende Unternehmungen müssen mit einem zügigen Verfall ihres Unternehmenswertes rechnen, welcher sich in den Aktienkursen widerspiegelt. Insbesondere im Gegensatz zu den Hausbanken in Deutschland und Japan trennen sich die auf den angelsächsischen Kapitalmärkten dominierenden institutionellen Investoren rasch von ihren Beteiligungen an solchen Unternehmungen, die für die absehbare Zukunft schlechte Gewinnerwartungen aufweisen. Reagiert das Management nicht rechtzeitig mit einer Kursänderung in der Unternehmenspolitik, dann eröffnet der einsetzende Kursverfall feindlichen Übernahmen den notwendigen Spielraum. Der Druck des Kapitalmarktes auf das Management, die Rendite des eingesetzten Kapitals zu maximieren, ist folglich sehr hoch. Die organisierten Interessen der „stakeholder" an einem Verbleib des Kapitals in etablierten Unternehmungen und an einer Verlangsamung des strukturellen Wandels werden eher durchbrochen. Dies spiegelt sich darin wider, daß die Kapitalproduktivität etwa in den USA seit einiger Zeit deutlich über derjenigen in Deutschland liegt (Davis 1995, S. 162 und 186; McKinsey 1994; Smith 1996).

Es ist allerdings prinzipiell offen, welches der beiden Systeme der Unternehmenskontrolle aus gesamtwirtschaftlicher Sicht vorzuziehen ist. Legt man auf der einen Seite die Kriterien an, daß der die Überwachungsfunktion ausübende Akteur nicht nur die Fähigkeit aufweisen sollte, große Aktienpakete langfristig zu halten, sondern auch keine substantiellen Interessenkonflikte mit privaten Kleinanlegern aufweisen sollte, dann spricht dies für Pensionsfonds und gegen Banken (Coffee 1991, S. 1367). Als primäre Fremdkapitalgeber sind Banken nämlich an einer weitaus risikoscheueren Unternehmenspolitik interessiert als gut diversifizierte Eigenkapitalgeber. Auf der anderen Seite ist etwa Deutschland lange Zeit mit seinem System der Unternehmenskontrolle nicht schlecht gefahren. Zumindest hat es offensichtlich den rasanten wirtschaftlichen Aufholprozeß in der Nachkriegszeit wenn nicht gefördert, so doch wenigstens nicht behindert. Für das Insider-System sprechen geringere Transaktionskosten, die Vermeidung von „sunk costs", weil Unternehmungen seltener aus dem Markt ausscheiden, sowie Vertrauens- und Reputationsargumente bei der Finanzierung langfristiger Investitionsprojekte in etablierten Unternehmungen. Diese Argumente spielen gerade in einem wirtschaftlichen Aufholprozeß bei im Prinzip bekannten Technologien, die es nur weiterzuentwickeln gilt, eine große Rolle.

Die sich seit einiger Zeit abzeichnende Überlegenheit des Outsider-Systems ist daher möglicherweise darauf zurückzuführen, daß sich das wirtschaftliche Umfeld geändert hat, und die relative Vorteilhaftigkeit der beiden Systeme der Kapitalmarktkontrolle von der Entwicklungsphase einer Volkswirtschaft abhängt. Der wirtschaftliche Aufholprozeß ist in Deutschland längst beendet, und die lange Zeit dominierenden Sektoren haben die Reifephase weitgehend abgeschlossen. Bei den eingetretenen Strukturbrüchen auf dem Gütermarkt gilt es immer mehr, Investitionen in innovativen Bereichen und in neuen Unternehmungen zu finanzieren. Es muß heute um die Entdeckung neuer Technologien und nicht mehr lediglich um die Weiterentwicklung bereits bestehender Technologien gehen. Dies erfordert einen „trial and error"-Prozeß, bei dem das Outsider-System tendenziell überlegen ist. Das Insider-System der Unternehmenskontrolle läuft stets Gefahr, aufgrund der gewachsenen Beziehungen zwischen Banken und Unternehmungen zu lange an etablierten Strukturen festzuhalten, während das stärker marktlich orientierte Outsider-System eine größere Anzahl von Projekten prüft und wenig erfolgversprechende Projekte schneller aussondert (Christensen 1992, S. 303; Dosi 1990, S. 309-312; Jenkinson / Mayer 1992).

Somit spricht einiges dafür, daß in dem heutigen wirtschaftlichen Umfeld eine stärkere Rolle von Pensionsfonds bei der Ausübung der Unternehmenskontrolle und insofern eine Annäherung an das angelsächsische Outsider-Modell die Effizienz des Kapitaleinsatzes und damit die gesamtwirtschaftliche Arbeitsnachfrage steigern könnten. Dies darf allerdings nicht darüber hinwegtäuschen, daß das grundsätzliche Agency-Problem zwischen den privaten Anlegern und dem Management auch im angelsächsischen Outsider-System nicht gelöst ist. Zwar schreiben zumindest derzeit Pensionsfonds in den USA weitaus mehr und vor allem glaubwürdiger als Banken in Deutschland die Maximierung des „shareholder value" auf ihre Fahnen. Dennoch ist eine Kooperation zu Lasten der privaten Anleger zwischen der Leitung von Pensionsfonds und den Managern der Publikumsgesellschaften natürlich prinzipiell genauso möglich, wie sie der Tendenz nach derzeit zwischen dem Banken- und dem Unternehmenssektor in Deutschland besteht. Auch bei Pensionsfonds stellt sich das kaum zu lösende Agency-Problem „who guards the guardian?". Ein stärkeres Gewicht von Pensionsfonds auf dem deutschen Kapitalmarkt mag damit zwar insgesamt die Unternehmenskontrolle in Deutschland etwas verbessern helfen. Es ist aber keineswegs ein Ersatz für einen gut funktionierenden Markt für Unternehmenskontrolle mit einer starken Stellung der privaten Anleger (Coffee 1991; Wahal 1996).

3) Vermehrte Bereitstellung von Risikokapital: Neben der aggregierten Höhe des Kapitalstocks und der Effizienz des Kapitaleinsatzes hängt die Arbeitsnachfrage auch entscheidend von der Investitionsstruktur ab. Positive Beschäftigungseffekte sind vor allem dann zu erwarten, wenn die finanziellen Mittel in den Aufbau junger Unternehmungen und in die Entwicklung innovativer Produkte fließen. Beide Aspekte sind aber nicht voneinander unabhängig, weil häufig junge Unternehmungen eine größere Innovationstätigkeit als etablierte Unternehmungen aufweisen (Saxonhouse 1996, S. 3). Sowohl Unternehmensgründungen als auch die Entwicklung innovativer Produkte sind besonders risikobehaftet. Außerdem spielt das Problem asymmetrischer Information zwischen Unternehmung und Geldgeber in bezug auf die Erfolgsaussichten in beiden Fällen eine ausgeprägte Rolle. Entsprechend schwierig gestaltet sich häufig die Finanzierungsfrage. Zwar haben kleine innovative Unternehmungen bei allen institutionellen Ausgestaltungen des Kapitalmarktes Schwierigkeiten, die nötigen finanziellen Mittel von außen zu erhalten. Dies bedeutet aber, daß gerade in Phasen ausgeprägten strukturellen Wandels der Funktionsfähigkeit des Kapitalmarktes eine besondere Bedeutung zukommt (Viñals / Berges 1988, S. 167).

Das in Deutschland vorherrschende System der Kreditfinanzierung ist hier besonders nachteilig. Beim Aufbau junger Unternehmungen und bei der Entwicklung innovativer Produkte ist die Finanzierung über Risikokapital wesentlich erfolgversprechender. Im Gegensatz zu Kreditgebern hat der Risikokapitalgeber keine fixen Zahlungsansprüche im Mißerfolgsfall. Dafür partizipiert er im Erfolgsfall voll an den Überrenditen. Darüber hinaus verlangen Risikokapitalgeber im Gegensatz zu Banken keine oder so gut wie keine Sicherheiten. Gerade junge und innovative Unternehmungen können aber in der Regel auch keine ausreichenden Sicherheiten bieten, weil sie häufig in sogenannte „intangible assets" investieren, die nicht als Sicherheiten dienen können. Ein typisches Beispiel sind etwa Investitionen in das Humankapital der Mitarbeiter. Schließlich sind Banken zumeist nicht in der Lage, die technologische Dimension von innovativen Projekten zu beurteilen. Ihnen fehlt in der Regel im Gegensatz zu spezialisierten Risikokapitalgebern das dafür notwendige technische „know how". Nicht umsonst üben Risikokapitalgeber in den USA normalerweise nicht nur eine Finanzierungs-, sondern auch eine Beratungs- und Kontrollfunktion aus. Darüber hinaus erfolgt die Auszahlung der Mittel häufig stufenweise. Diese Vorkehrungen dienen ohne Frage dazu, die Ausfallwahrscheinlichkeit für den Risikokapitalgeber zu mindern, so daß sie eine ähnliche Funktion wie Kreditsicherheiten ausüben. Insgesamt verbessert aber eine größere Verfügbarkeit von Risikokapital eindeutig die Möglichkeiten der Unternehmungen, sich auf riskante Projekte einzulassen, welche im Schnitt eher hochproduktive Arbeitsplätze schaffen (Mayer 1992, S. 108; OECD 1997, S. 6).

Ein effizient funktionierender Risikokapitalmarkt stellt somit eine wichtige Voraussetzung für eine dynamische Beschäftigungsentwicklung dar. Die in dieser Beziehung weitaus günstigere Situation in den USA trägt sicherlich mit zu der besseren dortigen Arbeitsmarktsituation bei. In den USA steht erstens bezogen auf das Volkseinkommen wesentlich mehr Risikokapital zur Verfügung. Das Gesamtvolumen an Risikokapital betrug 1994 in den USA 55,86% des BIP. Hingegen waren es in Deutschland zum selben Zeitpunkt nur 0,27% des BIP. Zweitens sind die Risikokapitalgesellschaften in den USA auch mehr als in Europa bereit, junge Unternehmungen in der Gründungs- und Aufbauphase zu unterstützen. Während etwa 1994 in den USA 19,1% des Risikokapitals in der Gründungs- und Aufbauphase von Unternehmungen eingesetzt wurden, waren es in Europa nur 5,8%. Drittens konzentrieren sich die

Risikokapitalgesellschaften in den USA im Gegensatz etwa zu Deutschland auf die Finanzierung von Hochtechnologieprojekten. So flossen 1992 rund 77% des in den USA zur Verfügung stehenden Risikokapitals in Hochtechnologieprojekte, wohingegen es in Deutschland nur ca. 19% waren. Allgemein läßt sich feststellen, daß die Risikokapitalgesellschaften in Europa eher in verbrauchernahe Industrien investieren. Insgesamt sprechen die erwähnten Argumente dafür, daß die in den USA im Gegensatz zu Deutschland zu beobachtende dynamische Beschäftigungsentwicklung und die Schaffung auch von hochproduktiven Arbeitsplätzen zumindest zum Teil auch auf den besser funktionierenden und stärker ausgebauten Risikokapitalmarkt zurückzuführen sind (McKinsey 1994; Special Features 1996; Levy 1995, S. 190 f.).

Die bislang nahezu vernachlässigbare Rolle von Pensionsfonds auf dem deutschen Kapitalmarkt ist eine der wesentlichen Ursachen dafür, daß hierzulande der Risikokapitalmarkt vergleichsweise unterentwickelt ist (Tab. 3). Pensionsfonds sind der bei weitem größte Financier von Risikokapitalgesellschaften in den USA. Demgegenüber wird der Risikokapitalmarkt in Deutschland von den Banken dominiert, deren konservative Anlagestrategie und enge Verflechtung mit der Großindustrie auch bei den ihnen angeschlossenen Risikokapitalgesellschaften durchschlägt. Dabei rührt die konservative Anlagestrategie der Banken hierzulande natürlich maßgeblich von den hiesigen Bewertungsvorschriften her, welche einen asymmetrischen Bilanzausweis von nicht realisierten Gewinnen und Verlusten erzwingen. Darüber hinaus erlaubt die relativ geringe Eigenkapitalquote der Banken keine auch nur vorübergehenden größeren Verluste. Schließlich spielt hierzulande ausgerechnet der Staat eine wachsende Rolle auf dem Markt für Risikokapital, obwohl er sicherlich am wenigsten geeignet ist, vielversprechende Projekte zu identifizieren und entsprechende Beratungsleistungen gerade bei Hochtechnologieprojekten anzubieten. Eine Ausdehnung der kapitalfundierten Elemente in der Alterssicherung im Zusammenspiel mit der dann wachsenden Bedeutung von Pensionsfonds würde daher tendenziell helfen, auch in Deutschland den Risikokapitalmarkt weiterzuentwickeln. Dies gilt zumal dann, wenn die rigiden Anlagevorschriften für Pensionsfonds gelockert würden, und analog zu dem Konzept des „prudent man" in den USA auch in Deutschland die Anlage der anvertrauten Mittel in riskante Eigenkapitaltitel in weitaus größerem Umfang als bislang möglich wäre. Eine staatliche Überwachung der Anlagepolitik der Pensionsfonds ist allerdings in jedem Fall erforderlich (Reisen 1996, S. 179; Gerke 1996, S. 20; Prakke 1988, S. 92; Pfirrmann u.a. 1997, S. 64 f.).

Tab. 3 Gesamtvolumen und Herkunft des Risikokapitals in Deutschland und den USA (Angaben in Prozent des Gesamtvolumens)

	Deutschland			
Kapitalgeber	1991	1992	1993	1994
Banken	60,87	48,51	48,13	51,01
Sparkassen	5,84	3,13	4,12	4,11
Versicherungen	9,57	11,52	12,12	11,71
Industrie	5,75	5,61	9,27	7,84
Private	13,64	5,40	6,66	8,24
Staat	0,06	3,76	5,62	6,97
Andere	4,27	1,46	3,39	3,36
Summe	100,00	79,39	89,29	93,24
keine Angaben		21,61	10,71	6,76
Kapitalsumme in Mrd. DM	5,551	7,855	8,258	8,829
		USA		
Unternehmungen	4	3	8	9
Private	12	11	7	12
Pensionsfonds	42	42	59	46
Ausland	12	11	4	2
Stiftungen	24	19	11	21
Banken und Versicherungen	6	15	11	9
Kapitalsumme in Mrd. $	1271	2548	2545	3764

Quelle: PFIRRMANN U.A. (1997, S. 24 und 34).

2. Disziplinieren Pensionsfonds das Lohnsetzungsverhalten?

Eine steigende Arbeitsnachfrage kann zu Beschäftigungszuwächsen führen, sie muß es aber nicht. Je besser es den beschäftigten Insidern gelingt, die Produktivitätszuwächse in Form von Lohnerhöhungen abzuschöpfen, desto geringer bleiben die erzielbaren Beschäftigungsgewinne. Funktionsfähigere Kapitalmärkte aufgrund einer stärkeren Kapitalfundierung des Alterssicherungssystems und einer damit einhergehenden steigenden Bedeutung von Pensionsfonds tragen aber gerade auch dazu bei, daß es den Insidern schwerer fällt, eine gegen die Beschäftigungsinteressen der Outsider gerichtete Lohnpolitik zu verfolgen. Sie führen zu einem gemäßigteren Lohnsetzungsverhalten, so daß sowohl von der Arbeitsnachfrageseite als auch von der Lohnsetzungsseite her ein positiver Beschäftigungsimpuls ausgeht.

Erstens erhöhen funktionsfähigere Kapitalmärkte die Elastizität der Arbeitsnachfrage, weil jungen Unternehmungen insbesondere aufgrund der besseren Verfügbarkeit von Risikokapital der Markteintritt erleichtert wird, und durch die größere Anzahl von Unternehmungen in der Volkswirtschaft die Wettbewerbsintensität auf dem Gütermarkt ansteigt. Veränderungen der realen Lohnstückkosten haben daher größere Beschäftigungswirkungen zur Folge. Es gelingt den Insidern nur noch schlechter, die negativen Konsequenzen einer aggressiven Lohnpolitik über steigende Güterpreise auf die Allgemeinheit abzuwälzen. Vielmehr müssen sie die anfallenden Lasten in Form von höheren Beschäftigungseinbußen bei einem gegebenen Reallohnzuwachs in größerem Umfang selbst tragen. Umgekehrt steigt der Anreiz, Lohnzurückhaltung zu üben, weil die dadurch erzielbaren Beschäftigungsgewinne höher ausfallen. Da Gewerkschaften auch an einer Ausweitung ihrer Mitgliederzahl interessiert sind und in der Regel ja nur beschäftigte Arbeitnehmer einer Gewerkschaft angehören, hat eine elastischere Arbeitsnachfrage ein zurückhaltenderes Lohnsetzungsverhalten zur Folge. Dieser Effekt wird zweitens auch noch dadurch verstärkt, daß kleine und mittelgroße Unternehmungen sowohl eine größere Rate an Neueinstellungen als auch an Entlassungen als etablierte Großunternehmungen aufweisen (Davis u.a. 1993). Da funktionsfähigere Kapitalmärkte aber den Anteil von kleinen und mittelgroßen Unternehmungen in einer Volkswirtschaft erhöhen, steigt somit die Dynamik auf dem Arbeitsmarkt an. Die Arbeitsplatzsicherheit der Insider und ihre Fähigkeit, sich schlagkräftig zu organisieren, schrumpfen. Mithin schwindet eine wichtige Voraussetzung dafür, daß sie einen aggressiven Kurs in der Lohnpolitik verfolgen.

Wie gezeigt wurde, fördern die stärkere Kapitalfundierung der Alterssicherung und Pensionsfonds drittens auch die aggregierte Kapitalbildung in einer Volkswirtschaft. Dies hat zumindest vorübergehend zur Folge, daß die Produktivitätszuwächse über dem langfristigen Durchschnitt liegen. Der Effekt hält so lange an, bis ein neuer „steady-state"-Wachstumspfad erreicht ist. In einer solchen Phase besonders hoher Produktivitätszuwächse steigt die Wahrscheinlichkeit dafür an, daß die Insider relative Lohnzurückhaltung in dem Sinne üben, daß sie die anfallenden Produktivitätszuwächse nicht voll für sich vereinnahmen. Bei hohen Produktivitätsfortschritten steigt der Wert der in Zukunft erzielbaren Lohneinkünfte relativ zum derzeitigen Lohn an. Daher hat jeder Arbeitnehmer ein besonderes Interesse daran, die Wahrscheinlichkeit zu erhöhen, daß er beschäftigt bleibt. Die Möglichkeit, daß insbesondere unternehmensspezifische Datenänderungen eintreten, erzeugt immer eine gewisse Unsicherheit darüber, ob man als Insider zu dem ausgehandelten Lohnsatz wirklich weiterbeschäftigt wird. Hinter den aggregierten Produktivitätszuwächsen zurückbleibende Lohnsteigerungen reduzieren zwar die Entlassungswahrscheinlichkeit, drücken sie aber nicht auf null. Jeder einzelne Arbeitnehmer wird sich daher in Phasen hoher Produktivitätszuwächse eher dafür aussprechen, daß die kollektiv festgelegten Lohnerhöhungen zunächst hinter den aggregierten Produktivitätsfortschritten zurückbleiben, um so die Wahrscheinlichkeit zu erhöhen, daß er an den hohen zukünftigen Löhnen partizipieren kann (Manning 1992).

Schließlich senkt viertens eine stärkere Kapitalfundierung der Alterssicherung im Zusammenspiel mit Pensionsfonds die implizite steuerliche Belastung der Arbeitseinkommen. Bei national langsamer wachsender oder gar schrumpfender Bevölkerung sinkt die interne Rendite eines umlagefinanzierten Alterssicherungssystems. Hingegen ist eine weltweit anlegende kapitalfundierte Alterssicherung hiervon nicht nennenswert negativ betroffen, weil die demographische Entwicklung eines kleinen Landes keinen nennenswerten Einfluß auf den Weltkapitalmarktzins ausübt. Da mittlerweile die interne Rendite des umlagefinanzierten Alterssicherungssystems deutlich unter der langfristigen Kapitalmarktrendite liegt, werden die Beiträge zur gesetzlichen Rentenversicherung zunehmend als Steuern empfunden, weil ihnen später keine adäquate Gegenleistung gegenübersteht. Außerdem erzeugen die ständigen diskretionären Eingriffe der Politik in die Leistungs- und Beitragsseite der Rentenversicherung eine wachsende Unsicherheit darüber, wie hoch die Renten im Alter tatsächlich ausfallen werden. Somit verstärkt das umlagefinanzierte staatliche Zwangssystem der Alterssicherung die ohnehin bestehenden Verzerrungen auf dem Arbeitsmarkt. Der immer breiter werdende Keil zwischen den Bruttolohnkosten der Unternehmungen und dem Nettolohn, den die Arbeitnehmer erhalten, erhöht nicht nur den Lohnkostendruck, sondern auch die Anreize zur Schwarzarbeit. Der einsetzende Teufelskreis aus steigenden Bruttolohnkosten, sinkenden Nettolöhnen und wachsender Arbeitslosigkeit läßt sich nur durchbrechen, wenn das Problem an den Wurzeln angepackt wird (Siebert 1997a, S. 5-12; Homburg / Richter 1990, S. 185; Reisen / Williamson 1997, S. 231).

IV. Wirtschaftspolitische Schlußfolgerungen

Funktionsfähigere Kapitalmärkte können einen wichtigen Beitrag dazu leisten, das Problem der anhaltend hohen strukturellen Arbeitslosigkeit in den Griff zu bekommen. Die sukzessive Umstellung der Alterssicherung auf ein privatwirtschaftlich organisiertes und kapitalfundiertes System und das damit einhergehende Wachstum von Pensionsfonds sind wichtige Schritte hin zu einem funktionsfähigeren Kapitalmarkt. Aus wirtschaftspolitischer Sicht stellt sich somit zweifelsohne die Frage, welche Hindernisse einer größeren Bedeutung von Pensionsfonds auf dem Kapitalmarkt hierzulande im Wege stehen. Das entscheidende Hindernis ist sicherlich der im internationalen Vergleich große Stellenwert der umlagefinanzierten gesetzlichen Alterssicherung. Er reduziert nicht nur den Bedarf an privater Zusatzvorsorge, sondern aufgrund der hohen Beitragssätze und aufgrund der entsprechend geringen Nettolöhne schränkt das teure umlagefinanzierte Alterssicherungssystem auch den Spielraum der Arbeitnehmer erheblich ein, privat Zusatzvorsorge für das Alter zu treffen. Sowohl die Leistungen der staatlichen Zwangsversicherung als auch die von Arbeitnehmern und Unternehmungen zu entrichtenden Beiträge müssen also nicht nur eingefroren werden, sondern besser noch sukzessive reduziert werden. Es muß eine allmähliche Umstellung der Alterssicherung auf eine kapitalfundierte Versicherungslösung erfolgen, welche nicht nur eine höhere Rendite, sondern auch eine größere Sicherheit in bezug auf die Leistungshöhe aufweist. Dies schafft Spielraum für Lohnmäßigung und Beschäftigungszuwächse.

Neben der gesetzlichen Rentenversicherung wird aber hierzulande das Wachstum von Pensionsfonds noch durch ein weiteres staatlich initiiertes Hindernis eingeschränkt. Das zweite Standbein der Altersabsicherung neben der gesetzlichen Rentenversicherung ist in Deutschland die betriebliche Altersvorsorge. Diese erfolgt aber aufgrund einer großzügigen steuerlichen Subventionierung primär über unternehmensinterne Pensionsrückstellungen. So verbleiben in Deutschland rund 60% der für die betriebliche Altersvorsorge vorgesehenen Mittel über Pensionsrückstellungen in den Unternehmungen (Schneider-Lenné 1994, S. 295). Das Kapital ist in diesem Fall an die jeweilige Unternehmung gebunden, und das Management verfügt während des lange währenden Zeitraumes bis zur Auszahlung der Pensionszusage über einen erheblichen diskretionären Entscheidungsspielraum, wie es die finanziellen Mittel einsetzt. Ein effizienter Kapitaleinsatz ist unter diesen Umständen aber eher unwahrscheinlich. Die Verwendung der Mittel wird nicht der Kontrolle durch den Kapitalmarkt unterworfen, so daß die nicht zu unterschätzende Gefahr besteht, daß die erzielte Rendite unter der Kapitalmarktrendite liegt. Da Pensionsrückstellungen etablierten Unternehmungen außerdem einen erheblichen Liquiditätsvorteil verschaffen, reduzieren sie nicht nur die Wettbewerbsintensität auf dem Gütermarkt, sondern sie bremsen darüber hinaus den strukturellen Wandel. Die steuerliche Privilegierung von Pensionsrückstellungen ist daher abzuschaffen, um einen größeren Teil der für die private Altersvorsorge bestimmten Mittel aus den etablierten Unternehmungen herauszuholen und ihre Anlage der Kapitalmarktkontrolle zu unterwerfen.

Pensionsfonds könnten schließlich hierzulande wesentlich effizienter arbeiten und vor allem verstärkt Risikokapital zur Verfügung stellen, wenn sie nicht durch überzogen rigide Anlagevorschriften und wenig zweckdienliche Bilanzierungsregeln behindert würden. Sowohl die Höchstgrenze für Anlagen der ihnen anvertrauten Mittel in haftendes Eigenkapital in Höhe von 30% als auch für Auslandsinvestitionen in Höhe von 4% sollten weniger restriktiv gefaßt werden. Außerdem benachteiligt die Beschränkung, daß ein Pensionsfonds maximal 10% des Eigenkapitals einer bestimmten Unternehmung halten darf, kleine Unternehmungen. Es besteht für die Pensionsfonds die große Gefahr, daß bei einer derart geringfügigen Anlage die Fixkosten der Informationsbeschaffung nicht abgedeckt werden, so daß sie eher in etablierte Großunternehmungen investieren. In bezug auf die Bilanzierungsregeln könnte eine sich stärker am aktuellen Marktwert orientierende Bewertung die Bereitschaft von Pensionsfonds erhöhen, auch in volatilere Eigenkapitaltitel zu investieren (Davis 1995, S. 94 f.; Nürk / Schrader 1995, S. 26).

Zusammenfassend läßt sich festhalten, daß zwischen den beiden derzeit wohl wichtigsten wirtschaftspolitischen Problemen hierzulande, nämlich der anhaltenden Beschäftigungsmisere und der Krise der gesetzlichen Rentenversicherung, durchaus ein Zusammenhang besteht. Eine grundlegende Reform der Alterssicherung in Richtung einer stärkeren Kapitalfundierung, wodurch auch Pensionsfonds mehr Spielraum zur Entfaltung erhielten, stellt einen wichtigen Baustein im Kampf gegen die primär strukturell bedingten Arbeitsmarktprobleme dar. Wie die aktuelle Debatte wieder einmal zeigt, ist eine solche Reform der Alterssicherung zwar nur äußerst schwer im politischen Entscheidungsprozeß durchzusetzen. Die demographische Entwicklung im Zusammenspiel mit der zunehmenden Globalisierung der Märkte werden das derzeitige, inhärent ineffiziente System der Alterssicherung allerdings früher oder später ohnehin in die Geschichtsbücher verbannen. Die nationale Wirtschaftspolitik steht daher nur vor der Alternative, entweder die Reformen rechtzeitig anzupacken und sich dadurch einen gewissen Gestaltungsspielraum zu erhalten, oder in Untätigkeit zu verharren und sich von den Ereignissen letztlich überrollen zu lassen.

Literaturverzeichnis

ALOGOSKOUFIS, G. u.a.: „Unemployment: Choices for Europe", *CEPR Report: Monitoring European Integration*, 5, London (Cambridge University Press) 1995.

BANK OF ENGLAND: „The Development of Pension Funds - an International Comparison", *Quarterly Bulletin*, 31 (1991), No. 3, S. 380-390.

BEAN, C.: „European Unemployment: A Survey", *Journal of Economic Literature*, 32 (1994), S. 573-619.

BMWI: „Wagniskapital", Gutachten des Wissenschaftlichen Beirats beim Bundesministerium für Wirtschaft, Bonn (o.V.) 1997.

BERTHOLD, N. und R. FEHN: „The Positive Economics of Unemployment and Labor Market Inflexibility", *Kyklos*, 49 (1996), No. 4, S. 583-613.

BERTHOLD, N. und R. FEHN (1997a): „Aktive Arbeitsmarktpolitik - wirksames Instrument der Beschäftigungspolitik oder politische Beruhigungspille?", *Ordo - Jahrbuch für die Ordnung von Wirtschaft und Gesellschaft*, 48 (1997), S. 411-435.

BERTHOLD, N. und R. FEHN (1997b): „Das Beschäftigungspotential einer flexibleren qualifikatorischen Lohnstruktur", in: D. SADOWSKI und M. SCHNEIDER (Hrsg.), *Vorschläge zu einer neuen Lohnpolitik: Optionen für mehr Beschäftigung I*, Frankfurt a. M. und New York (Campus) 1997, S. 71-99.

BERTHOLD, N. und W. MODERY: „Das Feldstein-Horioka-Paradoxon. Wie mobil ist Kapital international?", *WiSt*, 23 (1994), No. 10, S. 492-497.

BERTHOLD, N. und C. SCHMID: „Der Generationenvertrag - ein Auslaufmodell?", *List Forum für Wirtschafts- und Finanzpolitik*, 23 (1997), No. 2, S. 143-167.

BERTOLA, G. und A. ICHINO: „Wage Inequality and Unemplyoment: United States versus Europe", *NBER Macroeconomics Annual*, Cambridge, M.A., London (The MIT Press) 1995, S. 13-54.

COFFEE, J.: „Liquidity Versus Control: The Institutional Investor As Corporate Monitor“, *Columbia Law Review*, 91 (1991), No. 6, S. 1277-1368.

CHRISTENSEN, J. L.: „The Role of Finance in Industrial Innovation - Aspects of Financial Systems“, Ph.D. Dissertation, Aalborg (Aalborg University Press) 1992.

DAVIS, E. P.: „Pension Funds, Retirement-Income Security, and Capital Markets - An International Perspective“, Oxford (Clarendon Press) 1995.

DAVIS, E. P.: „The Role of Institutional Investors in the Evolution of Financial Structure and Behaviour“, Special Report, No. 89, LSE Financial Markets Group and ESRC Research Centre, London (o.V.) 1996.

DAVIS, S. J. u.a.: „Small Business and Job Creation: Dissecting the Myth and Reassessing the Facts“, NBER Working Paper, No. 4492, Cambridge M.A. 1993.

DIAMOND, P.: „Government Provision and Regulation of Economic Support in Old Age“, in: WORLD BANK (Hrsg.): *Annual World Bank Conference on Development Economics*, Washington D.C. (o.V.) 1995, S. 83-103.

DINENIS, E. und A. SCOTT: „What Determines Institutional Investment? An Examination of UK Pension Funds in the 1980s“, *Oxford Economic Papers*, 45 (1993), S. 292-310.

DOSI, G.: „Finance, Innovation and Industrial Change“, *Journal of Economic Behavior and Organization*, 13 (1990), S. 299-319.

ELMESKOV, J.: „High and Persistent Unemployment: Assessment of the Problem and its Causes“, OECD Working Paper, No. 132, Paris 1993.

FAZZARI, S. u.a.: „Financing Constraints and Corporate Investment“, *Brooking Papers on Economic Activity*, No. 1 (1988), S. 141-206.

FEHN, R.: „Der strukturell bedingte Anstieg der Arbeitslosigkeit in Europa: Ursachen und Lösungsansätze“, Baden-Baden (Nomos) 1997.

FELDSTEIN, M.: „Social Security and Saving: New Time Series Evidence“, NBER Working Paper, No. 5054, Cambridge M.A. 1995.

FELDSTEIN, M.: „The Missing Piece in Policy Analysis: Social Security Reform“, NBER Working Paper, No. 5413, Cambridge M.A. 1996.

GERKE, W.: „Risikokapital. Probleme deutscher Unternehmen am Markt für Risikokapital“, *trend*, Nr.1 (1996), S. 18-22.

GHILARDUCCI, T.: „U.S. Pension Investment Policy and Perfect Capital Market Theory“, *Challenge*, July-August (1994), S. 4-10.

GLISMANN, H. H., und E.-J. HORN: „Die Krise des deutschen Systems der staatlichen Alterssicherung“, *Ordo - Jahrbuch für die Ordnung von Wirtschaft und Gesellschaft*, 46 (1995), S. 309-344.

GREENWALD, B. und J. STIGLITZ (1993a): „Financial Market Imperfections and Business Cycles“, *Quarterly Journal of Economics*, 108 (1993), S. 77-114.

GREENWALD, B. und J. STIGLITZ (1993b), „New and Old Keynesians", *Journal of Economic Perspectives*, 7 (1993), No. 1, S. 23-44.

HAX, H.: „Debt and Investment Policy in German Firms - The Issue of Capital Shortage", *Journal of Institutional and Theoretical Economics (JITE)*, 146 (1990), S. 106-123.

HELLWIG, M.: „Unternehmensfinanzierung, Unternehmenskontrolle und Ressourcenallokation: Was leistet das Finanzsystem?", Diskussionspapier, Sonderforschungsbereich 504, Universität Mannheim, Mannheim 1997.

HOLZMANN, R.: „Pension Reform, Financial Market Development and Economic Growth", Forschungsbericht Nr. 9503, Europa-Institut, Sektion Wirtschaftswissenschaften, Universität Saarbrücken, Saarbrücken 1995.

HOMBURG, S.: „Old-Age Pension Systems: A Theoretical Evaluation", in: H. GIERSCH (Hrsg.): *Reforming the Welfare State*, Berlin u.a. (Springer) 1997, S. 233-246.

HOMBURG, S. und W. RICHTER: „Eine effizienzorientierte Reform der GRV", in: B. FELDERER (Hrsg.): *Bevölkerung und Wirtschaft*, Schriften des Vereins für Socialpolitik, N.F. Bd. 202, Berlin (Dunker & Humblot) 1990, S. 183-191.

INSTITUT DER DEUTSCHEN WIRTSCHAFT: „Zahlen zur wirtschaftlichen Entwicklung der Bundesrepublik Deutschland", Köln (o.V.) 1997.

IRSCH, N. und A. ZIMMERMANN-TRAPP: „Die Eigenkapitalausstattung und Investitionstätigkeit der Unternehmen in der Bundesrepublik Deutschland", *WiSt*, 15 (1986), No. 6, S. 315-317.

JACKMAN, R.: „Unemployment and Wage Inequality in OECD Countries", Discussion Paper, No. 235, Centre for Economic Performance, London School of Economics, London 1995.

JENKINSON, T. und C. MAYER: „The Assessment: Corporate Governance and Corporate Control", *Oxford Review of Economic Policy*, 8 (1992), No. 3, S. 1-10.

KRUEGER, A. und J.-S. PISCHKE: „Observations and Conjectures on the U.S. Employment Miracle", NBER Working Paper, No. 6146, Cambridge M.A. 1997.

KRUGMAN, P.: „Past and Prospective Causes of High Unemployment", in: FEDERAL RESERVE BANK OF KANSAS CITY (Hrsg.): *Reducing Unemployment: Current Issues and Policy Options*, Jackson Hole / Wyoming (o.V.) 1994, S. 49-80.

LAYARD, R.: „The Road Back to Full Employment", Occasional Paper, No. 10, Centre for Economic Performance, London School of Economics, London 1996.

LEVY, J.: „Some Considerations Relevant to Prefunded Pensions in France", in: P. MASSON (Hrsg.): *France - Financial and Real Sector Issues*, International Monetary Fund, Washington D.C. (o.V.) 1995, S. 173-206.

LINDBECK, A.: „Unemployment and Macroeconomics", Cambridge M.A., London (The MIT Press) 1993.

LINDBECK, A.: „The West European Unemployment Problem“, *Weltwirtschaftliches Archiv*, 132 (1996), No. 4, S. 609-637.

MANNING, A.: „Productivity Growth, Wage-Setting and the Equlibrium Rate of Unemployment“, Discussion Paper, No. 63, Centre of Economic Performance, London School of Economics, London 1992.

MAYER, C.: „The Financing of Innovation“, in: A. BOWEN und M. RICKETTS (Hrsg.): *Stimulating Innovation in Industry*, London (Kogan Page) 1992, S. 97-116.

MCKINSEY: „Employment Performance“, McKinsey Global Institute, Washington D.C. (o.V.) 1994.

MODIGLIANI, F. und M.H. MILLER: „The Cost of Capital, Corporation Finance and the Theory of Investment“, *American Economic Review*, 48 (1958), S. 261-297.

NÜRK, B. und A. SCHRADER: „Von der Pensionsrückstellung zum Pensionsfonds: Eine Chance für den deutschen Finanzmarkt“, Deutsche Bank Research, Frankfurt am Main (o.V.) 1995.

OECD: National Systems for Financing Innovation, Paris (o.V.) 1995.

OECD: Financing Innovation, OECD Labour / Management Programme, Paris (o.V.) 1997.

PAQUÉ, K.-H.: „Unemployment and the Crisis of the German Model. A Long-Term Interpretation“, Working Paper, No. 655, Institut für Weltwirtschaft, Kiel 1994.

PFIRRMANN, O. U.A.: „Venture Capital and New Technology Based Firms. A US-German Comparison“, Berlin (Physica) 1997.

PRAKKE, F.: „The Financing of Technical Innovation“, in: A. HEERTJE (Hrsg.): *Innovation, Technology, and Finance*, Oxford (Clarendon Press) 1988, S. 71-100.

REISEN, H.: „Alterssicherung, Pensionsfonds und die aufstrebenden Aktienmärkte“, in: D. DUWENDAG (Hrsg.): *Finanzmärkte, Finanzinnovationen und Geldpolitik*, Schriften des Vereins für Socialpolitik, N.F. Bd. 242, Berlin (Dunker & Humblot) 1996, S. 169-190.

REISEN, H. und J. WILLIAMSON: „Pension Funds, Capital Controls, and Macroeconomic Stability“, in: S. VALDÉS-PRIETO (Hrsg.): *The Economics of Pensions. Principles, Policies, and International Experience*, Cambridge (Cambridge University Press) 1997, S. 227-250.

RODRIK, D.: „Has Globalization Gone Too Far?“, Institute For International Economics, Washington, D.C. (Institute for International Economic Studies) 1997.

SACHVERSTÄNDIGENRAT ZUR BEGUTACHTUNG DER GESAMTWIRTSCHAFTLICHEN ENTWICKLUNG: „Jahresgutachten 1996/1997: Reformen voranbringen“, Stuttgart (Metzler-Poeschel) 1996.

SAINT-PAUL, G.: „Exploring the Political Economy of Labour Market Institutions, Economic Policy", 23 (1996), S. 264-315.

SAXONHOUSE, G.: „New Firms, Economic Performance and Structural Change in the American Economy", Conference Paper 96-1-8, University of Michigan, Ann Arbor 1996.

SCHNEIDER-LENNÉ, E.: „Corporate Control in Germany", *Oxford Review of Economic Policy*, 8 (1992), No. 3, S. 11-23.

SCHNEIDER-LENNÉ, E.: „The Role of the German Capital Markets and the Universal Banks, Supervisory Boards, and Interlocking Directorships", in: N. DIMSDALE UND M. PREVEZER (Hrsg.): *Capital Markets and Corporate Governance*, Oxford (Clarendon Press) 1994, S. 284-305.

SIEBERT, H. (1997a): „Pay-As-You-Go Versus Capital Funded Pension Systems. The Issues", Kiel Working Paper No. 816, Institut für Weltwirtschaft, Kiel 1997.

SIEBERT, H. (1997b): „Disziplinierung der nationalen Wirtschaftspolitik durch die internationale Kapitalmobilität", Kieler Arbeitspapier Nr. 832, Institut für Weltwirtschaft, Kiel 1997.

SMITH, M.: „Shareholder Activism by Institutional Investors: Evidence from CalPERS", *The Journal of Finance*, 51 (1996), No. 1, S. 227-252.

SMOLNY, W.: „Endogenous Innovations in a Model of the Firm. Theory and Empirical Application for West-German Manufacturing Firms", Discussion Paper No. 39, Center for International Labor Economics, University of Konstanz, Konstanz 1997.

SPECIAL FEATURES: „Venture Capital in OECD Countries", *Financial Market Trends*, 63 (1996), No. 2, S. 15-39.

STIGLITZ, J.: „Capital Markets and Economic Fluctuations in Capitalist Economies", *European Economic Review*, 36 (1992), S. 269-306.

STIGLITZ, J. und A. WEISS: „Credit Rationing with Imperfect Information", *American Economic Review*, 71 (1981), S. 393-410.

VAN DER WILLIGEN, T.: „Unemployment, Wages, and the Wage Structure", in: R. CORKER U.A. (Hrsg.): *United Germany: The First Five Years - Performance and Policy Issues*, IMF Occasional Paper, No. 125, Washington, D.C. 1995, S. 21-40.

VIÑALS, J. und A. BERGES: „Financial Innovation and Capital Formation", in: A. HEERTJE (Hrsg.): *Innovation, Technology, and Finance*, Oxford (Clarendon Press) 1988, S. 158-202.

WAHAL, S.: „Pension Fund Activism and Firm Performance", *Journal of Financial and Quantitative Analysis*, 31 (1996), No. 1, S. 1-23.

WINKER, P.: „Firmenalter und Kreditrationierung. Eine mikroökonometrische Analyse mit ifo-Umfragedaten", *ifo Studien*, 39 (1993), Nr. 2, S. 103-126.

Teil II

Shareholder Value und Unternehmensführung (Corporate Governance) aus der Sicht des Wirtschaftsrechts

5. Kapitel

Industriebeteiligungen und Depotstimmrecht der Großbanken als Problem des corporate governance

KLAUS J. HOPT

I. Zur corporate governance-Diskussion in Deutschland

1. Die Reformdebatte um Großbanken, Aktienrechtsreform und corporate governance

In Deutschland findet bekanntlich zur Zeit eine heftige Reformdebatte um Großbanken, Aktienrechtsreform und corporate governance statt. Das ist für sich genommen noch nichts Außergewöhnliches. Denn dieser Problemkreis und jeder einzelne seiner Parameter wie die Aufsichtsratsfrage, das Depotstimmrecht und die Bankenbeteiligungen sind seit dem Aufblühen des deutschen Industrialismus und Universalbankensystems in der zweiten Hälfte des 19. Jahrhunderts umstritten. Das Besondere der derzeitigen Reformdiskussion ist zweierlei: Zum einen steht Deutschland wie noch nie in einem europäischen und globalen Wettbewerb, in dem es nicht wie nach herkömmlichem Verständnis nur um Produkte und Leistungen geht, sondern um die richtigen Märkte und Institutionen als mehr oder weniger geeignete Komponenten der miteinander im Wettbewerb stehenden Systeme. Zum anderen sieht sich dieses Mal der Gesetzgeber gefordert. Vor dem Bundestag liegen zwei miteinander konkurrierende Gesetzesentwürfe, die in der Wirtschaft für mehr Kontrolle und Transparenz (KonTraG, so der Entwurf der Regierungskoalition) bzw. mehr Transparenz und Wettbewerb (TraWeG, dies der Entwurf der SPD-Opposition) sorgen sollen. Diese Entwürfe haben weit über Fachkreise hinaus Aufmerksamkeit erregt. Der 61. Deutsche Juristentag 1996 in Karlsruhe hat sich ausgiebig mit der Frage befaßt: „Empfehlen sich gesetzliche Regelungen zur Einschränkung des Einflusses der Kreditinstitute auf Aktiengesellschaften?" Die corporate governance-Diskussion ist nach Anfängen in den USA und Großbritannien voll auch in Kontinentaleuropa und Deutschland entbrannt, und zwar interdisziplinär und neuestens über die Grenzen hinweg. Am Hamburger Max-Planck-Institut wurde im Mai 1997 ein Symposium über „Comparative Corporate Governance - The State of the Art and Emerging Research" mit rund 50 Juristen, Wirtschafts- und Sozialwissenschaftler und Historikern aus den USA, Europa und Japan veranstaltet. Im Bundestag haben ausführliche Sachverständigen- und Interessentenanhörungen zu den geplanten Reformen stattgefunden. All das war von lebhaftem Presseecho begleitet.

2. Kontrolle und Finanzierung der Unternehmen als Kernfrage

In Politik, Presse und Öffentlichkeit zielen Aufmerksamkeit und Diskussion ganz zentral auf die Macht der Banken. Das ist ein ebenso publikumswirksamer wie undifferenzierter, um nicht zu sagen simpler Ansatzpunkt. Ungeeignet ist auch das - in der Diskussion gegen die Banken ins Spiel gebrachte - Konzept von Gegenmacht, im Kartellrecht ebenso wie hier bei den Bankkunden. Auch alle Überlegungen, nach ausländischem Muster gesetzgeberische Schritte auf ein Trennbanksystem hin zu machen, gehen im Licht der internationale Entwicklung genau in die falsche Richtung. Im übrigen sorgt der gnadenlose internationale Bankenwettbewerb schon alleine für ein ausgewogeneres Verhältnis zwischen Kredit- und Investmentbanking.

Die zentrale gesetzgeberische Zielfunktion bei unserem Thema ist vielmehr die Kontrolle und Finanzierung der Unternehmen, was zugleich heißt: Förderung des im internationalen Vergleich unterentwickelten deutschen Kapitalmarkts. Das ist nicht nur eine aktienrechtliche Frage, wie im Anschluß an die Aktienrechtsreform 1965 unter Juristen noch immer verbreitet angenommen, sondern auch und ganz besonders eine solche funktionierender Börsen und Kapitalmärkte. Die ökonomische Theorie dazu ist weitgehend von US-amerikanischem Denken beeinflußt. Sie ist für den Deutschen Juristentag näher aufgearbeitet worden. Das Ergebnis ist rechtspolitisch gesehen ernüchternd: Die einzelnen theoretischen und empirischen Ansätze und Befunde, die vorliegen, sind interessant und weiterführend. Sie sind aber bisher doch noch zu spekulativ bzw. datenmäßig zu wenig untermauert, als daß sie Grundlage einschneidenderer Reformmaßnahmen sein könnten.

Historisch sind die Fragen, die heute diskutiert werden, ein alter Hut. Die Aufsichtsratsfrage war ein schlechthin zentrales Thema etwa um die Jahrhundertwende und schon seit den Anfängen der Industrialisierung und der Geburt der Aktiengesellschaft in Deutschland. Die Reform des Depotstimmrechts zieht sich wie ein roter Faden durch die deutsche Aktienrechtsgeschichte, übrigens ohne daß im Ausland irgendwo vernünftige Alternativen erkennbar wären. Nur die Beteiligungsfrage ist neueren Datums, dazu allerdings mit reichen internationalem Material. Mit diesem historischen Monitum geht es nicht um Aktien- und Bankrechtsgeschichte an sich, sondern um zwei Punkte, die für unsere Reformdiskussion m.E. zentral sind.

Der erste ist das, was die moderne amerikanische Unternehmensrechtsdiskussion die „path dependence" nennt. Gemeint ist damit, daß in den verschiedenen Ländern die Systeme und Institutionen sich je nach ihrem Ausgangspunkt unterschiedlich entwickeln und daß man das bei Reformeinschnitten in Gewachsenes bedenken muß. Eben das gilt für den deutschen Aufsichtsrat, das Universalbankensystem und die Art und Weise der Unternehmensfinanzierung und -kontrolle hierzulande im Gegensatz zu den USA.

Der zweite Punkt ist der Gedanke des Wettbewerbs der Systeme. Der Gesetzgeber sollte ihm angesichts der heute grundsätzlich offenen, internationalen Märkte auch im Aktien-, Bank- und Börsenrecht mehr Vertrauen schenken. Dieser Wettbewerb der Systeme und der Gesetzgeber - hier des Bankensystems und des Aktien- und Börsenrechtsgesetzgebers - mag zwar in Deutschland und der EU noch nicht so funktionieren wie in den USA mit Delaware, New Jersey und Kalifornien. Aber er greift allmählich auch hier, wie sich am Insiderrecht, Bankaufsichtsrecht und Börsen- und Kapitalmarktrecht vielfältig zeigen ließe. Das bedeutet: nicht um mehr Regelungen geht es, sondern um weniger, also um Deregulierung und größere Flexibilität auch hier.

II. Die Industriebeteiligungen der Großbanken

1. Daten und Fakten zu den Bankenbeteiligungen

Wenn überhaupt an einschneidendere Reformen bei den drei Haupteinflußparametern der Banken gedacht wird, dann böten sich dafür am ehesten noch die Bankenbeteiligungen an. Eine jüngste Erhebung erfaßt den Anteilsbesitz der Banken zu Ende 1994. Sie bezog sich auf Unternehmen mit mehr als 1 Mio. DM Nominalkapital und bezog jeden unmittelbaren und mittelbaren Anteilsbesitz von mehr als 5% ein. In absoluten Zahlen haben danach die 10 größten privaten Banken insgesamt 135 Beteiligungen. An börsennotierten Gesellschaften haben diese 10 größten privaten Banken 30 Beteiligungen. Nach dem Wert (Nominalkapital) halten die privaten Banken insgesamt Beteiligungen von (nominal) 2 Mrd. DM. Im Vergleich zu dem Nominalkapital einzelner großer deutscher Aktiengesellschaften ist das nicht gerade überwältigend. Die privaten Banken halten an den DAX-Index-Gesellschaften 4,1% des Nominalkapitals. Die Beteiligungen von 25-50% haben abgenommen. Gestiegen sind dagegen die Beteiligungen zwischen 10-25%. Diese letzteren überwiegen nach absoluter Zahl und nach Nennkapital massiv.

2. Zu den Vorschlägen für Beschränkungen durch den Gesetzgeber

Vorschläge für eine gesetzgeberische Beschränkung der Industriebeteiligung von Großbanken haben schon vor Jahren die Monopolkommission (1975: 5%) und in einem großen rechtsvergleichenden Gutachten für die EG-Kommission Immenga (1978: 10%) gemacht. Dagegen sprechen allerdings mehrere Gründen, die erst widerlegt werden müßten.

Vor allem sind solche Beteiligungen nicht bankenspezifisch. Auch Versicherungen und Industrieunternehmen können über große und andauernde Beteiligungen erheblichen Einfluß auf die Aktiengesellschaft ausüben. Hinzu kommt, daß die Banken bzw. die Kreditinstitute heute keine ökonomisch zuverlässig abgrenzbare Kategorie mehr sind. Finanzierungs- und Finanzmittlungsfunktionen sind heute längst nicht mehr den Banken vorbehalten, sondern werden durch die verschiedensten non-banks übernommen.

Auch muten die genannte Vorschläge merkwürdig an, wenn doch international die Zukunft der corporate governance bei den institutional investors gesehen wird. Sollten wir dann in Deutschland, die wir wichtige Institutionelle wie die amerikanischen pension funds gerade nicht haben, eine der Hauptgruppen unserer großen Anleger in ihrem Anteilsbesitz beschränken?

Tatsächlich geht es nicht darum, Beteiligungen zu verbieten, sondern im Gegenteil darum, Beteiligungen attraktiv und beweglich zu machen. Das heißt: es gilt, auch hier in Deutschland einen Markt für Übernahmeangebote aufzubauen und dafür sachgerechte außerrechtliche und wohl auch rechtliche Regelungen zu finden. Das folgt aufgrund vieler rechtsvergleichender Befunde. Dazu gehören ein Neutralitätsgebot für Vorstandsmitglieder und die Einschränkung der bisher weitgehend zulässigen Verteidigungsmaßnahmen. Beides hat sich unter anderem in der Londoner City seit Jahrzehnten bewährt und ist auch, wenn Europa wirklich zusammenwachsen soll, notwendig.

III. Das Depotstimmrecht der Großbanken

1. Daten und Fakten zum Vollmachtsstimmrecht

Die deutschen Kreditinstitute holen von ihren Effektenkunden Vollmachten für die Ausübung der Stimmrechte in der Hauptversammlung der Aktiengesellschaften ein (deshalb juristisch richtiger nicht Depotstimmrecht, sondern Vollmachtsstimmrecht). Sie üben diese Stimmrechte namens des Kunden entweder nach dessen Einzelweisung oder mangels einer solcher entsprechend ihren eigenen, dem Kunden zuvor mitgeteilten Abstimmungsvorschlägen aus. Das Vollmachtsstimmrecht hat eine lange, wechselhafte Geschichte, ist mehrfach und teilweise grundlegend reformiert worden und steht heute unter weitreichenden rechtlichen Kautelen zugunsten der Aktionäre. Das Vollmachtsstimmrecht ist sehr verbreitet und auf dem Hintergrund zu sehen, daß Einzelweisungen nur ganz selten, offenbar nur in 2-3% der Fälle, erteilt werden. Die Stimmrechtsvertretung durch Schutzvereinigungen spielt kaum eine Rolle, nach Erhebungen der Bankenstrukturkommission lag sie deutlich unter 1%.

Wenn man wie manche Kritiker das Vollmachtsstimmrecht dem Stimmrecht der Banken aus eigenen Beteiligungen an den Unternehmen hinzurechnet und wegen der Kongruenz der Interessen sogar mit dem anderer Kreditinstitute kumuliert, kommt man auf erhebliche Stimmrechtsanteile in den Hauptversammlungen der großen Publikumsgesellschaften (ohne Großaktionäre). Die Erfahrungen mit der Stimmrechtsvollmacht gehen eindeutig dahin, daß die Banken in aller Regel die Verwaltungsvorschläge unterstützen. Das ist in der Reformdiskussion den Banken immer wieder zum Vorwurf gemacht worden und unter dem Aspekt der corporate governance in der Tat ein Manko.

2. Zu den Vorschlägen für Beschränkungen durch den Gesetzgeber

Der Schatten der Bankenmacht führt manche Kritiker, so z.B. der SPD-Entwurf, dazu, für jede Ausübung eine besondere, ausdrückliche Weisung des Kunden zu verlangen. Das Vollmachtsstimmrecht der Kreditinstitute würde dadurch praktisch beseitigt. An deren Stelle sollen andere professionelle Kundenvertreter, etwa Wirtschaftsprüfer, treten. Das geht auf theoretische Überlegungen zur Möglichkeit, einen „Markt für Stimmrechtsvertreter" zu organisieren, zurück. Noch weiter geht der Vorschlag, allgemein, also nicht nur gegenüber Kreditinstituten, ausdrückliche Weisungen der Vollmachtgeber/Aktionäre vorzuschreiben.

Die richtige Zielkonzeption ist jedoch nicht ein vages Konzept der Bankenmacht, sondern (neben der kompetenten und getreuen Stimmrechtsvertretung, also principal/agent Problem im Verhältnis zwischen Bank und Einzelaktionär) die Optimierung der Hauptversammlungspräsenz. Das ist nicht neu, aber deswegen nicht weniger richtig. Zufallsmehrheiten können, wie beispielsweise die Verhältnisse in Belgien zeigen, nicht wünschenswert sein, weder aus der Sicht der einzelnen Aktionäre noch aus der des Unternehmens und des Systems. Von daher ergeben sich zwanglos folgende Bewertungen:

Die gesetzliche Kreierung eines Markts für Stimmrechtsvertreter ist eine blutleere Utopie. Mit Verboten (hier des Depotstimmrechts) hat man noch nie einen Markt kreiert, allenfalls einen schwarzen. Der geforderte Wettbewerb besteht hier bereits heute: Kein Aktionär ist gezwungen, sich einer Bank anzuvertrauen; man sollte ihm das aber erst recht nicht verbieten oder auch nur erschweren. Das Depotstimmrecht entspricht in Deutschland ganz offenbar dem Wunsch einer großen Mehrheit von Aktionären. Diese gesetzgeberisch zu bevormunden, besteht weder Anlaß noch Rechtfertigung.

Überlegenswert sind dagegen zwei Vorschläge. Der eine geht auf mehr Transparenz. Eigene Beteiligungen ab 5% und personelle Verflechtungen ab 25%igem Beteiligungsbesitz sollen offengelegt werden. Das verbessert die Information der Akteure am Markt, überläßt die Reaktion diesen und ist deshalb zu begrüßen. Zum anderen sollte sich die Bank bei konkreten Interessenkonflikten eigener Abstimmungsvorschläge enthalten müssen. Dieses Letztere ist allerdings schon heute weithin die Praxis. Gewiß mag man das auch noch gesetzlich bestätigen und das noch weitergehend auf Abstimmungsvorschläge bei der Wahl und Entlastung eigener Vertreter der Bank im Aufsichtsrat ausdehnen. Zu tatsächlichen Änderungen wird eine solche Gesetzesreform aber nicht führen. Beides ist mehr eine aktien- und bankrechtliche Hygiene.

Insgesamt bewahrheitet sich die uralte rechtsvergleichende und rechtspolitische Einschätzung des Depotstimmrechts: Es wird immer neu Gegenstand gesetzgeberischer Bemühungen sein, die im Ergebnis nichts ändern - zu Recht, denn es gibt keine wirkliche Alternative (schon gar nicht das US-amerikanische Verwaltungsstimmrecht). Und noch ein Weiteres: wie zuletzt wieder Breuer versichert hat, haben die Banken kein sonderliches Interesse am Bankenstimmrecht. Die Vorstellung, sie könnten damit die Unternehmen gängeln, ist wirklichkeitsfremd. Die Kosten des Bankenstimmrechts fallen ins Gewicht. Einzelne schweizerische Banken sind offenbar bereits dazu übergegangen, sich auch dies extra honorieren zu lassen. Im übrigen hat soeben eine deutsche Privatbank beschlossen, noch nicht einmal mehr Sparkonten zu führen. Warum sollte das für die undankbare Ausübung von Stimmrechtsvollmachten anders sein?

IV. Die Aufsichtsratsmandate der Großbanken

1. Daten und Fakten zu den Bankmandaten

Bekanntlich halten Großbankenangehörige zahlreiche Aufsichtsratsmandate in der deutschen Industrie. Die oben erwähnte Erhebung des Bankenverbandes hat die Aufsichtsratsmandate der Banken für 1993 - bezogen auf die 100 umsatzmäßig größten deutschen Unternehmen - ermittelt. Danach hatten 89 der 100 größten Unternehmen Aufsichtsräte. Die Gesamtzahl der Aufsichtsratssitze betrug 1993 1.561 Mandate. Angehörige privater Banken hielten davon 99, Vertreter anderer Kreditinstitute und der Versicherungen 53. Die Arbeitnehmerseite nahm 760 Mandate wahr, davon allein 211 durch externe Gewerkschaftsvertreter. 427 Sitze oder 27,4% aller Mandate entfielen auf Manager aus Industrie und anderen Wirtschaftszweigen. Der auf private Banken entfallende Anteil betrug auf die Gesamtzahl der Aufsichtsratsmitglieder gerechnet 6,3% (zusammen mit den Vertretern anderer Kreditinstitute und der Versicherungen 9,74%).

2. Zu den Vorschlägen für Beschränkungen durch den Gesetzgeber

In der Reformdiskussion wird eine Begrenzung der Bankmandate gefordert. Dazu ist - provokativ - zu formulieren: Der Einfluß von Bankenvertretern im Aufsichtsrat ist nicht nur nicht unbedenklich, sondern sogar erwünscht. Die Frage ist eine ganz andere, nämlich ob dieser Einfluß hinreichend effektiv ist. Das ist das Problem, nicht die Begrenzung dieses Einflusses.

Dafür gibt es zwei wesentliche Gründe. Der eine liegt auf der Hand. Die Banken - ich meine damit die Kreditinstitute - haben durch ihre Tätigkeit einen besonderen finanzieller Sachverstand, den sie einbringen können, im Normalfall und erst recht bei Sanierungen. Eben deswegen werden sie auch häufig von den Unternehmen in den Aufsichtsrat oder entsprechende Beiräte gebeten. Die Initiative dazu geht, wie von Bankenseite glaubwürdig versichert, in aller Regel vom Unternehmen und nicht von der Bank aus. Richtig ist, daß Bankenvertreter manchen Unternehmen zu sehr vergangenheitsorientiert und risikoavers sind. Das ist auch ein Einwand, der von amerikanischen, hauptsächlich auf den Kapitalmarkt als Kontrolleur setzenden Theoretikern gelegentlich zu hören ist. Aber wenn das tatsächlich so ist, dann kann sich das Unternehmen ja einen anderen Aufsichtsrat suchen, und das geschieht in den USA auch sehr weitgehend. Anlaß zur Regelung ist das nicht. Der zweite Grund hängt mit dem ersten zusammen. Bankenvertreter haben typischerweise ein back office, das sie zu Vorbereitungen, Recherchen und Kontrollen befähigt, zu dem mancher andere Aufsichtsratskandidat schlechterdings außerstande ist. Die Aktiengesellschaft kann davon nur profitieren. Ob sie für diesen Profit nicht auch bezahlen sollte, mag man sich durchaus fragen. Eine gesetzliche Festlegung, daß sie dafür bezahlen muß, sollte man hier ebenso wenig wie sonst verlangen. Das Ob und Wie von Preisen muß sinnvollerweise dem Markt überlassen bleiben.

Das Problem ist wie gesagt gerade umgekehrt und damit nicht bankenspezifisch: Was kann der Gesetzgeber tun, um die Arbeit des Aufsichtsrats und der Banken in ihnen effektiver zu machen? Die Antwort ist: nicht eben viel, und sie führt in die allgemeine Aufsichtsratsreform, auf die hier nicht näher eingegangen werden kann. Der Schwerpunkt liegt dabei nicht auf den vielen Einzelreformmaßnahmen, sondern ganz vorrangig auf der Frage, ob das geplante engere Zusammenspannen von Aufsichtsrat und Wirtschaftsprüfer Erfolge zeitigen kann und wenn ja, wie weit es gesetzgeberisch festzuschreiben ist.

V. Zusammenfassung

Insgesamt ist danach festzuhalten, daß keine größeren bankspezifischen Reformen im Aktienrecht veranlaßt sind. Es brennt an anderen Stellen: Notwendig ist eine grundlegende Überprüfung des Börsengesetzes (also Kontrolle nicht durch voice in der Aktiengesellschaft, sondern durch exit am Kapitalmarkt). Wichtig ist die Förderung des Marktes für Unternehmensübernahmen und die darin liegende Kontrolle über Unternehmen und Vorstände (aber gewiß ohne die anglo-amerikanischen Übertreibungen). Entscheidend wird schließlich die Frage sein, ob es in Deutschland und Europa gelingt, ein wohlabgewogenes System der corporate governance zu entwickeln. Das dieses nicht rein aktienrechtlich gesehen und geschehen kann, ist selbstverständlich. Es kommt darauf an, alle für die Unternehmenskontrolle wichtigen Parameter zu benutzen, vor allem die Kontrolle durch Märkte.

Literaturverzeichnis

BAUMS, THEODOR: „Höchststimmrechte", *Die Aktiengesellschaft* (1990), S. 221.

BAUMS, THEODOR: „Vollmachtsstimmrecht der Banken - Ja oder Nein?", *Die Aktiengesellschaft* (1996), S. 11.

BAUMS, THEODOR und CHRISTIAN FRAUNE: „Institutionelle Anleger und Publikumsgesellschaft: eine empirische Untersuchung", *Die Aktiengesellschaft* (1995), S. 97.

BAUMS, THEODOR und MARKUS KÖNIG: „Investmentfonds im Universalbankenkonzern: Rechtstatsachen und aktuelle Reformfragen", in: *Festschrift für Bruno Kropff, Aktien- und Bilanzrecht*, Düsseldorf 1997, S. 3.

BAUMS, THEODOR und PHILIPP VON RANDOW: „Der Markt für Stimmrechtsvertreter", *Die Aktiengesellschaft* (1995), S. 145.

BÖHM, JÜRGEN: *Der Einfluß der Banken auf Großunternehmen*, Hamburg 1992.

BUNDESVERBAND DEUTSCHER BANKEN: *Erhebungen zu Anteilsbesitz und Aufsichtsratsmandaten - Methodik und Ergebnisse*, Köln 1995.

CHARKHAM, JONATHAN P.: *Keeping Good Company. A Study of Corporate Governance in Five Countries*, Oxford 1994.

DEUTSCHER JURISTENTAG: „Empfehlen sich gesetzliche Regelungen zur Einschränkung des Einflusses der Kreditinstitute auf Aktiengesellschaften?" *Verhandlungen des 61. Deutschen Juristentages Karlsruhe 1996*, Bd. II/2 (Sitzungsberichte), München 1996, Teil N.

DROBNIG, ULRICH, KLAUS J. HOPT, HEIN KÖTZ, ERNST-JOACHIM MESTMÄCKER (Hrsg.): *Systemtransformation in Mittel- und Osteuropa und ihre Folgen für Banken, Börsen und Kreditsicherheiten*, Tübingen 1998.

„Die Aktienrechtsreform 1997", *Die Aktiengesellschaft*, Sonderheft 1997.

EDWARDS, JEREMY S. S. and KLAUS FISCHER: *Banks, Finance and Investment in Germany*, Cambridge 1994.

FRANKS, JULIAN, MAYER, COLIN: „Ownership, Control and the Performance of German Corporations, Working Paper", *London Business School and University of Oxford*, 14.10.1996/rev. 25.1.1997.

FRAUNE, CHRISTIAN: *Der Einfluß institutioneller Anleger in der Hauptversammlung*, Köln u.a. 1996.

GAHLEN, BERNHARD, HELMUT HESSE, HANS JÜRGEN RAMSER (Hrsg.): *Finanzmärkte*, Tübingen 1997.

GOTTSCHALK, ARNO: „Der Stimmrechtseinfluß der Banken in den Aktionärsversammlungen von Großunternehmen", *WSI-Mitteilungen*, 41 (1988), S. 294.

HOPT, KLAUS J.: *Der Kapitalanlegerschutz im Recht der Banken*, München 1975.

HOPT, KLAUS J.: „Corporate Governance und deutsche Universalbanken“, in: FEDDERSEN / HOMMELHOFF / SCHNEIDER (Hrsg.): *Corporate Governance*, Köln 1996, S. 243.

HOPT, KLAUS J.: „Kontrolle und Transparenz im Unternehmensbereich“, in: *Wirtschafts- und Medienrecht in der offenen Demokratie, Freundesgabe für Friedrich Kübler*, Heidelberg 1997, S. 435.

HOPT, KLAUS J.: „Europäisches und deutsches Übernahmerecht“, *Zeitschrift für das gesamte Handelsrecht und Wirtschaftsrecht (ZHR)*, 161 (1997), 368.

HOPT, KLAUS J.: „Europäisches Gesellschaftsrecht - Krise und neue Anläufe“, *Zeitschrift für Wirtschaftsrecht (ZIP)* (1998), S. 96.

HOPT, KLAUS J., HIDEKI KANDA, MARK J. ROE, EDDY WYMEERSCH, STEFAN PRIGGE (Eds.): *Comparative Corporate Governance - The State of the Art and Emerging Research -*, Oxford 1998.

HOPT, KLAUS J., BERND RUDOLPH, HARALD BAUM (Hrsg.): *Börsenreform - Eine ökonomische, rechtsvergleichende und rechtspolitische Untersuchung*, Stuttgart 1997.

HOPT, KLAUS J. and EDDY WYMEERSCH (Eds.): *Comparative Corporate Governance - Essays and Materials*, Berlin/New York 1997.

IMMENGA, ULRICH: *Beteiligungen von Banken in anderen Wirtschaftszweigen*, Baden-Baden ²1978.

KÖNDGEN, JOHANNES: „Duties of Banks in Voting Their Clients' Stock“, in: BAUMS/BUXBAUM/HOPT (Eds.): *Institutional Investors and Corporate Governance*, Berlin/New York 1994, S. 531.

KÜBLER, FRIEDRICH: „Institutional Investors and Corporate Governance: A German Perspective“, in: BAUMS / BUXBAUM / HOPT (Eds.): *Institutional Investors and Corporate Governance*, Berlin/New York 1994, S. 565.

MONOPOLKOMMISSION: *Erstes Hauptgutachten 1973/1975, Mehr Wettbewerb ist möglich*, Nr. 563, 567 ff.

MONOPOLKOMMISSION: *Zweites Hauptgutachten 1976/1977, Fortschreitende Konzentration bei Großunternehmen*, 1978, Nr. 495 ff, 521 ff.

MÜLBERT, PETER O. *Empfehlen sich gesetzliche Regelungen zur Einschränkung des Einflusses der Kreditinstitute auf Aktiengesellschaften? Gutachten E für den 61. Deutschen Juristentag Karlsruhe 1996*, München 1996.

MÜLBERT, PETER O.: „Shareholder Value aus rechtlicher Sicht“, *Zeitschrift für Unternehmens- und Gesellschaftsrecht (ZGR)*, 1997, S. 129.

NEUBERGER, DORIS: „Anteilsbesitz von Banken: Wohlfahrtsverlust oder Wohlfahrtsgewinn?“ *Ifo-Studien - Zeitschrift für empirische Wirtschaftsforschung*, 43 (1997), S. 15.

PELTZER, MARTIN: „Die Vertretung der Aktionäre in Hauptversammlungen von Publikumsgesellschaften“, *Die Aktiengesellschaft* (1996), S. 26.

PRIGGE, STEFAN: „A Survey of German Corporate Governance“, in: HOPT / KANDA / ROE / WYMEERSCH / PRIGGE (Eds.): *Comparative Corporate Governance - The State of the Art and Emerging Research -*, Oxford 1998, S. 943.

PÜTTNER, GÜNTER: *Das Depotstimmrecht der Banken*, Berlin 1963.

ROE, MARK J.: *Strong Managers, Weak Owners, The Political Roots of American Corporate Finance*, Princeton 1994.

ROGGENBUCK, HARALD E.: *Begrenzung des Anteilsbesitzes von Kreditinstituten an Nichtbanken - Gesetzliche Regelungen, empirischer Befund sowie anlage- und geschäftspolitische Bedeutung*, Frankfurt am Main u.a. 1992.

SCHMID, FRANK A.: „Beteiligungen deutscher Geschäftsbanken und Corporate Performance“, *Zeitschrift für Wirtschafts- und Sozialwissenschaften*, 116 (1996), S. 273.

SEIBERT, ULRICH: „Kontrolle und Transparenz im Unternehmensbereich (KonTraG) - Der Referenten-Entwurf zur Aktienrechtsnovelle“, *Wertpapier-Mitteilungen (WM)/Zeitschrift für Wirtschafts- und Bankrecht* (1997), S. 1.

Studienkommission „Grundsatzfragen der Kreditwirtschaft“ (sogenannte Bankenstruktur- oder Geßlerkommission), Bericht, Bonn (Bundesministerium der Finanzen) 1979.

WESTERMANN, HARM PETER: „Vollmachtstimmrecht und Streubesitzaktionäre in der Hauptversammlung deutscher Aktiengesellschaften“, in: FEDDERSEN / HOMMELHOFF / SCHNEIDER (Hrsg.), *Corporate Governance*, Köln 1996, S. 264.

Anhang

Deutscher Juristentag Karlsruhe 1996 Abteilung Wirtschaftsrecht*

I. Regelungsbedarf

1. Der Einfluß der Kreditinstitute auf Aktiengesellschaften beruht neben der bankgeschäftlichen Beziehung (insb. dem Kreditgeschäft) auf den drei aktienrechtlichen Einflußfaktoren Beteiligungsbesitz, Vollmachtsstimmrecht und Aufsichtsratsmandate (*angenommen*: 61:0:3).

Der Einfluß kann sich vorteilhaft wie nachteilig auswirken. Deshalb ist nicht zu empfehlen, ihn zu eliminieren oder undifferenziert zu beschränken (*angenommen*: 60:3:2).

---

* Wiederabdruck aus *Neue Juristische Wochenschrift*, 1996, H. 45, S. 2998-9.

2. Die Kumulierung der Einflußfaktoren gibt Anlaß zu der Frage, ob
aktienrechtliche
kapitalmarktrechtliche
kartellrechtliche
Korrekturen des geltenden Rechts veranlaßt sind (angenommen: 55:4:6).

Der Schwerpunkt der Reformüberlegungen sollte im Aktienrecht liegen. Allerdings sollte das Gesellschaftsrecht nicht mit Regelungsaufgaben der Bankenaufsicht oder der Sicherung des Wettbewerbs befrachtet werden (*angenommen*: 55:4:6).

3. Für verbreitete Mißstände beim Einfluß der Kreditinstitute auf Aktiengesellschaften und damit für einen breitflächigen Reformbedarf sind Anzeichen nicht ersichtlich (*angenommen*: 60:9:7).

4. Eine Reihe von Unternehmenskrisen und Zusammenbrüchen der jüngeren Vergangenheit legen den Schluß nahe, daß die Oberwachungsfunktion des Aufsichtsrats nicht immer hinreichend wahrgenommen wird (*angenommen*: 51:3:1 1).

II. Beteiligungsbesitz

5. Der Beteiligungsbesitz von Kreditinstituten an Aktiengesellschaften sollte

a) über die Regelungen des KWG hinaus gesetzlich nicht beschränkt werden (*angenommen*: 56.9:1);

b) begrenzt werden auf 25%: (*abgelehnt* bei 3 Ja-Stimmen)
auf 10%: (*abgelehnt* bei 11 Ja-Stimmen)
auf 5%: (*abgelehnt* bei 1 Ja-Stimme).

6. Soweit eine Beschränkung aus wettbewerbspolitischen Gründen veranlaßt sein sollte, bietet sich das GWB als Regelungsmaterie an (vgl. unter V) (*angenommen*: 67:1:9).

7. Wechselseitige Beteiligungen und Ringverflechtungen, die
a) geeignet sind (*angenommen*: 50:18:1),
b) darauf abzielen (Antrag: *Hartenfels*) (*abgelehnt*: 7:42:12),
den Markt für Unternehmenskontrolle zu behindern, sind rechtlich zu mißbilligen. Sie sollten gegenüber dem geltenden Recht beschränkt werden (*angenommen*: 50:14:5).

An der in der Praxis bewährten Schwelle des § 19 1 AktG ist festzuhalten (Antrag: *Michel*) (*abgelehnt*: 15:42:12).

III. Vollmachtstimmrecht

8. Das geltende System des Vollmachtstimmrechts ist

a) für Depotbanken abzuschaffen (Antrag: *Wozniewski*) (*abgelehnt* bei 1 Ja-Stimme);

b) auf die Ausübung des Stimmrechts aufgrund von Einzelvollmachten zu beschränken (*abgelehnt* bei 4 Ja-Stimmen);

c) durch ein Modell gesetzlicher Stimmrechtsvertreter zu ersetzen (*abgelehnt* keine Ja-Stimme);

d) durch Wettbewerb unabhängiger Stimmrechtsvertreter (Aktionärsvereinigungen, unabhängiger institutioneller Investoren, Freiberufler) um die Stimmrechtsvertretung zu verbessern (*abgelehnt* bei 4 Ja-Stimmen);

e) im Sinne eines Botenstimmrechts ohne Interessenbindung der Kreditinstitute gegenüber den Depotkunden zu modifizieren (Ausübung des Stimmrechts entsprechend den Verwaltungsvorschlägen bei fehlender Weisung) (*abgelehnt* bei 9 Ja-Stimmen);

f) auf die Ausübung des Stimmrechts aufgrund von Einzelweisungen zu beschränken (*abgelehnt* bei 13 Ja-Stimmen);

g) trotz seiner grundsätzlichen Probleme Mangels besserer Alternativen beizubehalten (*angenommen*: 46:18:0).

9. Zur Verbesserung der Transparenz im Zusammenhang mit der Ausübung des Vollmachtstimmrechts

a) die Abstimmungsvorschläge zu allen Beschlußvorschlägen der Tagesordnung mit einer schriftlichen Begründung zu versehen, und zwar

aa) durch die Verwaltung (*angenommen*: 34:24:10);

b) durch die Depotbanken (*abgelehnt*: 16:39:10);

bb) ist der Beteiligungsbesitz der Depotbanken, soweit er 5% des Grundkapitals übersteigt, offenzulegen (*angenommen*: 55:1:6);

c) sind personelle Verflechtungen zwischen der Depotbank und der betreffenden Aktiengesellschaft offenzulegen (*angenommen*: 57:4:6).

10. Kreditinstitute, die über einen Beteiligungsbesitz von mehr als

a) 5% (*abgelehnt*: 16:45:2),

b) 10% (*abgelehnt*: 28:28:5),

c) 25% (*angenommen*: 39:22:3)

an der Aktiengesellschaft verfügen, dürfen das Vollmachtstimmrecht in dieser Gesellschaft ohne Einzelweisung nur ausüben, wenn die Stimmrechtsausübung aus dem Beteiligungsbesitz verzichten.

11. Ein Kreditinstitut soll bei Fehlen von Einzelweisungen gehindert sein, das Vollmachtstimmrecht auszuüben, wenn

a) es um die Wahl von Organmitgliedern und Mitarbeitern von Kreditinstituten zum Aufsichtsrat geht (*angenommen*: 33:31:3);

b) sich das Kreditinstitut hinsichtlich eines Beschlußvorschlags in einem aktuellen Interessenkonflikt befindet (*angenommen*: 54:3:11).

12. Soweit Kreditinstitute nur aufgrund einer Aktionärsweisung das Vollmachtstimmrecht ausüben dürfen, sollte Schriftform der Aktionärsweisung verlangt werden (*angenommen*: 57:5:6).

IV. Aufsichtsrat

13. Aufsichtsratsmitglieder von Aktiengesellschaften schulden diesen

a) ihre volle Aufmerksamkeit und den sachlich erforderlichen Zeiteinsatz.

b) vollen Einsatz und die erforderliche Zeit (Antrag: *Lutter*) und müssen dies bei der Übernahme von Mandaten beachten.

Abstimmung über Alternativformulierung (Antrag *Lutter*): (*abgelehnt*: 18:49:0).

Abstimmung über Formulierung a) (*angenommen*: 66:2:1).

Gesetzlicher Regelungsbedarf besteht jedoch nicht (Antrag: *Kallmeyer*) (*angenommen*: 36:22:9).

14. Die Höchstzahl der Aufsichtsratsmandate - außer Konzernmandaten - sollte

a) unverändert bleiben (*angenommen*: 40.25:2);

b) auf 5 Mandate begrenzt werden (*abgelehnt*: 25:40:2).

Dabei sollte der Aufsichtsratsvorsitz zählen:

aa) dreifach (*abgelehnt* bei 14 Ja-Stimmen);

bb) doppelt (*angenommen* mit 45 Ja-Stimmen);

cc) einfach (*abgelehnt* bei 9 Ja-Stimmen);

dd) Enthaltungen (2 Stimmen).

Der stellvertretende Vorsitz sollte zählen:

aa) doppelt (*abgelehnt* bei 12 Ja-Stimmen);

bb) einfach (*angenommen* mit 53 Ja-Stimmen);

cc) Enthaltungen (2 Stimmen).

Dabei sollen auch Mitgliedschaften in Beiräten oder sonstigen dem Aufsichtsrat vergleichbaren Gremien berücksichtigt werden (Antrag: *Blenske*) (*abgelehnt*: 21:39:10).

15. Bei mitbestimmten Aufsichtsräten sollte die Möglichkeit geschaffen werden, abweichend von § 7 I 2 und 3 MitbestG durch die Satzung die Zahl der Aufsichtsratssitze auf 12 oder 16 zu beschränken (*angenommen*: 57:6:5).

Aufsichtsräte mit mehr als 12 Mitgliedern haben mindestens einen Personal-, einen Planungs- und einen Bilanzausschuß zu bilden; andere gesetzliche Vorschriften bleiben unberührt (Antrag: *Lutter*) (*angenommen*: 32:27:8).

16. Für den Wahlvorschlag zum Aufsichtsrat sollte § 124 III 3 AktG dahin gehend ergänzt werden, daß auch die Organfunktionen (Vorstand/Aufsichtsrat) der Kandidaten bei anderen Gesellschaften angegeben werden (*angenommen*: 62:1:6).

17. Eine Regelung über die Unvereinbarkeit von Aufsichtsratsmandaten mit Vorstands- und Aufsichtsratsmandaten in konkurrierenden Unternehmen sollte gesetzlich getroffen werden (*angenommen*: 35:30:3).

18. Zur Verbesserung der Überwachungsfunktion des Aufsichtsrats sollte

a) § 318 1 4 HGB dahin geändert werden, daß bei Aktiengesellschaften der Prüfungsauftrag nicht vom Vorstand, sondern vom Aufsichtsrat erteilt wird (*angenommen*: 61:4:4); die Erteilung von Beratungsaufträgen an den Abschlußprüfer der Zustimmung des Aufsichtsrats bedarf (Antrag: *Schüppen*) (*angenommen*: 43:17:5);

b) § 170 III AktG dahin geändert werden, daß der Prüfungsbericht des Abschlußprüfers allen Aufsichtsratsmitgliedern ausgehändigt wird (*angenommen*: 59:1:7);

c) § 171 I 2 AktG dahin geändert werden, daß der Abschlußprüfer an den Verhandlungen des Aufsichtsrats über den Jahresabschluß teilzunehmen hat (*angenommen*: 65:0:2).

Der Abschlußprüfer sollte verpflichtet werden, über Verlauf und Ergebnisse der Prüfung an die Mitglieder des Aufsichtsrats zu berichten (Antrag: *Schüppen*) (*angenommen*: 62:0:4);

d) § 110 III AktG dahin geändert werden, daß die gesetzliche Mindestzahl von Sitzungen für börsennotierte Aktiengesellschaften auf vier pro Jahr erhöht wird (*angenommen*: 35:25:7).

19. Der Grundsatz der höchstpersönlichen weisungsfreien Amtsausübung sollte

a) beibehalten werden (*angenommen*: 62:0.4);

b) gegen Umgehungen durch gesetzliche Sanktionen abgesichert werden (*abgelehnt*: 16:39:10).

20.a) Die Kosten für die Aufsichtsratstätigkeit (back office) dürfen nicht von der Gesellschaft getragen werden, der das Aufsichtsratsmitglied im Hauptamt angehört (*abgelehnt*: 15:40:10);

b) Die Aktiengesellschaft hat ihren Aufsichtsratsmitgliedern die erforderlichen sachlichen und personellen Mittel für die Erfüllung ihrer Aufgaben zur Verfügung zu stellen (Antrag: *Lutter*) (*angenommen*: 42:13:11).

21. Zur verbesserten Durchsetzung von Schadensersatzansprüchen gegen Aufsichtsratsmitglieder wegen Überwachungsmängeln

a) sollten die quantitativen Anforderungen an die Geltendmachung solcher Ansprüche (§ 147 I AktG) herabgesetzt werden (*angenommen*: 53:7:6);

b) sollte der Streitwert im Rahmen von § 147 I AktG begrenzt werden (Antrag: *Engelke*) (*angenommen*: 41:16-9); der Kläger sollte verpflichtet werden, für die Prozeßkosten bei Klageeinreichung angemessene Sicherheit zu leisten (Antrag: *Engelke*) (*abgelehnt*: 13:35:17);

c) sollte die Aktionärsklage nach dem Vorbild des ß 309 IV AktG zugelassen werden (angenommen: 32:29:5 sollte der Streitwert im Rahmen der Aktionärsklage begrenzt werden (Antrag: *Staubach*) (*angenommen*: 33:23:8).

22. Die steuerliche Benachteiligung der Aufsichtsratsvergütung ist zu beseitigen (*angenommen*: 52:0:10).

V. Sonstiges

23.a) Kreditinstituten ist eine Beteiligung an Kapitalanlagegesellschaften nicht gestattet (Antrag: *Adams*) (*abgelehnt*: 5:50:7);

b) Kapitalanlagegesellschaften sollte die Stimmrechtsausübung aus fondszugehörigen Aktien auf der Hauptversammlung einer Aktiengesellschaft untersagt werden, soweit diese Gesellschaft ihrerseits an der Kapitalanlagegesellschaft beteiligt ist (*abgelehnt*: 34:27:4).

24. Die Regelungen über die Fusionskontrolle in § 23 II GWB sollten dahin geändert werden, daß

a) dem Kreditinstitut die Vollmachtsstimmen im Rahmen von § 23 II Nr. 2 S. 4 GWB zugerechnet werden, die es auf der letzten Hauptversammlung ohne Vorliegen von Aktionärsweisungen vertreten hat (*abgelehnt*: 13:40:13);

b) die Anteilsquoten von 25 und 50% nicht nach dem nominellen, sondern nach der durchschnittlichen Hauptversammlungspräsenz der letzten drei Jahre berechnet werden (*abgelehnt*: 20).

6. Kapitel

Shareholder Value und Dividendenausschüttung

GÜNTER H. ROTH

I. Die Rechtslage

1. Die Regelungsaufgabe

Das Thema Dividendenpolitik bzw. Gewinnverwendung bei der AG bezeichnet einen Interessenkonflikt, der schon lange als ein für die Struktur der AG, nämlich die Kompetenzverteilung in ihr, ihre „Unternehmensverfassung" typischer Interessenkonflikt erkannt wurde, als Kollision zwischen den Interessen der Unternehmensführung (des Managements) und der Aktionäre oder auch zwischen Großaktionär und Kleinaktionären.[1] Es geht um die Entscheidungsalternative: Gewinnthesaurierung im Unternehmen oder Dividendenausschüttung an die Aktionäre. Erstere erfolgt im Wege der Bildung von Rücklagen und dient der Eigenkapitalakkumulation im Unternehmen. Dies wird als dem Wohl und Interesse des Unternehmens dienlich verstanden, weil es die Eigenkapitalbasis des Unternehmens stärkt, seine Finanzierung erleichtert, die Abhängigkeit von Kreditgebern und die Insolvenzgefahr verringert.[2] Nun ist das „Unternehmensinteresse" ein vielschichtiger Begriff, und wenn man es auf die Interessen der dem Unternehmen verbundenen Personen (der Stakeholder in der lingua franca unseres Fachs) zurückführt, so ist im Prinzip sicher richtig, daß der durch Rücklagenbildung verbesserte Bestandsschutz allen Gruppen zugute kommt, die am Bestand des Unternehmens interessiert sind. Überproportional sollte er einmal den Arbeitnehmern des Unternehmens nützen, nämlich mittelbar in Gestalt der Arbeitsplatzsicherung, wenngleich die gestärkte Kapitalbasis auch einmal gerade umgekehrt die Voraussetzungen für Rationalisierungsinvestitionen schaffen kann. Aber von Dividendenausschüttungen hat die Belegschaft als solche gar nichts. Vor allem jedoch konveniert er dem Management, dem sicherer Bestand und Wachstum des Unternehmens, Macht und Unabhängigkeit von fremden Einflüssen ein vorrangiges Eigeninteresse sind.[3]

---

1 GÜNTER H. ROTH: *Das Treuhandmodell des Investmentrechts*, München (Beck) 1972, S. 302.

2 Zum letzteren GÜNTER H. ROTH: „Unterkapitalisierung und persönliche Haftung", *Zeitschrift für Unternehmens- und Gesellschaftsrecht*, Berlin (de Gruyter) 1993, S. 170-209.

3 So schon JOHN KENNETH GALBRAITH: *The new industrial state*, New York (Penguin) 1969.

Die Dividendenausschüttung ist für den Aktionär nicht nur ein sichtbarer Ausdruck der auf seinen Investitionsbeitrag entfallenden Unternehmensrendite, sondern sie gibt ihm Liquidität zurück, die er für seinen persönlichen Konsumbedarf oder für individuelle Investitionsentscheidungen ausnutzen kann. Sie ist für ihn also in dem doppelten Sinn von Bedeutung, als sie sein verwendbares Vermögen vermehrt und seine Entscheidungsmacht vergrößert.

2. Das traditionelle Modell der aktienrechtlichen Kompetenzverteilung

Das traditionelle Lösungsmodell, das sich etwa bis zur Mitte dieses Jahrhunderts entwickelt und mehr oder minder in den Aktienrechten aller Länder seinen Niederschlag gefunden hat, tritt unverfälscht im geltenden österreichischen AktG (von 1965) zutage, welches seinerseits die Vorbildregelung des deutschen AktG 1937 übernahm.

§ 126. Gewinnverteilung

(1) Die Hauptversammlung beschließt alljährlich in den ersten acht Monaten des Geschäftsjahrs über die Verteilung des Bilanzgewinns (Gewinnverteilung).

...

(3) An den vom Vorstand mit Billigung des Aufsichtsrats festgestellten Jahresabschluß ist die Hauptversammlung gebunden. [...]

Demnach entscheidet also die Hauptversammlung der Aktionäre über die Gewinnverteilung, aber Vorstand bzw. Vorstand und Aufsichtsrat können den Jahresabschluß feststellen und dabei Rücklagen bilden, und in aller Regel denken sie an nichts weniger, als sich dieser Kompetenz zu begeben. Diese Rücklagen werden (als sog. „offene" Rücklagen) als Verwendung von Teilen des Jahresüberschusses im Jahresabschluß offen ausgewiesen, hauptsächlich in Form von Gewinnrücklagen oder freien Rücklagen im Sinne der modernen aktienrechtlichen Terminologie, und diese Bindung von Teilen des Jahresüberschusses geht zu Lasten des Bilanzgewinns und ist damit für die anschließende Verteilungsentscheidung der Aktionäre ein vorgegebenes Datum.

Darüber hinaus können bei der Aufstellung des Jahresabschlusses, die in die Kompetenz des Vorstands fällt, stille Rücklagen oder „Reserven" im Jahresabschluß versteckt werden, indem man Aktivposten willkürlich zu niedrig bewertet (durch Abschreibungen, Wertberichtigungen, unterbleibende Aktivierung bestimmter Werte oder Wertzuwächse) oder Passivposten zu hoch ansetzt (Rückstellungen!) und damit die AG insgesamt „ärmer" erscheinen läßt als sie ist.[4] Das Recht gewährt hierfür in seinen Bewertungsvorschriften einen mehr oder minder großen Spielraum, teilweise erzwingt es sogar niedrige Wertansätze (Anschaffungswert-, Niederstwert-, Vorsichtsprinzip) und damit stille Reserven.

Die geschilderte Kompetenzverteilung stärkt die Befugnisse zur Gewinnthesaurierung und führte damit im praktischen Ergebnis auch tatsächlich dazu, daß bei florierenden Gesellschaften weithin relativ große Teile des erwirtschafteten Überschusses im Unternehmen thesauriert wurden und nur geringere Teile für Ausschüttungen übrig blieben, sofern nicht ein einflußstarker Großaktionär selbst an Ausschüttungen interessiert war.

Eine Folge war, daß Klein- bzw. Minderheitsaktionäre, wenn sie sich im Extremfall von der Gefahr bedroht sahen, „ausgehungert" zu werden, nach anderen Mitteln rechtlicher Kontrolle und Interessenwahrung suchten, beispielsweise mittels Effektuierung der ihnen geschuldeten Treuepflicht, und das nicht nur in Europa, aber meist ohne greifbaren Erfolg.[5]

3. Die salomonische Lösung des deutschen AktG 1965

§ 58. Verwendung des Jahresüberschusses

(2) [*idF von 1965*]: Stellen Vorstand und Aufsichtsrat den Jahresabschluß fest, so können sie einen Teil des Jahresüberschusses, höchstens jedoch die Hälfte, in andere Gewinnrücklagen einstellen. Die Satzung kann Vorstand und Aufsichtsrat zur Einstellung eines größeren Teils als der Hälfte des Jahresüberschusses ermächtigen. ...

Paritätische Aufteilung der Entscheidungskompetenz hinsichtlich des Jahresüberschusses zwischen Vorstand/Aufsichtsrat und Hauptversammlung. Vor-

---

4 MARCUS LUTTER: § 58 Rn. 9, in: WOLFGANG ZÖLLNER (Hrsg.): *Kölner Kommentar zum Aktiengesetz*, Köln/Berlin/Bonn/München (Carl Heymanns Verlag KG), ^{2}1988.

5 Eine der klassischen Leitentscheidungen stammt aus den USA: „Dodge v. Ford Motor Corp.", *204 Mich. 459, 170 N.W.*, 1919, S. 668.

stand und Aufsichtsrat können über die erste Hälfte disponieren, und das heißt: sie nach ihrem Belieben in Rücklagen einstellen. Was sie übrig lassen und jedenfalls die zweite Hälfte bleibt zur Disposition der Hauptversammlung. Allerdings ist diese gesetzliche Regelung einseitig satzungsdispositiv in Richtung einer höheren Rücklagenkompetenz.

Im Vergleich mit der uneingeschränkten Befugnis von Vorstand und Aufsichtsrat zur Rücklagenbildung müßte das deutsche Kompromißmodell von 1965 eigentlich als Zugeständnis an die Aktionärsinteressen verstanden werden. Die offizielle Begründung lautete indessen gerade umgekehrt: Schutz des Unternehmens und seiner Selbstfinanzierungskraft gegen den „Dividendenhunger" der Aktionäre. Tatsächlich korreliert die Gesetzesänderung auf diese Wiese mit einer anderen Maßnahme der Reform von 1965, nämlich mit Verschärfungen im Bewertungsrecht, die eine Bildung stiller Reserven einschränkten. Und schließlich paßt auch die einseitige Satzungsdispositivität „nach oben" ins Bild einer Mindestgarantie für autonome Refinanzierung.

Trotzdem wurde das Reformziel – jedenfalls in seiner Umsetzung auf die Publikums-AG – weithin als Schutz der Aktionärsinteressen gegen traditionell weitergehende Thesaurierungen im Sinne einer garantierten Mindestausschüttungskompetenz der Hauptversammlung interpretiert, und folgerichtig war dann auch zu kritisieren, daß der Gesetzgeber die Gefahr unterschätzt habe, die von der einseitigen Satzungsdispositivität für dieses zu schützende Dividendeninteresse ausging, weil nämlich die Gesellschaften davon in weitem Umfang zugunsten einer Erweiterung der Rücklagenkompetenz von Vorstand und Aufsichtsrat Gebrauch machten.[6]

4. Die Reform für die „kleine AG" von 1994

§ 58. Verwendung des Jahresüberschusses

(2) [idF von 1994]: Stellen Vorstand und Aufsichtsrat den Jahresabschluß fest, so können sie einen Teil des Jahresüberschusses, höchstens jedoch die Hälfte, in andere Gewinnrücklagen einstellen. Die Satzung kann Vor-

---

6 MARCUS LUTTER, in: WOLFGANG ZÖLLNER (Hrsg.): *Kölner Kommentar zum Aktiengesetz*, Köln/Berlin/Bonn/München (Carl Heymanns Verlag KG) [2]1988, § 58 Rn. 20; ERNST GEßLER/WOLFGANG HEFERMEHL/ERHARD BUNGEROTH: *Kommentar zum Aktiengesetz*, München (Franz Vahlen) 1983, § 58 Rn. 6.

stand und Aufsichtsrat zur Einstellung eines größeren oder kleineren Teils, bei Gesellschaften, deren Aktien zum Handel an einer Börse zugelassen sind, nur eines größeren Teils des Jahresüberschusses ermächtigen...

Entsprechend dem Hauptanliegen der Aktienrechtsreform von 1994, einer Deregulierung für die nicht börsennotierte („kleine") AG,[7] wurde auch hinsichtlich der Gewinnverwendung die Satzungsstrenge für diesen Typus abgebaut; hier können die Aktionäre nun die Prärogative von Vorstand und Aufsichtsrat auch weiter einschränken. Hingegen wurde die Publikums-AG weiterhin als schutzbedürftig gegen das Dividendeninteresse der Kleinaktionäre angesehen[8] – eine gründliche Verkennung der tatsächlichen Machtverhältnisse bei diesem Gesellschaftstypus.[9]

II. Die Shareholder Value-Perspektive

1. Shareholder Value als Bewertungsprinzip

a) Der Grundgedanke

Als Methode zur Bewertung von Kapitalinvestitionen besagt der Shareholder Value-Ansatz[10], daß der gegenwärtige Marktwert sich ergibt als Barwert

---

7 Zu dieser Differenzierung GÜNTER H. ROTH: *Das Recht der Kapitalgesellschaften im Umbruch*, Köln (O. Schmidt) 1990, S. 1 ff.

8 ULRICH SEIBERT / BEATE-KATRIN KÖSTER / ROGER KIEM: *Die kleine AG*, Köln (RWS-Verlag Kommunikationsforum GmbH) [3]1996, Rn. 93.

9 Hierzu GÜNTER H. ROTH: „Die Herrschaft der Aktionäre in der Publikums-AG als Gegenstand rechtssoziologischer Betrachtung", in: HEINRICH WILHELM KRUSE (Hrsg): *Festschrift für Heinz Paulick zum 65. Geburtstag (9. Mai 1973)*, Köln – Marienburg (O. Schmidt) 1973, S. 81-100.

10 Zur Einführung: KLAUS SPREMANN: *Wirtschaft, Investition und Finanzierung*, München/Wien (Oldenbourg) [5]1996, S. 459 ff.; *Shareholder value, NZZ-Fokus (Ein Schwerpunkt-Dossier der Neuen Zürcher Zeitung)*, Zürich (AG für die Neue Zürcher Zeitung NZZ) 1996, hier namentlich der Beitrag von RUDOLF VOLKART: „Langfristige Shareholder-Orientierung", *NZZ-Fokus*, Nr. 1 (Dezember 1996), S. 33-34; aus dem juristischen Schrifttum PETER O. MÜLBERT: „Shareholder Value aus rechtlicher Sicht", *Zeitschrift für Unternehmens- und Gesellschaftsrecht*, Berlin (de Gruyter) 1997, 129-172; MICHAEL ENZINGER: „Shareholder Value - Modisches Schlagwort oder gesellschaftsrechtlich relevanter

aller zukünftigen Zahlungszuflüsse, die erwartet werden können. Dabei werden die prognostizierten Zuflüsse diskontiert (= abgezinst) mit gegenwärtig gültigen Diskontfaktoren, die sich nach der jeweiligen Kapitalmarktsituation richten, und unter Einrechnung des spezifischen Risikos der konkreten Investition, welches in einem entsprechend höheren Diskontsatz zu Buche schlägt.

b) Unternehmensbewertung

Hierfür ist die wesentliche Erkenntnis, daß als Zahlungszuflüsse, die den Ausgangspunkt für die vorerwähnte Rechenoperation abgeben, nicht allein die Ausschüttungen zu berücksichtigen sind, die auf das investierte Kapital erfolgen bzw. zu erwarten sind. Der heutige Entnahmeverzicht stärkt die Ertragskraft des Unternehmens in der Zukunft; mit den Mitteln, die heute im Unternehmen reinvestiert anstatt ausgeschüttet werden, erwirtschaftet das Unternehmen in den Folgejahren entsprechend höhere Zahlungszuflüsse, die dann um so höhere Ausschüttungen ermöglichen. Maßgeblich für die Bewertung ist also die Summe von Ausschüttungen und Reinvestitionen, der sog. Cash Flow.

Nun muß man freilich der Prognose des Cash Flows der zukünftigen Jahre bestimmte Grundannahmen über planmäßige Mindestinvestitionen zugrunde legen. Dann wird der jeweilige Jahres-Cash Flow, der in die Bewertungsrechnung Eingang findet, um diese Investitionsbeträge gekürzt, was praktisch bedeutet, daß die Abschläge im Sinne einer Erhaltung zukünftiger Ertragskraft in die Cash Flow-Prognosen der Folgejahre verlagert werden. Ihre Höhe richtet sich nach den geschäftsplanmäßig vorgesehenen Grundinvestitionen, der demnach für die Bewertung verbleibende Restbetrag ist der sog. freie Cash Flow.

2. Die Shareholder Value-Theorie der Gewinnverwendung

Mit der erwähnten Zusammenfassung von Ausschüttungen und Reinvestitionen unter dem Begriff des Cash Flow ist die Konsequenz für die Beurteilung der Dividendenausschüttung als Determinante des Aktienwerts bereits

---

Begriff", *Der Gesellschafter, Zeitschrift für Gesellschafts- und Unternehmensrecht*, Wien (Manz) 1997, 218-232; auch PETER FORSTMOSER: „Shareholder value: die Sicht des Gesetzes", *Shareholder value, NZZ-Fokus*, Nr. 1 (Dezember 1996), S. 58-59.

vorgegeben. Sie ist hierfür grundsätzlich irrelevant, Ausschüttungen und Thesaurierungen sind für die Kapitalbewertung gleichwertig.[11]

Diese wirtschaftstheoretische Gleichwertigkeit für das Interesse des Aktionärs gilt in einem doppelten Sinn: Sie gilt einerseits für das Aktionärsinteresse an Wertoptimierung, weil die für Reinvestitionen zurückgelegten Beträge auf dem Weg über höhere Cash Flow-Erwartungen für die Zukunft den Gegenwartswert des Unternehmens erhöhen und dies sich an der Börse in einem entsprechend höheren Kurswert der Aktie niederschlägt. Die Gleichwertigkeit gilt andererseits auch für einen etwaigen Liquiditätsbedarf des Aktionärs; denn die ihm vorenthaltene Dividende findet im höheren Kurswert der Aktie ihren Ausgleich, und diesen kann er im gewünschten Umfang über Aktienverkauf an der Börse realisieren. Vorausgesetzt ist natürlich, daß er über genügend Aktien (n) in entsprechender Stückelung verfügt, aber dann gilt:

$$n \, x \, k_0 + n \, x \, d = n \, x \, k_1$$

und: $(n - y)k_1 = n \, x \, k_0$

bei $y \, x \, k_1 = n \, x \, d$

k_0 = Ausgangskurs

d = Dividende pro Aktie unter der Hypothese einer Ausschüttung

k_1 = Börsenkurs nach thesaurierter Dividende

y = Zahl der Aktien, die zum Ausgleich der nicht bezogenen Dividende liquidiert werden.

---

11 Statt anderer: KLAUS SPREMANN: *Wirtschaft, Investition und Finanzierung*, München/Wien (Oldenbourg) [5]1996, S. 465 ff.; PETER FORSTMOSER: „Shareholder value: die Sicht des Gesetzes", *Shareholder value, NZZ-Fokus,* Nr. 1 (Dezember 1996), S. 59; RUDOLF VOLKART: „Langfristige Shareholder-Orientierung", *Shareholder value, NZZ-Fokus* Nr. 1 (Dezember 1996), S. 33-34.

Damit ist die Shareholder Value-Theorie die Lösung des gordischen Knotens für den eingangs geschilderten Interessenkonflikt: Er löst sich in nichts auf. Die kollidierenden Interessen werden miteinander versöhnt. Der Cash Flow kann im Unternehmen bleiben und dort Investitionen finanzieren, die Aktionäre erhalten dennoch den Wert und sind in ihren Bedürfnissen befriedigt, der Börsenkurs liefert den Kontrollmechanismus. Auf diese Weise bietet die Theorie eine wesentliche Argumentationshilfe zur Stützung der Interessen des Managements an Eigenfinanzierung durch autonome Rücklagenbildung.

3. Theorieimmanente Einschränkungen

Die theoretische Aussage über die Gleichwertigkeit von Ausschüttung und Thesaurierung ist allerdings an Voraussetzungen geknüpft.

a) Rentabilität der Investitionen

Die Annahme der Gleichwertigkeit gilt nur unter der Prämisse, daß die aus den Investitionen zu erwartende Rendite mindestens dem maßgeblichen Diskontsatz (= Kapitalkostensatz, unter Einrechnung des Risikos) entspricht. Andernfalls erhöht sie den zukünftig zu erwartenden Cash Flow nicht in dem Maße, daß der daraus abzuleitende höhere Gegenwartswert den Verzicht auf Dividende kompensiert.

Dies ist der Punkt, an dem der Shareholder Value-Ansatz von der Bewertungsmethode zur Handlungsanweisung wird.[12] Nur wenn die entsprechende Rendite prognostizierbar ist, läßt sich die Thesaurierung rechtfertigen; bieten sich solche Investitionsmöglichkeiten nicht an, muß das Management die liquiden Mittel an die Aktionäre auskehren.[13]

b) Steuerrechtliche Neutralität

Die Gleichwertigkeit wird verzerrt, wenn das Steuerrecht die eine oder die andere Gewinnverwendung begünstigt, also die Thesaurierung (so derzeit in

---

12 Vgl. MICHAEL ENZINGER: „Shareholder Value - Modisches Schlagwort oder gesellschaftsrechtlich relevanter Begriff", Der *Gesellschafter, Zeitschrift für Gesellschafts- und Unternehmensrecht,* Wien (Manz) 1997, S. 219.

13 PETER O. MÜLBERT: „Shareholder Value aus rechtlicher Sicht", *Zeitschrift für Unternehmens- und Gesellschaftsrecht,* Berlin (de Gruyter) 132, 160; vgl. auch KLAUS SPREMANN: *Wirtschaft, Investition und Finanzierung*, München/Wien (Oldenbourg) [5]1996, S. 330, 465.

Österreich durch den relativ niedrigen KSt-Satz von 34%) oder die Gewinnausschüttung (so grundsätzlich beim Anrechnungsverfahren, wenn der KSt-Satz gleich dem Spitzenprogressionssatz der ESt ist). Diese Überlegung betrifft also den Vergleich zwischen Rücklagenbildung und Dividendenausschüttung, eine Rolle spielt das Steuerrecht aber auch im Vergleich zwischen Eigenkapital- und Fremdkapitalfinanzierung, wo die steuerliche Belastung grundsätzlich die Eigenkapitalfinanzierung zur teureren Finanzierungsform macht und auch aus diesem Grund unter Umständen einer Fremdkapitalaufnahme der Vorzug zu geben wäre.

c) Anlagediversifikation

Der einzelne Anleger verfolgt mit seinen Anlagen eine individuelle Diversifikationsstrategie. Wenn er die für ihn optimale Risikostreuung erreicht hat, stört das Unternehmensmanagement mit seinen Investitionen die Anlageplanung, sofern es ebenfalls diversifiziert,[14] weil seine Art von Diversifikation auf diejenige des einzelnen Anlegers nicht abgestimmt sein kann und er umgekehrt nur schwer und mit Transaktionskostenaufwand darauf reagieren kann.

d) Prämissen betreffend den Börsenhandel

Die Theorie setzt zum einen voraus, daß für die Aktien ein funktionsfähiger Kapitalmarkt vorhanden ist, gilt also von vornherein nur für die im weiteren Sinne börsennotierte AG.[15] Ferner basiert die Theorie auf bestimmten Grundannahmen über die Bestimmungsfaktoren des Börsenkurses im Sinne einer rationalen Messung des korrekten anteiligen Unternehmenswerts.

---

14 Erwin Heri: „Shareholder value - (k)ein Allheilmittel", *Shareholder value, NZZ-Fokus,* Nr. 1 (Dezember 1996), S. 26-27.

15 Zur Umsetzung auf die nicht börsenfähige GmbH s. Franz Xaver Bea / Susanne Thissen: „Institutionalisierung des Shareholder-Value-Konzepts bei der GmbH", *Der Betrieb*, Düsseldorf / Frankfurt (Verlagsgruppe Handelsblatt) 1997, S. 787-792; Michael Enzinger: „Shareholder Value - Modisches Schlagwort oder gesellschaftsrechtlich relevanter Begriff", *Der Gesellschafter, Zeitschrift für Gesellschafts- und Unternehmensrecht*, Wien (Manz), 1997, 231.

III. Kritik

1. Theorieimmanente Einwände

Die These, daß reinvestierte Gewinne dem Aktionär über den Aktienkurs ebenso zugute kommen wie ausgeschüttete, ist älter als der Shareholder Value-Ansatz, und ebenso alt ist ihre Widerlegung. So das renommierte Frankfurter Institut (Wolfram Engels u.a.) schon 1983 lapidar: „Diese These ist falsch.“[16] Und etwas differenzierter Spremann: „Die Aktien einer Gesellschaft, die trotz günstiger Ertragslage keine Dividenden ausschüttet, erfahren nicht die eigentlich zu erwartenden Kursgewinne in voller Höhe.“[17] Das ist auch von dem an Zahlungszuflüssen orientierten Bewertungsansatz her ohne weiteres zu erklären. Nach dieser Betrachtung ist die heutige Reinvestition nur deswegen einer Ausschüttung gleichwertig, weil sie für die Zukunft höhere Ausschüttungen erwarten läßt, seien es spätere Jahresdividenden oder Liquidationserlös, Barabfindung etc. Relevant sind nur Zahlungszuflüsse, die letztlich die Eigentümer beanspruchen können[18]. Wenn Aktionär und Kapitalmarkt aber für alle absehbare Zukunft immer nur mit einer restriktiven Dividendenpolitik der Gesellschaft rechnen dürfen, dann diskontiert auch die Bewertung den erwartbaren Cash Flow nicht in voller Höhe. Und die AG hat die Möglichkeit, über die „Signalwirkung einer konstanten Dividendenpolitik“[19] die Erwartungen in entsprechender Weise zu konditionieren – eine Möglichkeit, von der gerade die größeren Publikumsgesellschaften in markanter Weise Gebrauch machen.

In dieser Situation bleibt dann den Aktionären allenfalls noch die Hoffnung auf ein Übernahmeangebot mit Abfindungszahlungen oder Eintausch gegen großzügiger dotierte Aktien oder auf einen sonstigen Managementwech-

16 FRANKFURTER INSTITUT FÜR WIRTSCHAFTSPOLITISCHE FORSCHUNG E.V. / WOLFRAM ENGELS usw. (Hrsg.): *Mehr Beteiligungskapital: Vorschläge zur Reform von Unternehmensrecht und Kapitalmarkt*, Bad Homburg v.d.H., 1983, S. 37.

17 KLAUS SPREMANN: *Wirtschaft, Investition und Finanzierung*, München/Wien (Oldenbourg) 1996, S. 331.

18 KLAUS SPREMANN: *Wirtschaft, Investition und Finanzierung*, München/Wien (Oldenbourg) 1996, S. 467.

19 KLAUS SPREMANN: *Wirtschaft, Investition und Finanzierung*, München/Wien (Oldenbourg) 1996, S. 330.

sel.[20] In der Tat sind es diese und ähnliche Überlegungen, die ein amtierendes Management daran hindern werden, die Unzufriedenheit seiner Aktionäre völlig zu ignorieren. Andererseits scheint das Takeover sich in Mitteleuropa erst in jüngster Zeit allmählich zu einer ernst zu nehmenden Bedrohung zu entwickeln, und wenn es stattfindet, vergütet es dem Aktionär doch nur einen Teil des Defizits, das ihm der unterentwickelte Aktienkurs bislang schuldig blieb.

2. Praktische Einwände

Sie drehen sich hauptsächlich um das zentrale Kriterium der Zukunftserwartungen bzw. -prognosen: Inwieweit darf *in der Realität* mit einer rationalen, korrekten und exakten Einschätzung und Diskontierung gerechnet werden – im Unterschied zu ungefähren und ungenauen Vermutungen, spekulativen Annahmen, irrationalen Trends.

In irgendeiner Weise ist dies das Problem jeder wirtschaftswissenschaftlichen Theorie, daß sie vollkommene Rationalität und Berechenbarkeit zugrunde legt, damit aber die Komplexität der Wirklichkeit mehr oder minder weit reduziert und deshalb für praktische und politische Zwecke als Instrument und Handlungsanweisung nur beschränkt tauglich ist.[21] Zugespitzt stellt sich das Problem jedoch im vorliegenden Zusammenhang, weil zukünftige Wirtschaftsdaten, teils mehrere Jahre entfernt, prognostiziert werden müssen, bereits relativ geringe Ungenauigkeiten sich im Rechenergebnis zu beträchtlichen Abweichungen akkumulieren können, und andererseits die behauptete Gleichwertigkeit nur geringe Toleranzen zuläßt. Deshalb verdient dieser Kritikpunkt hier mE auch besondere Beachtung: „In der idealen Shareholder Value-Welt gibt es keinen unvollkommenen Wettbewerb, keine Informationsasymmetrien ... und selbstredend auch keine externen Effekte. Was hier präsentiert wird, ist die schöne Welt der vollkommenen Konkurrenz – und zwar als Abbild der Wirklichkeit."[22]

---

20 S. bereits HENRY G. MANNE: *64 Columbia Law Rev.* (1964), S. 1427; HENRY G. MANNE: *73 J. Pol. Econ.* (1965), S. 110 und hierzu GÜNTER H. ROTH: *Das Treuhandmodell des Investmentrechts*, München (Beck) 1972, S. 213.

21 Vgl. GÜNTER H. ROTH: *Handels- und Gesellschaftsrecht*, München (Vahlen) ^{5}1998, § 1/3.

22 JOHANNES SCHMIDT: „Zwischen Modell und Realität - Mangelnde Begründungen", *Shareholder value, NZZ-Fokus,* Nr. 1 (Dezember 1996), S. 40.

a) Rentabilitätserwartungen des Managements hinsichtlich seiner geplanten Investitionen

Die zu erwartende Rentabilität muß (s. oben) den maßgeblichen Diskontierungssatz erreichen. Das Management mag insoweit zur Überschätzung neigen, zumal das in seinem Interesse liegt. Innerhalb der Hierarchie mag zudem leicht ein gruppendynamischer Zweckoptimismus die Oberhand gewinnen.

b) Bewertung des Shareholder Value durch den Börsenkurs

Theoretisch sollte der gegenwärtige Börsenkurs das Zukunftspotential des Unternehmens, berechnet und diskontiert auf die vorgenannte Weise, korrekt antizipieren; doch die Realität der Börsenkursentwicklung, empirisch beobachtet, scheint immer noch ziemlich weit davon entfernt, diesen Anspruch einzulösen.

aa) Richtig ist zwar, daß speziell in den USA eine akribische Unternehmensanalyse zunehmend dazu beiträgt, jede positive oder negative Andeutung in Quartalsberichten mit hektischen Kursausschlägen zu quittieren. Grundlegende Fehlbewertungen scheint das aber nicht auszuschließen, wie die erste große Übernahmewelle vor 10 Jahren illustrierte:

Der Fall Nabisco 1988, ein großer und florierender amerikanischer Nahrungsmittelkonzern. Fachmännische Schätzungen kamen für den Spin-off der einzelnen Unternehmensteile auf einen Erlös von über 100 $ pro Aktie, demgemäß mehrere konkurrierende Übernahmeangebote von 75 bis 101 $. Der Börsenkurs hatte zuvor gerade 55 $ erreicht![23]

Time Inc. 1989, vor der Fusion mit Warner. Hier spiegelte sich die Unterbewertung in vergleichbaren Relationen wider: Übernahmeangebot von 175 $ bei Schätzwert von 240 $ pro Aktie und Aktienkurs von 125 $.[24]

In *Deutschland* wurde immer wieder einmal der Fall einer kleinen verschlafenen Spinnerei oder Lokalbahngesellschaft bekannt, deren dividendenlose Anteile niemand kaufen wollte – bis sich endlich jemand für Lage und Wert der Betriebsgrundstücke zu interessieren begann. Doch konnten diese Vorkommnisse als Randerscheinungen, fern jeder Börsennotierung, abgetan werden, bis die Presse 1989 dem Fall Siemens Aufmerksamkeit schenkte: Bei einem Börsenkurswert des gesamten Aktienkapitals von weniger als 30 Milli-

---

23 Quelle: *Newsweek* v. 12.12.1988, S. 38.

24 Quelle: *Newsweek* v. 26.6.1989, S. 48.

arden DM betragen allein die liquiden Mittel der Gesellschaft 24 Milliarden DM.[25] Schlußfolgerungen: (1) Der gesamte Unternehmenswert muß – auch netto – weit höher liegen; (2) das Management findet keine sinnvollen Investitionsmöglichkeiten, kommt aber keineswegs auf die Idee, den Cash flow auch nur teilweise an die Aktionäre auszuschütten.

Schließlich noch ein großes österreichisches Bauunternehmen als Beispiel für Kurssprünge an einem engen Aktienmarkt, die nicht rational oder jedenfalls nicht mit Ertragswertprognosen erklärbar sind: Aktienkurs 1985 bei 330, 1986 bei 170, 1989 bei 2.400, 1990 bei 1.700, in den letzten 12 Monaten um 500. Das alles, ohne daß sich die Gewinne und – soweit bekannt – die Gewinnerwartungen über diesen Zeitraum hinweg wesentlich geändert hätten. Vielmehr schwankte das Kurs-Gewinn-Verhältnis im Beobachtungszeitraum zwischen 20:1 und 100:1.[26]

bb) Solche Eindrücke mögen dem Skeptiker Anlaß geben, auch den gegenwärtigen Kurswert der Shareholder Value-Theorie selbst ketzerisch zu hinterfragen, d.h. zu fragen, inwieweit ihr Appeal weniger mit ihrem Wahrheitsgehalt als mit gewissen Rahmen- und Umweltbedingungen zusammenhängt.

(1) Wirtschaftstheorie und Börsenkursentwicklung: Bewirkte das erwachende Interesse für den Shareholder Value (beim Börsenpublikum und in den Vorstandsetagen) die Börsenhausse der letzten fünf Jahre, oder schuf umgekehrt die Hausse den Nährboden für eine sie rechtfertigende – noch dazu auf schmeichelhafte Weise – Theorie?

(2) Shareholder Value und Managementvergütung: Die mit Aktienoptionen angereicherte Leistungsvergütung läßt das Management am Kursgewinn teilhaben. Wiederum: War dies der wirkungsvolle Anreiz und die verdiente Belohnung für wertorientiertes Management[27], oder könnte dieses System auch

---

25 Quelle: *Die Zeit* v. 23.6.1989, S. 38.

26 Vgl. zum Ganzen auch GÜNTER H. ROTH: „Börsenkurs, Unternehmenswert, Gewinnausschüttung: Das Vermögensinteresse des Aktiensparers", in: JOSEF AICHER / HANS-GEORG KOPPENSTEINER (Hrsg.): *Festschrift für Rolf Ostheim*, Wien (Orac) 1990, S. 335-345.

27 MICHAEL ENZINGER: „Shareholder Value - Modisches Schlagwort oder gesellschaftsrechtlich relevanter Begriff", *Der Gesellschafter, Zeitschrift für Gesellschafts- und Unternehmensrecht*, Wien (Manz) 1997, S. 229; MARCUS LUTTER: „Aktienoptionen für Führungskräfte - de lege lata und de lege ferenda", *ZIP = Zeitschrift für Wirtschaftsrecht* (RWS-Verlag Kommunikationsforum GmbH) 1997, S. 1-9.

die Abschöpfung von Zufallsprofiten erlauben oder gar als solches die Aktienkursphantasie beflügelt haben?

3. Kompetenz und Kontrolle

a) Entscheidungskompetenz

Dem Vorstand ist in der AG die umfassende Leitungskompetenz anvertraut (§ 70 österr. AktG, § 76 deutsches AktG), die auch die Investitions- und Finanzierungsentscheidungen einschließt, und sei es unter Einbeziehung des Aufsichtsrats (§ 95 V österr. AktG, § 111 IV S. 2 deutsches AktG). Hingegen gilt das nicht für die Zwecke einer allgemeinen Vermögensanlage zugunsten des Aktionärs; der Aktionär hat sich das Unternehmensmanagement nicht als seinen Anlageberater oder Vermögensverwalter ausgesucht. Vor diesem Hintergrund stellt sich also die diversifizierende Investition des einbehaltenen Cash Flow in fremden Tätigkeitsbereichen in einem anderen Licht dar, und auch die empirische Erfahrung scheint zu zeigen, daß die Performance vieler Unternehmen mit einer Diversifikation abfällt[28], und damit die Devise zu bestätigen: Schuster bleib bei deinem Leisten.

b) Ein System individueller Aktionärskontrolle

Wenn der theoretische Zusammenhang zwischen der Leistung des Unternehmensmanagements, deren Messung durch den Börsenkurs und die drohende Sanktion durch Aufkäufe und Übernahmen in seiner praktischen Effektivität ungesichert erscheint, dann verdient die Alternative einer Kontrolle über die Unternehmensfinanzierung durch individuelle Aktionärsentscheidung[29] um so mehr Aufmerksamkeit. Das Instrument, das dem Aktionär dazu an die Hand zu geben wäre, ist die weitgehende Ausschüttung des freien Cash Flows. Er entscheidet dann fallweise über die Wiederanlage seines Kapitals im Unternehmen, und den rechtlichen Rahmen dafür hätten Kapitalerhöhungen nach der Art eines Schütt-aus-hol-zurück-Verfahrens zu liefern. Das zwingt die Unternehmensleitung zur überzeugenden Begründung ihrer Verwendungsabsichten

---

28 ERWIN HERI: „Shareholder value - (k)ein Allheilmittel", *Shareholder value, NZZ-Fokus,* Nr. 1 (Dezember 1996), S. 27.

29 Hierzu bereits GÜNTER H. ROTH: „Börsenkurs, Unternehmenswert, Gewinnausschüttung: Das Vermögensinteresse des Aktiensparers", in: Josef Aicher / HANS GEORG KOPPENSTEINER (HRSG.): *Festschrift für Rolf Ostheim*, Wien (Orac) 1990, S. 343.

und überläßt dem Aktionär die individuelle Beurteilung in Abwägung mit anderweitigen Anlagemöglichkeiten.

Auch ein solches System ist freilich von Voraussetzungen abhängig, die hier nicht unterschlagen werden sollen:

(1) Gesellschaftsrechtliche Hindernisse (Problem der verdeckten Sacheinlage) und steuerrechtliche Diskriminierungen müssen ausgeräumt sein.

(2) Die Transaktionskosten für Kapitalerhöhungen (Erfahrungswert 4-6%) müssen in dieser Variante reduziert werden können.

(3) Der naheliegende Einwand, daß diese Finanzierungsmethode für das Unternehmen zu wenig gesichert und berechenbar sei, dürfte vor den heutigen Finanzierungstheorien keinen Bestand haben. Der Kapitalmarkt gewährleistet dem Unternehmen die benötigte Finanzierung, das die kapitalkostenadäquate Rendite plausibel zu machen vermag, aber eben nach Maßgabe der Kontrollmechanismen des Kapitalmarkts. Der Wunsch nach einer von den „Launen" des Aktionärs unabhängigen Eigenfinanzierung erweist sich damit als Wunsch nach Abkoppelung von der Kapitalmarktkontrolle. Anders ausgedrückt: Die Theorie von der Gleichwertigkeit von Ausschüttung und Thesaurierung wirkt in beide Richtungen: Sie widerlegt auch das Argument vom Dividendenhunger der Aktionäre, der die Kapitalbasis des Unternehmens auszehre.

Dann teilt allerdings folgerichtig das hier vorgestellte Alternativmodell zumindest insoweit die Prämissen der Shareholder Value-Theorie, als wohl auch es eines breiten und funktionsfähigen Kapitalmarkts, eines risikofreudigen Anlegerpublikums mit Mut zur Aktie, also insgesamt eines gewissen Reifegrades der aktienkapitalistischen Wirtschaftsform bedarf.

4. Rechtspolitischer Ausblick

Theoretisch weist der Shareholder Value-Ansatz nach, daß für den Aktionär Dividendenausschüttung und Rücklagenbildung gleichwertig sind. Die praktische Überzeugungskraft dieser Behauptung steht auf schwachen Füßen. Das traditionelle aktienrechtliche System, das die Gewinnverwendung zuvörderst in die Hände von Vorstand und Aufsichtsrat legt, läßt sich auch mit dieser Kritik freilich nicht ernsthaft in Frage stellen, realistischerweise auch nicht zugunsten des hier erwogenen Alternativmodells einer Ausschüttung-mit-Rückfinanzierung. Doch sollte wenigstens die Einsicht durchdringen, daß der deutsche Gesetzgeber mit der vollen Satzungsdispositivität in § 58 II AktG für die kleine AG auf halbem Weg stehengeblieben ist und sie richtigerweise auf die börsennotierte AG erstreckt werden müßte.

Literaturverzeichnis

BEA, F.X. / THISSEN, S.: „Institutionalisierung des Shareholder-Value-Konzepts bei der GmbH", *Der Betrieb*, Düsseldorf / Frankfurt (Verlagsgruppe Handelsblatt) 1997.

ENZINGER, M.: „Shareholder Value" – Modisches Schlagwort oder gesellschaftsrechtlich relevanter Begriff", *Der Gesellschafter, Zeitschrift für Gesellschafts- und Unternehmensrecht*, Wien (Manz) 1997.

FORSTMOSER, P.: „Shareholder value: die Sicht des Gesetzes", *Shareholder value, NZZ-Fokus*, Nr. 1 (Dezember 1996), Zürich.

FRANKFURTER INSTITUT FÜR WIRTSCHAFTSPOLITISCHE FORSCHUNG E.V. / W. ENGELS usw. (Hrsg.): *Mehr Beteiligungskapital: Vorschläge zur Reform von Unternehmensrecht und Kapitalmarkt*, Bad Homburg v.d.H., 1983.

GALBRAITH, J.K.: *The new industrial state*, New York (Penguin) 1969.

GEßLER, E. / HEFERMEHL, W. / BUNGEROTH, E.: *Kommentar zum Aktiengesetz*, München (Franz Vahlen) 1983.

HERI, E.: „Shareholder value – (k)ein Allheilmittel", *Shareholder value, NZZ-Fokus*, Nr. 1 (Dezember 1996), Zürich.

LUTTER, M.: in: W. ZÖLLNER (Hrsg.): *Kölner Kommentar zum Aktiengesetz*, Köln / Berlin / Bonn / München (Carl Heymanns Verlag KG) ^{2}1988.

LUTTER, M.: „Aktienoptionen für Führungskräfte – de lege lata und de lege ferenda", *ZIP = Zeitschrift für Wirtschaftsrecht* (RWS-Verlag Kommunikationsforum GmbH) 1997.

MANNE, H.G.: „Some theoretical aspects of share voting", *64 Columbia Law Review* (1964).

MANNE, H.G.: „Mergers and the market for corporate control", *73 Journal of Political Economy* (1965).

MÜLBERT, PETER O.: „Shareholder Value aus rechtlicher Sicht", *Zeitschrift für Unternehmens- und Gesellschaftsrecht*, Berlin (de Gruyter) 1997.

NEWSWEEK (Zeitung) v. 12.12.1988.

NEWSWEEK (Zeitung) v. 26.6.1989.

ROTH, G.H.: *Das Treuhandmodell des Investmentrechts*, München (Beck) 1972.

ROTH, G.H.: „Die Herrschaft der Aktionäre in der Publikums-AG als Gegenstand rechtssoziologischer Betrachtung", in: H.W. KRUSE (Hrsg.): *Festschrift für Heinz Paulick zum 65. Geburtstag*, Köln-Marienburg (O. Schmidt) 1973.

ROTH, G.H.: *Das Recht der Kapitalgesellschaften im Umbruch*, Köln (O. Schmidt) 1990.

ROTH, G.H.: „Börsenkurs, Unternehmenswert, Gewinnausschüttung: Das Vermögensinteresse des Aktiensparers", in: J. AICHER / H.-G. KOPPENSTEINER (Hrsg.): Festschrift für Rolf Ostheim, Wien (Orac) 1990.

ROTH, G.H.: „Unterkapitaisierung und persönliche Haftung", *Zeitschrift für Unternehmens- und Gesellschaftsrecht*, Berlin (de Gruyter) 1993.

ROTH, G.H.: *Handels- und Gesellschaftsrecht*, München (Vahlen) ⁵1998.

SCHMIDT, J.: „Zwischen Modell und Realität – Mangelnde Begründungen", *Shareholder value, NZZ-Fokus*, Nr. 1 (Dezember 1996).

SEIBERT, U. / KÖSTER, B.-K. / KIEM, R.: *Die kleine AG*, Köln (RWS-Verlag Kommunikationsforum GmbH) ³1996.

Shareholder value, NZZ-Fokus (Ein Schwerpunkt-Dossier der Neuen Zürcher Zeitung), Zürich (AG für die Neue Zürcher Zeitung NZZ), 1996.

SPREMANN, K.: *Wirtschaft, Investition und Finanzierung*, München / Wien (Oldenbourg) ⁵1996.

VOLKART, R.: „Langfristige Shareholder-Orientierung", *Shareholder value, NZZ-Fokus*, Nr. 1 (Dezember 1996), Zürich.

Die Zeit (Zeitung) v. 23.6.1989.

204 MICH. 459, 170 N.W., (Zeitschrift) 1919.

Teil III

Shareholder Value in den Finanzinstitutionen Banken und Versicherungen

7. Kapitel

Shareholder Value als Grundlage einer erfolgreichen Unternehmensführung

ECKART FREIHERR VON UCKERMANN

I. Einleitung

Die Diskussion um den Begriff und die Bedeutung des „Shareholder-Value-Prinzips" ist in Deutschland noch in vollem Gange, wenn sich auch in letzter Zeit die Meinungsäußerungen zu diesem Thema etwas differenzierter darstellen.

So ist die Verteufelung des Shareholder Value Gedankens als „Kapitalismus pur" und Arbeitsplatzvernichter von Gewerkschafts-, aber früher auch von Arbeitgeberseite heute seltener zu hören. Häufiger wird dagegen darauf hingewiesen, daß der Shareholder Value Gedanke in seinem Kern altbekannte Forderungen enthält, die sozusagen schon immer als Grundlage einer erfolgreichen Unternehmensführung galten.

Im Folgenden wird versucht, aus der Sicht eines Praktikers als Leiter eines Versicherungsvereins auf Gegenseitigkeit (VVaG) aufzuzeigen, welche Bedeutung dieser Begriff in der täglichen Managementaufgabe hat. Exemplarisch wird dies anhand der Besonderheiten eines Lebensversicherers dargestellt. Dies stellt zwar eine Verengung des Blickwinkels dar, hat aber auf der anderen Seite einen gewissen Reiz, da sich aus der sozialpolitischen Aufgabe eines Lebensversicherungsunternehmens zusätzliche Fragen ergeben.

II. Lebensversicherungsverein auf Gegenseitigkeit und Shareholder Value?

Diese besondere Fragestellung soll mit folgendem Zitat verdeutlicht werden:

> Die Versicherungswirtschaft ist die Branche, die es am wenigsten nötig hat, sich vor den Karren namens Shareholder Value spannen zu lassen. In der übrigen Wirtschaft und im Finanzgewerbe mag dergleichen notwendig sein, wenn die Unternehmen Kapital brauchen und dem Kapitalgeber, also dem Aktionär, Gewinne und Kurssteigerungen versprechen müssen. Die Versicherungsunternehmen unterliegen solchen Zwängen nicht. Sie brauchen kein Kapital, sondern geben selbst Kapital. Bei ihnen findet der Wettbewerb um den Versicherungsnehmer, um den Vertrieb und die Mitarbeiter statt, nicht ums Kapital der Aktionäre. [1]

Nach Auffassung des Kommentators ist eine rein kapitalistische Ausrichtung auf das Wohl der Aktionäre kontraproduktiv für das eigentliche Versicherungsgeschäft. Potentielle Versicherungskunden würden durch eine eindeutige Ausrichtung auf Ertrag und Gewinn abgeschreckt werden.

Diese harsche Abfuhr, die dem Shareholder Value Prinzip hier aus der Versicherungstechnik heraus erteilt wird, könnte in ihrer Wirksamkeit noch verstärkt werden, wenn man sich dieser Frage aus der Sicht eines VVaG nähert.

Denn ein VVaG hat nicht nur keine Aktionäre, deren Gewinnerwartung zu berücksichtigen wäre, sondern man leugnete früher sogar, daß er überhaupt Gewinne erzielen dürfe.

---

1 „Die Shareholder-Value Falle/Wirtschaftskommentar", *Zeitschrift für das Versicherungswesen*, Hamburg 1997, S. 261.

So heißt es in den Motiven zum Versicherungsaufsichtsgesetz[2] (VAG) daß „der VVaG als solcher keine Gewinnerzielung bezweckt". Dieser Charakterisierung des VVaG ist allerdings nur noch ein historisches Interesse zuzubilligen. Heute sieht man die Frage einer berechtigten Gewinnerzielung durch einen VVaG etwas pragmatischer, sozusagen betriebswirtschaftlicher. So wird eingeräumt, daß die Gewinnerzielung zwar nicht der primäre Zweck des VVaG ist, daß aber Gewinne zur Bildung u. a. von Eigenkapital notwendig sind[3].

Dennoch wird immer noch in der Wissenschaft die Auffassung vertreten, daß eine Gewinnmaximierung mit dem Wesen eines Vereins nicht vereinbar ist[4].

Ich halte den Ansatz dieser Fragestellung für falsch. Denn es liegt auf der Hand, daß ein VVaG - wie jede andere Rechtsform, die am Wirtschaftsleben teilnimmt - seine Ressourcen effizient, d.h. hier in besonderem Maße gewinnerzielend einsetzen muß. Anderenfalls würde er seine Aufgabe in einer freien Marktwirtschaft nicht erfüllen und im Wettbewerb nicht bestehen können. Diese Diskussion ist übrigens bei den Einkaufsgenossenschaften schon vor Jahrzehnten geführt und in eben diesem Sinne beantwortet worden. Erst bei der Stufe der Gewinnverwendung können sich Unterschiede in der Rechtsform auswirken.[5]

Diese Frage hat aber in der Praxis bisher nun eine beschränkte Bedeutung erlangt, da sich das Geschäftsgebaren aller drei Rechtsformen, also der Aktiengesellschaften, der Vereine und der öffentlich-rechtlichen Versicherungsunternehmen, im Wettbewerb stark angeglichen hat. So haben die Aktiengesellschaften die Form der Beitragsrückvergütung als hauptsächliche Überschußverwendung und die VVaG die Abschaffung der Nachschußpflicht übernommen. Natürlich müssen Aktionäre bedient werden. So haben z.B. in 1996 die Aktiengesellschaften durchschnittlich zusätzlich zu der Eigenkapitalbildung

---

2 „Gesetz über die privaten Versicherungsunternehmen von 12.5.1901", *Motive zum Versicherungsaufsichtsgesetz*, Nachdruck Berlin 1963, S. 36.

3 Horst Baumann: „Rechtliche Grundprobleme der Umstrukturierung von Versicherungsvereinen auf Gegenseitigkeit in Versicherungs-Aktiengesellschaften", *Versicherungsrecht*, Heft 22 (1992), S. 913.

4 Egon Lorenz: „Versicherungsverein auf Gegenseitigkeit", in: *Handwörterbuch der Versicherung HdV*, hrsg. von Dieter Farny, Elmar Helten, Peter Koch und E.H. Reimer Schmidt, Karlsruhe 1988, S. 1151.

5 So auch Heiko Buck: „Die Anwendung des Shareholder Value-Konzeptes zur Steuerung von Versicherungsunternehmen", *Versicherungswirtschaft*, Heft 23 (1997), S. 1660.

durch Rückstellung etwas über 2 % des Bruttoüberschusses an ihre Aktionäre ausgeschüttet. Damit ist zwar noch keine Aussage über die Höhe der den Versicherungsnehmern zukommenden Überschüsse getroffen, aber diese Ausschüttung geht selbstverständlich zu Lasten der Kundenüberschüsse, so daß hier ein natürliches Spannungsverhältnis gegeben ist.

Für die Höhe des Eigenkapitals spielt die Rechtsform eher eine untergeordnete Rolle. (Zur Höhe des Eigenkapitals weist der Geschäftsbericht des Bundesaufsichtsamtes für das Versicherungswesen für 1996, Tabelle 120, folgende Werte aus: AG 1,6 % der Deckungsrückstellung, VVaG 1,3 %, öffentlich-rechtliche Versicherungsunternehmen 1,3 %).

Neben dieser vereinsrechtlich gestützten Argumentation ist noch die weitere Frage zu erörtern, ob und inwieweit sich aus dem Lebensversicherungsgeschäft selbst Restriktionen für den Shareholder Value Gedanken ergeben. Vom Grundsatz her ist zunächst einmal festzuhalten, daß das Miteinander von Aktionärs-, und Versicherungsnehmerinteressen gesetzlich eindeutig vorgesehen ist. Die Rechtsform der AG ist nicht nur in Deutschland, sondern europaweit für das Versicherungsgeschäft zugelassen (vergl. § 7 Abs. 1 VAG; Art. 8 Abs. 1a der 1. Richtlinie Lebensversicherung.

Beide Interessenbereiche begegnen sich ganz unmittelbar in der Frage der Überschußverwendung. So ist im dem Aktionärsrecht vorgehenden Versicherungsaufsichtsrecht bestimmt, daß mindestens 90 % der Überschüsse den Versicherungsnehmern zusteht (vergl. § 81 c VAG mit der dazu erlassenen Rechtsverordnung vom 23.7.1996).

In der Praxis werden regelmäßig 96-98 % der Überschüsse der Rückstellung für Beitragsrückerstattung für die spätere Verteilung an die Versicherungsnehmer zugeführt. Diese Größe spielt im Wettbewerb eine wichtige Rolle. Kein Versicherer könnte es sich erlauben, auf Dauer nur den Mindestsatz von 90 % für die Kunden zu reservieren. Man kann demnach festhalten, daß der Wettbewerb engere Grenzen für eine Ausschüttung an Aktionäre setzt als es nach dem gesetzlichen Rahmen gefordert wird.

Die Frage also, ob der Shareholder Value Gedanke als bloße Gewinnmaximierung für die Aktionäre verstanden werden muß, ist für seine Anwendbarkeit im Lebensversicherungsmarkt entscheidend.

III. Das Shareholder Value Prinzip als allgemeine Managementstrategie

Ist aber das Shareholder Value Prinzip tatsächlich so eng zu verstehen? Nein.

Schon in der amerikanischen Ursprungsliteratur wurde ein umfassenderes Verständnis dieses Begriffs zugrunde gelegt[6]. Ausgangspunkt war die Suche nach dem richtigen Maßstab für die Bemessung des Unternehmenserfolges. Da der jeweils nur auf ein Jahr bezogene Gewinn pro Aktie den Unternehmenserfolg nicht ausreichend widerspiegelt, soll der ökonomische Wert des ganzen Unternehmens bzw. die Wertsteigerung, die mit dem Geld des Aktionärs geschaffen wird, gemessen werden. Ziel des unternehmerischen Handelns soll es dabei sein, eine höhere Rendite zu erzielen als es mit risikolosen Alternativanlagen möglich ist. Erst dann kann von einem „ökonomischen Gewinn im Sinne des Shareholder-Value-Ansatzes" gesprochen werden.

Wurde bis dato der Wert eines Unternehmens i.d.R. lediglich zu besonderen Anlässen, wie Veräußerungen oder Übernahmen, berechnet, so ist das eigentlich Neue an dem Shareholder Value Konzept, daß es als ständige Zielsetzung der Steuerung und Kontrolle eines Unternehmens im Sinne einer wertorientierten Unternehmensführung dienen soll. Dabei wird die Bewertung nicht auf die Einheit des Konzerns oder des Unternehmens beschränkt, sondern sie wird auf einzelne Geschäftsfelder runtergebrochen. Jedes separierbare Geschäftsfeld wird daraufhin untersucht, ob und welche Wertsteigerung es erwirtschaftet oder ob es sogar Werte vernichtet.

In diesem Sinne verlangt also das Shareholder Value Konzept vom Management, die laufende Ausrichtung und Überprüfung des Unternehmens - zwar aufbauend auf den strategischen Geschäftsfeldern, dann aber das Unternehmen als Einheit betrachtend - auf eine ständige Wertsteigerung (value based management).

Als Wert in diesem Sinne wird nicht einfach die Addition der vorhandenen Vermögenswerte, sondern vielmehr der Ertrag, der mit dem Einsatz der materiellen und immateriellen Vermögenswerte erzielt wird, verstanden.

---

6 ALFRED RAPPAPORT: *Shareholder Value. Wertsteigerung als Maßstab für die Unternehmensführung*, Stuttgart (Schäffer-Poeschel) 1995. Original: *Creating Shareholder Value - The New Standard for Business Performance*, (The Free Press) 1986.

Bei der Bewertung des Ertrags wird nicht auf den einzelnen Jahresüberschuß abgestellt, sondern auf den Ertrag, der sich bei einer Fortführung des Unternehmens quasi ad infinitum ergeben würde. Die Dauerhaftigkeit der Erträge ist ein wesentliches Merkmal der Bewertung nach dem Shareholder Value Prinzip.

Dieses Erfordernis der Dauerhaftigkeit wird in unserem Fall noch durch das spezifische Charakteristikum des Lebensversicherungsproduktes verstärkt.

Lebensversicherer verkaufen die Sicherheit, für 20 oder 30 Jahre finanziell im vereinbarten Rahmen vorgesorgt zu haben. Und wer Sicherheit verkauft, darf an seiner eigenen Sicherheit und Leistungsfähigkeit keine Zweifel aufkommen lassen, anderenfalls wird er keinen Erfolg haben. Das bedeutet aber, daß ein Lebensversicherer ein gewisses Sicherheitspolster ansammeln muß, möglichst über den gesetzlichen Rahmen hinaus, will er im Markt ein gutes Rating erhalten.

Er wird also auf Dauer keinen Erfolg erzielen können, wenn er die Interessen anderer am Unternehmen interessierte Gruppen („stakeholder"), wie insbesondere Versicherungsnehmer oder Mitarbeiter mißachtet. Es muß ein vernünftiger Ausgleich erfolgen, dessen Gewichtung im Einzelfall stark durch den Wettbewerb beeinflußt wird. Die folgenden Überlegungen gelten nur für den Erstversicherungsmarkt. Für reine Rückversicherer und die in letzter Zeit zahlreich entstandenen Versicherungsholdings können andere Gewichtungen von Bedeutung sein.

IV. Der Wert eines Lebensversicherungs-Unternehmens

Die Frage nach dem Wert eines Unternehmens und der Möglichkeit seiner Steigerung wird nicht in allen Marktphasen mit gleicher Intensität gestellt. Ein boomender Verkäufermarkt hat Platz auch für Kranke, Lahme und Alte. Erst der Wechsel zum Käufermarkt mit einer Tendenz zum Verdrängungswettbewerb rückt diese Fragen in den Vordergrund.

So beschäftigt man sich in der Lebensversicherungswirtschaft eigentlich erst in den letzten Jahren auf breiter Front mit diesen Problemen. Verstärkt wurde dies durch die weitgehende Liberalisierung des deutschen Marktes seit

1994 und die damit verbundene Vergleichsnotwendigkeit gegenüber den angelsächsischen Wettbewerbern.

Lange Jahre war der wichtigste Gradmesser für die Prosperität eines Lebensversicherungs-Unternehmens der Umsatz. Das Management versuchte vor allem zusätzliche Vertriebskapazitäten zu erwerben.

Fragen wie Kosten und Rentabilität spielten dagegen nur eine geringe Rolle. Denn das Publikum kaufte weniger nach rationalen ökonomischen Gesichtspunkten, sondern mehr nach der Intensität der Beziehung zu einem Vertriebsintermediär, das war in der Regel ein Vertreter. Eine wichtige Rolle spielte natürlich auch die Tatsache, daß Produkt und Preisgestaltung weitgehend reglementiert waren und wenig unternehmerischen Spielraum ermöglichten. Das alles hat sich sehr geändert. Seit der Liberalisierung im Jahre 1994 sind die Lebensversicherer in erster Linie selbst für die Produkt- und Preisgestaltung verantwortlich.

Die Aufsichtsbehörde überprüft lediglich im Nachhinein, ob die Prämien ausreichend kalkuliert sind (vergl. § 11 Abs. 1 VAG).

Vor allem die Möglichkeit einer unternehmensindividuellen Kalkulation führte dazu, daß zunehmend von Medien und den Nachfragern die Qualität eines Lebensversicherungsunternehmens beachtet wird. Bei der kapitalbildenden Lebensversicherung wird nach dem Verhältnis von gezahlten Beiträgen und in Aussicht gestellter Auszahlung gefragt. Also nach der Rendite der Beiträge für den Versicherungsnehmer. Gemessen wird dies an den in der Vergangenheit tatsächlich erwirtschafteten Renditen und inwieweit die derzeitigen Unternehmenskennzahlen die Auszahlungsprognosen fundiert erscheinen lassen. Es dreht sich also alles um die Frage: Wie sicher sind die Aussagen über die in der Zukunft zu erwartende Leistung?

Zunächst aber soll kurz geklärt werden, was den Wert eines Lebensversicherungsunternehmens ausmacht und welche Faktoren die Wertentwicklung beeinflussen.

Bei der Definition des Wertes sind einige Besonderheiten des Lebensversicherungsproduktes zu beachten. Wir sprechen zwar auch von der Produktion und dem Absatz des Gutes „Versicherungsschutz“, dennoch bestehen insoweit erhebliche Unterschiede zur Industrie. So benötigt ein Versicherer zur Aufnahme seines Geschäfts kein Anlagevermögen. Das vorgeschriebene Eigenkapital dient weniger zur Finanzierung, sondern überwiegend zu Sicherungszwecken und ist deshalb im Verhältnis zur Bilanzsumme deutlich niedriger als in der Industrie. Das Produkt, in seinem Kern ein abstraktes Leistungsversprechen, entsteht endgültig erst im Akt des Verkaufs an den Kunden. Und schließlich kennt der Versicherer die tatsächlichen Kosten, die im wesentlichen aus den Schadenleistungen bestehen, erst nach Beendigung des Vertragsverhältnisses.

Ohne auf weitere Einzelheiten einzugehen, soll nur festgehalten werden, daß der wesentliche Wert eines Lebensversicherers aus der heutigen und künftigen Qualität seines versicherungstechnischen Bestandes und der ihn bedekkenden Aktiv-Werte besteht. Für die Bewertung des Status Quo des versicherungstechnischen Bestandes hat sich in der Lebensversicherung das embeddedvalue-Verfahren etabliert. Danach besteht - etwas vereinfacht gesagt - der Wert aus dem Barwert der künftigen Beiträge abzüglich der Kosten und der nach versicherungsmathematischen Grundsätzen berechneten Leistungen.

Entscheidend bei dieser Rechnung ist, ob ein realistischer Kapitalisierungszins für die Berechnung der künftigen Verpflichtungen angesetzt wird. In der Praxis wird aber überwiegend der heute noch erzielbare verhältnismäßig hohe Nettozins von 7-7,5 % für die langjährige Hochrechnung eingesetzt. Damit wird ein in Zukunft voraussichtlich nicht mehr erzielbarer Ertragswert vorgetäuscht. Je höher jedenfalls dieser Zins angesetzt wird, um so höher steigen die Anforderungen an die Fähigkeiten des Managements, aus den Kapitalanlagen eine beständig hohe Rendite zu erwirtschaften. Das aber läßt sich für die Zukunft nicht an objektivierbaren Kriterien festmachen. Hier hilft nur das Vertrauen auf eine Fortschreibung von in der Vergangenheit erzielten Werten.

Innerhalb dieses Unsicherheitsrahmens ergeben sich aber dennoch aus der Marktposition und der Struktur eines Unternehmens einige konkrete Anhaltspunkte für eine realistische Bewertung der voraussichtlichen Wertentwicklung.

Die folgenden Punkte erscheinen als besonders wichtig, wobei für den Zweck dieser Ausführungen deren bloße Benennung genügen muß:

- Die 10 strategischen Hauptvariablen -

- Wachstum des Marktes
- Profil des bedienten Marktsegmentes
- Entwicklung des Marktanteils
- Risikopolitik (Underwriting, Storno)
- Vertriebsweg
- Performance der Kapitalanlage
- Produktivität und Kosten
- Innovationsrate
- Eigenmittel
- (künftig) vertikale Integration

Die hier aufgezählten 10 Punkte haben natürlich unterschiedliches Gewicht und sind von unterschiedlicher Qualität für den Unternehmenserfolg.

Für die unternehmensbezogene Auswahl, ihre Gewichtung und die Durchführung, sind die Stärken und Schwächen des jeweiligen Unternehmens zu berücksichtigen. Dies erfordert sehr gute Kenntnisse des Unternehmens und ist deshalb von außen häufig nur schwer und unvollkommen nachzuvollziehen.

V. The Managed Value

Der Kenntnis des Wertes eines Lebensversicherers und der Analyse der wertbeeinflussenden Faktoren muß die Umsetzung in ein Steuerungssystem folgen.

Ein gutes Steuerungssystem muß vor allem einfach sein. Die Kunst besteht zum Teil im Weglassen und in der Konzentration auf wenige Kennzahlen über die die Wertsteigerung beeinflussenden Faktoren. Das sind insbesondere:

- Rendite der Kapitalanlage,
- Kosten für Abschluß und Verwaltung,
- Stornoquote,
- Überschußquote und
- Gewinnsolvabilität.

Während sich die beiden ersten Positionen von selbst erklären, ist zu den folgenden eine kurze Erläuterung angebracht.

Mit der Stornoquote wird die Relation der vorzeitig abgebrochenen Verträge zum mittleren Bestand bezeichnet. Das wird häufig als Gradmesser für gute Beratung und Kundenzufriedenheit angesehen, kann aber auch Ausdruck allgemeiner wirtschaftlicher Schwierigkeiten bei Einzel- und Firmenkunden sein.

Ein hoher Storno kann darüber hinaus dem Lebensversicherer auch zusätzliche Kosten verursachen, vor allem wenn der Vertragsabbruch in den ersten Jahren erfolgt.

Die Überschußquote mißt den Anteil des Überschusses der den Kunden gutgeschrieben wird gemessen an z.B. den Beiträgen und den Nettoerträgen der Kapitalanlagen und ist Ausdruck der Ertragskraft des Lebensversicherers.

Mit Gewinnsolvabilität wird der Teil der freien Eigenmittel (vergl. § 53 c VAG) bezeichnet, der nicht erst zur Konkursabwendung und Sicherstellung der garantierten Leistungen, sondern zur Aufrechterhaltung des i.d.R. nur für ein Jahr festgelegten Gewinnsatzes herangezogen werden kann. Er bezeichnet also die Fähigkeit eines Unternehmens, auch bei finanziellen Durststrecken möglichst lange eine gleichmäßig hohe Gewinnbeteiligung der Kunden aufrechtzuerhalten.

Diese fünf Kennzahlen erfolgreich zu gestalten, ist die zukunftsorientierte tägliche Aufgabe des Managements. Die besondere Kunst dabei ergibt sich insbesondere daraus, daß die Faktoren in gewisser Weise voneinander abhängig sind. Das bedeutet, daß man an keiner Schraube allein drehen kann ohne die andere zu beschädigen. So sind eine hohe Kapitalrendite und niedrige Kosten maßgebend für die Höhe der Überschußbeteiligung, während die Gewinnsolvabilität auch von der richtigen Kalkulation der Beiträge abhängt. Diese, wie auch häufig die Stornoquote, hängt ihrerseits davon ab, ob das Neugeschäft linear verläuft oder überproportional wächst, was natürlich auch wieder die Kosten beeinflussen wird.

VI. Meßbarkeit und Controlling

Die Frage, welche Rendite gut, welche Kostenquote anzustreben oder welche Gewinnsolvabilität sinnvoll ist, läßt sich nur nach der individuellen Zielsetzung des jeweiligen Unternehmens im Marktvergleich beantworten.

Das strategische Ziel eines Unternehmens kann in den Bereichen Markt, Produkt und Vertriebsweg sehr unterschiedlich definiert werden. Das reicht vom global player über den traditionellen Breitenversicherer bis hin zum Nischenspezialisten.

Je eindeutiger dabei das Ziel und darauf aufbauend die Stärken und Schwächen des Unternehmens definiert sind, um so leichter lassen sich die Kennzahlen definieren und die wichtigsten Vergleichsunternehmen für das Benchmarking herausfiltern.

Hat man sich für bestimmte Kennzahlen entschieden und ihre Gewichtung festgelegt, so ist deren Meßbarkeit heute kein Problem mehr. In den letzten Jahren haben sich in Deutschland mehrere Ratingverfahren etabliert, die diese

Kennzahlen aufbereiten, z.T. bis zu 12 Jahre zurück, und entsprechende Vergleiche vornehmen.

Interessant war dabei die Reaktion der Branche auf solche Ratingverfahren. Zunächst allgemein verworfen, dann belächelt und schließlich bei zunehmender Bedeutung heftig kritisiert. Heute differenziert das Verhaltensmuster. Ein Teil resigniert, ein Teil nimmt die Ratings ernst und richtet seine Unternehmensstrategie danach aus.

VII. Zusammenfassung

Das Shareholder Value Prinzip darf nicht einseitig auf eine Maximierung des kurzfristigen Aktionärsgewinns fixiert werden. Als Grundlage einer wertsteigernden Unternehmensführung ist es nicht nur eine legale, sondern geradezu eine essentielle Voraussetzung für einen dauerhaften Unternehmenserfolg.

In der Lebensversicherungswirtschaft sind diese Überlegungen erst in letzter Zeit aufgrund des verschärften Wettbewerbs und der zunehmenden Transparenz der jeweiligen Leistungsstärke durch Ratings in den Mittelpunkt der unternehmerischen Strategie gerückt. Viele der erfolgsentscheidenden Kriterien lassen sich nur mittel- bis längerfristig beeinflussen, so daß ein Vorsprung heute durchaus einen längerandauernden Wettbewerbsvorteil bedeuten kann.

8. Kapitel

Das Shareholder Value-Konzept bei Banken und Versicherungen

STEFFEN HÖRTER

I. Relevanz des Shareholder Value-Konzeptes für Finanzdienstleister

Seit kurzem werden die deutschen Finanzdienstleister, insbesondere die börsennotierten Banken und Versicherungen, verstärkt mit dem Schlagwort „Shareholder Value" konfrontiert. Gefordert wird eine Ausrichtung der Unternehmungsführung an den finanziellen Interessen der Aktionäre. Im Mittelpunkt steht dabei die Maximierung der Aktienrendite, die sich durch Kurswertsteigerungen und ausgeschüttete Dividenden definiert[1].

Gerade die Gruppe der institutionellen Investoren (Fondsmanager usw.) propagiert den Shareholder Value und toleriert immer weniger eine unterdurchschnittliche Aktienperformance von Finanzdienstleistern, die sich in ihrem Anlageportefeuille befinden. Nur noch selten reagieren institutionelle Investoren mit dem Verkauf einer niedrig rentierenden Beteiligung. Vielmehr äußern sie verstärkt Kritik an wertvernichtender Unternehmungsführung und mobilisieren zunehmend ihr Einflußpotential. Im Extremfall kann dies, wie in der

1 Vgl. HÖRTER, STEFFEN: „Das Shareholder Value-Konzept: ein Steuerungsinstrumentarium für Banken?", *Zeitschrift für das gesamte Kreditwesen*, H. 4 [1996], S. 146.

Vergangenheit in der schweizer Großbankenszene, in der Forderung zum Rücktritt des Top-Management eines Finanzdienstleisters führen oder in der Unterstützung einer unfreundlichen Unternehmungsübernahme gipfeln.

Schon bei der Aufnahme in ihre Fonds setzen institutionelle Investoren zunehmend die Ausrichtung eines Finanzdienstleisters am Shareholder Value als Maßstab. Hierbei werden sie durch detaillierte Studien von Aktienanalysten unterstützt, die länderübergreifend die geplanten und schon durchgeführten Maßnahmen einzelner Finanzinstitute zur Steigerung des Shareholder Value vergleichen und entsprechende Anlageempfehlungen abgeben. Dabei schneiden deutsche Finanzdienstleister, sowohl Banken als auch Versicherungen, in der Regel eher unterdurchschnittlich ab. Weit fortgeschrittener in der Umsetzung des Shareholder Value sind hingegen die US-amerikanischen Finanzinstitute, wie z.B. die mittlerweile zum weltgrößten Finanzdienstleister gewachsene Citicorp (Travelers) Group, die auf Großbritannien konzentrierte englische Universalbank Lloyds TSB Group, der weltweit operierende französische Versicherungskonzern und Asset-Manager AXA-UAP oder die niederländische Bankassurance ING Groep.

Auch deutsche Finanzdienstleister müssen feststellen, daß sie neben einem intensivierten Kundenwettbewerb auf dem Markt für Finanzdienstleistungen auch in einem härter gewordenen Wettbewerb um die Gunst der Investoren auf den Kapitalmärkten stehen:

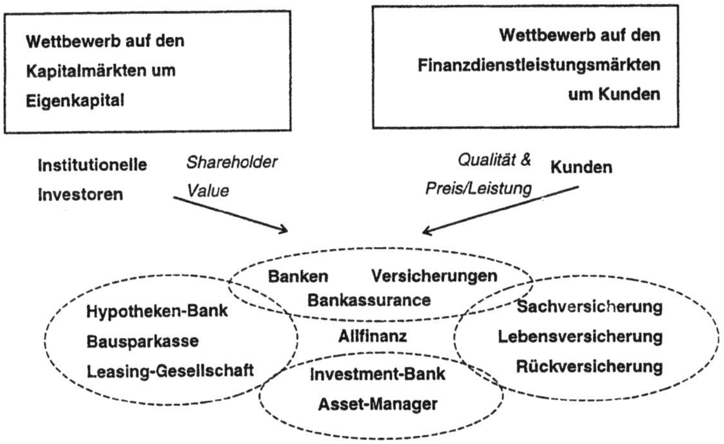

Abbildung 1: Doppelter Wettbewerbsdruck auf Finanzdienstleister

Bei der Implementierung des Shareholder Value-Konzeptes stellen sich ihnen jedoch zwei wesentliche Problemdimensionen. Zum einen muß gelöst werden, wie sich das Shareholder Value-Konzept technisch-operativ in die Unternehmenssteuerung integrieren läßt. Zum anderen sind Wege zu finden, Spannungsfelder, die bei der Umsetzung des Konzeptes gegenüber anderen Anspruchsgruppen (Mitarbeiter, Staat, Gesellschaft, Gläubiger usw.), auftreten können, zu antizipieren und die verschiedenen Interessen der Beteiligten im Sinne eines optimalen „trade-offs" abzuwägen[2].

II. Integration des Shareholder Value in die Steuerung von Finanzdienstleistern

Auf eine umfassende Darstellung der Integration des Shareholder Value-Konzeptes in die Steuerung von Finanzdienstleistern kann an dieser Stelle nicht eingegangen werden[3]. Vielmehr sollen nur die wesentlichen Bausteine skizziert werden. Bei der Übertragung des Shareholder Value-Konzeptes muß grundsätzlich berücksichtigt werden, daß es ursprünglich für die Anwendung in Industrieunternehmungen entwickelt worden ist[4]. Es berücksichtigt in seiner originären Ausrichtung nicht die andersartigen Systemstrukturen von Banken und Versicherungen. Diese resultieren beispielsweise aus ihrer Rolle als Informations- und Risikoverarbeiter und bedingen abweichende Rahmen- und Planungsbedigungen. Darüber hinaus sind die branchenspezifischen aufsichtsrechtlichen Regulierungen zu beachten.

---

2 Zu berücksichtigen ist die öffentliche Exponiertheit von Banken und Versicherungen sowie die daraus vielfach abgeleitete gesellschaftliche Verantwortung. Vgl. zu diesem Problemkontext im Rahmen von Banken insbesondere: SCHUSTER, LEO / WAGNER, ANDREAS: „Die gesellschaftliche Verantwortung von Banken", in: *Genossenschaften - Leitbilder und Perspektiven*, hrsg.v. Genossenschaftsverband Bayern, Festschrift für Willibald Folz, München (Verlag Vahlen) 1996, S. 178-199, sowie SCHUSTER, LEO (Hrsg.): *Die gesellschaftliche Verantwortung der Banken*, Berlin (Erich Schmidt Verlag) 1997.

3 Vgl. hierzu ausführlichst: HÖRTER, STEFFEN: *Shareholder Value-orientiertes Bank-Controlling*, Diss., Sternenfels-Berlin (Verlag Wissenschaft und Praxis) 1998.

4 RAPPAPORT, ALFRED: *Creating Shareholder Value - The New Standard for Business Performance*, New York-London (The Free Press, Macmillan Inc.) 1986.

SHAREHOLDER VALUE BEI BANKEN UND VERSICHERUNGEN

Grundsätzlich kann bei Finanzdienstleistern zwischen strategischer und operativer Shareholder Value-Steuerung unterschieden werden. Die strategische Steuerung umfaßt dabei insbesondere die Optimierung des Geschäftsportfolios. Hierbei müssen die einzelnen Geschäftsfelder dahingehend überprüft werden, ob sie nachhaltig zur Steigerung des Unternehmenswertes beitragen. Voraussetzung dafür ist, daß der nachhaltig erwirtschaftete Return on Equity (ROE) die geschäftsfeldspezifischen, ertragsrisikoäquivalenten Eigenkapitalkosten deckt. Ist dies nicht der Fall empfiehlt sich der Verkauf bzw. die Schließung des wertvernichtenden Geschäftsfeldes. Dies gilt insbesondere, wenn Restrukturierungspläne nicht greifen, keine Synergien zu anderen Geschäftsbereichen bestehen oder keine erfolgskritischen Kernkompetenzen vorgehalten werden. So haben z.B. unlängst - aufbauend auf dieser Erkenntnis - die britischen Retail-Banken Barclays und Natwest ihre Investment-Banking Aktivitäten veräußert bzw. geschlossen.

Im Rahmen der Shareholder Value-orientierten Geschäftsportfolio-Steuerung von Finanzdienstleistern sind des weiteren auch Unternehmensübernahmen und Fusionen zu nennen. Die Finanzbranche in den westlichen Industrieländern befindet sich zur Zeit am Anfang einer weltweiten Konsolidierungsphase. Dies ist unter anderem ein Resultat bestehender Überkapazitäten (Overbanking). Einen verstärkten Konsolidierungszwang hat auch der Markteintritt diverser Non- und Near-Finanzdienstleister (Autohersteller, Supermarktketten, Versandhäuser, Fluggesellschaften, Kreditkartengesellschaften usw.) hervorgerufen. Des weiteren definieren innovative Technologien, wie z.B. das Internet, den Wettbewerb neu, da sie eine kostengünstigere Produktion eröffnen und den Vertrieb effizienter gestalten. Es ist damit zu rechnen, daß ein Großteil der Bank- und Versicherungsgeschäfte in den Electronic-Commerce abwandern. Schließlich macht sich in vielen Finanzdienstleistungssparten weiterhin eine erhöhte Substitutionskonkurrenz zu den Kapitalmärkten bemerkbar. Ziel vieler Zusammenschlüsse ist daher die Realisierung von Kostensynergien und die Optimierung der Aufwandsrentabilität, um den Shareholder Value nachhaltig zu steigern.

Antriebsfeder für einen Zusammenschluß zwischen verschiedenen Finanzdienstleistern kann neben dem Ziel einer erhöhten Kosteneffizienz aber auch die Ergänzung der Produktpalette sein. In der Praxis ist noch nicht entschieden, ob der Zusammenschluß zwischen Banken und Versicherungen (Bankassurance[5]) oder die vollständige Ausweitung der Geschäftsfelder im Rahmen eines Allfinanzkonzerns das Shareholder Value-optimierende Geschäftsmodell darstellt. Der Zusammenschluß verschiedener Finanzdienstleister eröffnet einerseits dem Kunden ein wahres „one-stop-shopping", treibt aber andererseits die organisatorische Komplexität und erfordert in vielen Bereichen hochqualifiziertes Vertriebspersonal.

Neben der strategischen Geschäftsportfolio-Optimierung umfaßt ein durchgängiges Shareholder Value-orientiertes Controlling von Finanzdienstleistern auch die kurzfristig operative Umsetzung des Konzeptes. Ziel ist es hier, den erwarteten Mindestergebnisanspruch der Aktionäre im Sinne einer Ziel-Eigenkapitalrentabilität auf die einzelnen Investitionen des Finanzdienstleisters – Geschäftsfelder, Profit Center, Vertriebskanäle, Produkte, Kunden - herunterzubrechen. Dieser Prozess kann durch die Anwendung einer ertragsrisikoadjustierten Erfolgsmessung (Risk Adjusted Profitability Measurement) und Eigenkapitalallokation auf Basis eines Ertragsrisikokalküls (Value oder Earnings at Risk Rechnung) unterstützt werden. Auf Basis eines derartigen Risk/ Return-Steuerungssystems lassen sich auch weit diversifizierte Finanzdienstleister zentral/dezentral Shareholder Value-orientiert steuern. Beispielsweise können die absoluten Ergebnisbeiträge verschiedener Sparten (Lebens- und Sachversicherungsgeschäft, Hypotheken-Tochtergesellschaft, Bauspardivision, Privat- und Firmenkundengeschäft, Investment-Banking, Asset-Management, Treasury usw.) auf objektiver, d.h. risikoadjustierter Basis vergleichen. Das von den Aktionären dem Finanzkonzern zur Verfügung gestellte Eigenkapital läßt sich dann - basierend auf diesen risikonormierten Ergebnisinformationen - gezielt in die Bereiche allokieren, deren Risk/Return-Erwartungen über den Mindestverzinsungsansprüchen der Kapitalgeber liegen.

Ergänzt wird die Shareholder Value-orientierte Geschäftssteuerung von Finanzdienstleistern durch eine Shareholder Value-orientierte Finanzierungssteuerung. Hier ist insbesondere zu überprüfen, inwieweit überschüssiges Eigenkapital auf Konzernebene besteht, welches nicht in wertschaffende Investitionen geleitet wird und daher den Shareholder Value des Finanzdienstleisters verwässert. Unter Berücksichtigung der aufsichtsrechtlichen Solvabilitätsanforderungen, der aktienrechtlichen Vorschriften sowie der Kapitalanforderungen der Rating-Agenturen kann dann eine Rückgabe des überschüssigen

---

5 Vgl. hierzu insbesondere: SCHIERENBECK, HENNER/HÖLSCHER, REINHOLD: *Banc assurance: institutionelle Grundlagen der Bank- und Versicherungsbetriebslehre*, 4. Aufl., Stuttgart (Schäffer-Poeschel) 1998.

Kapitals an die Aktionäre stattfinden. Hierfür stehen unterschiedliche Wege offen, wie z.B. Sonderdividenden oder Aktienrückkäufe.

Schließlich lassen sich die Shareholder Value-bezogenen Anstrengungen eines Finanzdienstleisters durch Investor Relations und eine transparente Rechnungslegung (International Accounting Standards, Segmentberichterstattung usw.) ergänzen. Ziel ist es hier, eine ungerechtfertigte Unter- aber auch Überbewertung des Finanzinstituts aufgrund von Informationsasymmetrien und daraus resultierenden (Ertrags-) Erwartungsdivergenzen zwischen Management und Finanzkommune, durch zeitnahe und transparente Berichterstattung, zu vermeiden.

Um eine nachhaltige Verpflichtung der Unternehmungsführung am Shareholder Value zu erzielen, empfiehlt es sich, Bestandteile des Einkommens erfolgsabhängig an die relative Börsenperformance des Finanzdienstleisters zu koppeln.

III. Unternehmungspolitische Herausforderungen bei der Umsetzung des Shareholder Value-Konzeptes bei Finanzdienstleistern

Parallel mit der zunehmenden Verbreitung des Shareholder Value-Paradigmas ist eine kontroverse Diskussion über die Chancen und Gefahren des Ansatzes in der Öffentlichkeit entflammt. Während die Protagonisten des Shareholder Value-Konzeptes - Unternehmensberater, Top-Management etc. - z.T. begeistert dieses Modell der Unternehmensführung feiern und davon ausgehen, daß alle Anspruchsgruppen von ihm profitieren[6], assoziieren andere gesellschaftliche Gruppen - insbesondere Vertreter der Gewerkschaften - mit diesem Schlagwort einen Rückfall in frühkapitalistische Zustände. So kritisiert *Walter Riester*, zweiter Vorsitzender der IG Metall, daß das Shareholder Value-Konzept dem Management gesellschaftspolitische Scheuklappen verpasse und auf einen Tunnelblick einschränke. Gemäß *Riester* impliziert das Shareholder Value-Konzept sogar einen Konflikt mit dem Artikel 14 des Grundgesetzes. Demgemäß stehe die Verpflichtung des Eigentums zum Wohle des Aktionärs

6 Vgl. o.V.: „SZ-Interview mit dem Unternehmensberater Roland Berger - Shareholder value begünstigt nicht nur Aktionäre", *Süddeutsche Zeitung*, Nr. 159 vom 12.7.1996, S. 26.

nach dem Shareholder Value-Konzept im Widerspruch zum Gebrauch des Eigentums zum Wohle der Allgemeinheit[7].

Offensichtlich besteht ein tiefgreifender, nicht auflösbarer Dissens zwischen Protagonisten und Gegnern des Shareholder Value-Ansatzes hinsichtlich seiner gesellschaftlichen Tragfähigkeit. Die einen verweisen auf den sich intensivierenden, internationalen Wettbewerb um die knappe Ressource Eigenkapital und betonen die Notwendigkeit, attraktive Aktienrenditen zu erzielen. Die anderen hingegen heben die möglicherweise mit dem Shareholder Value-Konzept verbundenen abträglichen sozialen Konsequenzen hervor und zeichnen das Bild vom „Auspressen der Zitrone", vom Sozialdarwinismus und - wie der schweizer Bankier *Vontobel* - vom eindimensionalen Vulgär-Liberalismus[8].

Gegner des Shareholder Value-Konzeptes gehen davon aus, daß die monistische Zielverfolgung des Ansatzes zur kurzfristigen Gewinnmaximierung tendiert und grundsätzlich diametral zu den Interessen anderer Anspruchsgruppen steht und zu deren Lasten verläuft. Sie fordern daher, das Shareholder Value-Konzept durch einen Ansatz der Unternehmensführung zu ersetzen, der die Interessen sämtlicher Anspruchsgruppen einbezieht[9]. Dieser sogenannte Stakeholder-Ansatz[10] wird dem Shareholder Value-Ansatz oftmals diametral

---

7 Vgl. RIESTER, WALTER: „Die Streitfrage - Verstößt das Shareholder-Value-Konzept gegen die Sozialbindung des Eigentums?", *Wirtschaftswoche*, Nr. 26 vom 20.6.1996, S. 88.

8 Vgl. VONTOBEL, HANS-DIETER: „Shareholder Value - ein trügerischer Reiz?", *NZZ-Fokus Shareholder Value*, Zürich (Neue Zürcher Zeitung) Dezember 1996, S. 20 f.

9 Vgl. auch: SCHMID, STEFAN: *Nicht Shareholder-Orientierung sondern Stakeholder-Orientierung!*, Diskussionsbeitrag Nr. 76 der Wirtschaftswissenschaftlichen Fakultät Ingolstadt, Nr. 76 (1996), S. 15 f.

10 Anm. d. Verf.: Unter Stakeholder versteht man nach der klassischen Definition von Freeman/Reed solche Anspruchsgruppen, ohne deren Unterstützung das Unternehmen nicht existieren könnte. Im weiteren Sinne rechnet man zu den Stakeholder auch solche Gruppierungen, deren eigene Zielsetzung von einem Unternehmen beeinflußt wird. Vgl. FREEMAN, EDWARD / REED, DAVID: „Stockholders and Stakeholders: A New Perspective on Corporate Governance", *California Management Review*, H. 3 (1993), S. 89-91 und HILL, WILLHELM: „Der Shareholder und die Stakeholder", *Die Unternehmung*, H. 6 (1996), S. 415.

gegenübergestellt: „It has become fashionable, to set [the models; Anm. d. Verf.] against one another in a sort of capitalist beauty contest"[11].

Gemäß dem Stakeholder-Konzept sollte das Management von Finanzdienstleistern bei seinen geschäftspolitischen Entscheidungen die Partikularinteressen einzelner, direkt oder indirekt mit dem Finanzinstitut in Verbindung stehender Anspruchsgruppen sowie die gesamt-gesellschaftlichen Interessen berücksichtigen und den Finanzbetrieb als sozio-technisches System auffassen. Den internen Anspruchsgruppen eines Finanzinstituts lassen sich das Management selbst und die Mitarbeiter zuordnen. Zu den externen Anspruchsgruppen kann man die Kunden (Privat-, Firmen-, institutionelle und öffentlich-rechtliche Kunden), die Gläubiger (Einleger etc.)[12], die Banken- und Versicherungsaufsicht, die Notenbank, den Staat, die Gesellschaft und schließlich die Aktionäre rechnen[13].

In der Literatur finden sich verschiedene Auffassungen des Stakeholder-Ansatzes, die oftmals ungerechtfertigterweise gleichgesetzt werden. Die verschiedenen Stakeholder-Ansätze unterscheiden sich nicht zuletzt aufgrund unterschiedlicher Interpretationen des Zweckes eines Unternehmens[14]. Geht man vom Residual-Modell aus, entstehen Unternehmen nur deshalb, weil Eigenkapitalgeber mit anderen Parteien zur Ressourcenbeschaffung Verträge schließen, die sie für ihre eigenen Interessen - die Maximierung des Shareholder Value - einsetzen. Gemäß dem Residual-Modell wäre ein Finanzinstitut also nur Instrument des Aktionärs. Das Residual-Modell basiert auf der Annahme

---

11 O.V.: „Stakeholder Capitalism", *The Economist*, February 10th (1996), S. 23. Anm. d. Verf.: Mitunter stereotypisiert man beide Ansätze auch als angloamerikanisches und als kontinentaleuropäisch-deutsches Modell der Unternehmensführung. Vgl. zur Charakterisierung der beiden Ansätze auch: GELAUFF, GEORGE / BROEDER, CORINA: „Governance of stakeholder relationships", *SUERF Studies*, Nr.1 (1997), S. 22-36, insbesondere S. 24 und S. 29.

12 Anm. d. Verf.: Einleger sind natürlich auch zugleich Kunden einer Bank.

13 Anm. d. Verf.: Die Einteilung der Anspruchsgruppen läßt sich grundsätzlich situativ, d.h. branchen- und unternehmensbezogen, differenzieren. Vgl. DYLLICK, THOMAS: „Erfassen der Umweltbeziehungen der Unternehmung", *Management-Zeitschrift io*, Nr. 2 (1984), S. 74 f.

14 Vgl. zu einer Unterteilung der verschiedenen Stakeholder-Ansätze, der auch in den folgenden Abschnitten gefolgt wird: SPREMANN, KLAUS: *Wirtschaft, Investition und Finanzierung*, 5. Aufl., München u.a. (Verlag Oldenbourg) 1996, S. 484-488.

vollkommener Märkte, auf denen gemäß *Adam Smith* eigennütziges Verhalten gleichzeitig zur Maximierung des Gemeinwohls führt.

Unter den Residual-Ansatz lassen sich wiederum der Shareholder Value-Ansatz und der Stakeholder Value-Ansatz subsumieren. Gemäß dem Stakeholder-Value Ansatz, der letztlich auf dem Shareholder Value-Ansatz aufbaut und diesen erweitert, ist es notwendig, die impliziten Ansprüche der verschiedenen Anspruchsgruppen eines Unternehmens zu berücksichtigen, damit der Shareholder Value maximiert wird. Einer Verletzung der impliziten Ansprüche werden abträgliche ökonomische Konsequenzen zugesprochen. Es wird u.a. vermutet, daß sich der Handlungsspielraum eines Finanzinstituts einengt[15].

Vereinfacht formuliert sind implizite Ansprüche solche Vertragsansprüche, die nicht explizit, d.h. expressis verbis vertraglich mit den einzelnen Anspruchsgruppen fixiert sind. Jedoch wurden sie nur aus Kostengründen, aufgrund ihrer Zustandsabhängigkeit und ihres im Abschlußzeitpunkt vagen Charakters im Vertrag vernachlässigt.

Gemeinsames Merkmal der impliziten Vertragsbestandteile ist, daß sie, wenn sie nicht erfüllt werden, formal-juristisch nicht einklagbar sind. Vielmehr muß jede Anspruchsgruppe das Erfüllungsrisiko selbst tragen und kann es nicht diversifizieren. Überträgt man den Stakeholder Value-Ansatz auf Finanzinstitute, ist es Aufgabe des Management, welches im Auftrag der Aktionäre steht, den Shareholder Value unter Berücksichtigung der expliziten und impliziten Ansprüche der internen und externen Anspruchsgruppen zu maximieren.

Geht man von der impliziten Vertragstheorie aus, besteht für die Aktionäre kein Anreiz, eine Geschäftspolitik durchzusetzen, welche zu einer Verletzung der impliziten Vertragsbestandteile einzelner Anspruchsgruppen führt. Durch die Einhaltung der impliziten Vertragselemente wird längerfristig die Organisationseffizienz und das Image des Finanzinstituts gefördert und ein sogenanntes Netto-Organisationskapital kreiert. Das Netto-Organisationskapital - das dem Good-Will ähnelt, ihn aber differenzierter aufschlüsselt - entspricht der Differenz zwischen dem Marktwert aller zukünftigen, impliziten Ansprüche, deren Einforderung ein Unternehmen erwartet und den damit verbundenen

---

15 Vgl. zum Stakeholder Value-Konzept u.a.: JANISCH, MONIKA: *Das strategische Anspruchsgruppenmanagement. Vom Shareholder Value zum Stakeholder Value*, Diss., Bern u.a. (Haupt) 1993 und zur Definition impliziter Verträge: CORNELL, BRADFORD / SHAPIRO, ALAN: „Corporate Stakeholder and Corporate Finance", *Financial Management*, Spring (1987), S. 6 f.

Kosten der Erfüllung. Shareholder Value wird erzeugt, wenn die durchschnittlichen Preise impliziter Ansprüche über den durchschnittlichen Kosten ihrer Erfüllung liegen[16].

Folgt man der Theorie impliziter Verträge, gehen Aktionärs- und Stakeholder-Interessen letztendlich konform. Es muß nicht befürchtet werden, daß aus kurzfristig-opportunistischen Überlegungen heraus die finanziellen Aktionärsziele zu Lasten der anderen Anspruchgruppen verfolgt werden. Insofern muß auch nicht mehr zwischen Stakeholder- und Shareholder Value-Ansatz unterschieden werden, da eine Maximierung des Shareholder Value nicht möglich ist, wenn die impliziten Interessen der anderen Anspruchsgruppen des Finanzinstituts verletzt werden. Vielmehr besteht für das Management ein Anreiz, diese in die Unternehmensentscheidungen miteinzubeziehen[17]. Insbesondere gilt es, die wichtigen Kerngruppen - das „magische Viereck" zwischen Kunde, Mitarbeiter, Gesellschaft und Aktionär - im Sinne des Shareholder Value zu optimieren.

Kritiker des Shareholder Value-Konzeptes behaupten, daß mit der Durchsetzung der Aktionärsinteressen unweigerlich der radikale Abbau von Arbeitsplätzen verbunden ist. Dem muß entgegengehalten werden, daß in traditionellen Shareholder Value Ländern, wie z.B. den USA und Großbritannien, in den letzten Jahren die Arbeitslosenquote stark gesunken ist. In traditionellen Stakeholder Ländern hingegen, wie z.B. in Frankreich oder in Deutschland, wurden jedoch kaum Arbeitsplätze geschaffen. Ursächlich ist hierfür nichtzuletzt eine gewisse Unflexibilität der Unternehmen, sich an veränderte Wettbewerbsbedingungen anzupassen, was z.T. auf die gesetzlichen und gesellschaftlichen Rahmenbedingungen zurckgeführt werden kann.

Werden bei der Durchsetzung des Shareholder Value-Ansatzes in Finanzinstituten signifikant Arbeitsplätze abgebaut, müssen - so abträglich die Situation für die jeweils Betroffenen ist und gesellschaftlich tragbare Lösungen für deren Weiterkommen zu finden sind - zwei Dinge berücksichtigt werden. Zum einen spiegelt sich in radikalen Maßnahmen das Versäumnis der Unternehmungsführung wieder, rechtzeitig in der Vergangenheit moderate Anpas-

---

16 Vgl. CORNELL, BRADFORD / SHAPIRO, ALAN: „Corporate Stakeholder and Corporate Finance", *Financial Management*, Spring (1987), S. 7 f.

17 Anm. d. Verf.: Einschränkend muß jedoch geltend gemacht werden, daß sich implizite Vertragsbestandteile nur schwer quantifizieren und nur eingeschränkt operationalisieren lassen.

sungsmaßnahmen zu treffen. Zum anderen können nur wettbewerbsfähige Finanzdienstleister auf Dauer Arbeitsplätze schaffen bzw. sichern[18].

IV. Shareholder Value und Finanzdienstleister: Ausblick

Einhergehend mit der demoskopisch bedingten Zwangsumstellung der Rentensysteme vieler westlicher Industriestaaten vom „pay as you go" zum „fully funded" System wird die Aktie als Anlageinstrument im Zukunft an Bedeutung gewinnen. Darüber hinaus kann man davon ausgehen, daß die weniger risikoaverse „Generation der Erben" verstärkt von diesem Anlageinstrument Gebrauch machen wird. Des weiteren wird sich der Trend fortsetzen, daß die Verwaltung privater Aktienportefeuilles an professionelle, institutionelle Fondsmanager abgegeben wird. Diese stehen untereinander im Wettbewerb und geben ihren Performance-Druck insbesondere an solche Unternehmen wieter, deren Aktienrendite im Vergleich zu Wettbewerbern bzw. dem Gesamtmarkt unterdurchschnittlich ist. Notfalls greifen sie mit dem ihnen zur Verfügung stehenden Machtpotential in die Unternehmungsführung ein, um eine Renditesteigerung zu erzielen. Das kritische Auge der institutionellen Investoren sorgt letztlich dafür, daß betriebliche Ressourcen (Personal, Informationstechnologie, Kapital) nicht fehlgeleitet werden. Mit dem Shareholder Value-Ansatz wird Finanzinstituten letztlich vor Augen gehalten, daß der knappe „Rohstoff" Eigenkapital nicht umsonst zur Verfügung steht. Vielmehr wird der Zwang erhöht, Eigenkapital effizient einzusetzen und Finanzgeschäfte (Versicherungsabschlüsse, Bankgeschäfte, Eigenhandel usw.) verstärkt anhand des Risiko/Ertrags-Verhältnisses zu beurteilen. Dies führt zu einer erhöhten Erfolgswahrscheinlichkeit, einer nachhaltig höheren Rentabilität und letztlich zu einem steigendem Shareholder Value.

Den skizzierten veränderten Rahmenbedingungen und dem erhöhten Machtpotential institutioneller Investoren können sich börsennotierte Banken

---

18 Vgl. zu dem gesamten Problemabschnitt Shareholder vs. Stakeholder bei Banken ausführlich: HÖRTER, STEFFEN: „Maximierung des Shareholder Value und gesellschaftliche Verantwortung - Antinomische Anforderungen an das Bank-Management", in: SCHUSTER, LEO (Hrsg.): *Die gesellschaftliche Verantwortung der Banken*, Berlin (Erich Schmidt Verlag) 1997, S. 255-278.

und Versicherungen auf Dauer nicht entziehen. Vielmehr drängt gerade die Börse in dieser Branche auf eine Reduktion der Überkapazitäten, fördert das Aufbrechen traditioneller Grenzen zwischen den Finanzdienstleistern durch die Unterstützung spektakulärer, z.T. grenzüberschreitender Fusionen (Cross-border Bankassurance, Allfinanz usw.) und beschleunigt die Anpassung an strukturell-technologische Veränderungen (Internet-Banking, Direct Broker und Direct Insurer usw.).

Immer mehr müssen sich auch deutsche Finanzdienstleister der globalen Finanzkommune - insbesondere gegenüber den angelsächsischen Aktienanalysten - hinsichtlich ihrer unterlassenen, getroffenen oder geplanten Entscheidungen rechtfertigen. Diejenigen Unternehmenslenker, die diesen Trend ignorieren oder glauben, ihn ignorieren zu können, da sie das Shareholder Value-Konzept als Modewelle einstufen, werden sich nach Ansicht des Verfassers mittelfristig nicht behaupten können.

Literaturverzeichnis

CORNELL, BRADFORD/SHAPIRO, ALAN: „Corporate Stakeholder and Corporate Finance", *Financial Management*, Spring (1987), S. 5-14.

DYLLICK, THOMAS: „Erfassen der Umweltbeziehungen der Unternehmung", *Management-Zeitschrift io*, Nr. 2 (1984), S. 74-78.

FREEMAN, EDWARD/REED, DAVID: „Stockholders and Stakeholders: A New Perspective on Corporate Governance", *California Management Review*, H. 3 (1993), S. 88-106.

GELAUFF, GEORGE/BROEDER, CORINA: „Governance of stakeholder relationsships", *SUERF Studies*, Nr.1 (1997).

HILL, WILHELM: „Der Shareholder und die Stakeholder", *Die Unternehmung*, H. 6 (1996), S. 411-420.

HÖRTER, STEFFEN: „Das Shareholder Value-Konzept: ein Steuerungsinstrumentarium für Banken?", *Zeitschrift für das gesamte Kreditwesen*, H. 4 [1996], S. 146-148.

HÖRTER, STEFFEN: „Maximierung des Shareholder Value und gesellschaftliche Verantwortung - Antinomische Anforderungen an das Bank-Management", in:

SCHUSTER, LEO (Hrsg.): *Die gesellschaftliche Verantwortung der Banken*, Berlin (Erich Schmidt Verlag) 1997, S. 255-278.

HÖRTER, STEFFEN: *Shareholder Value-orientiertes Bank-Controlling*, Diss., Sternenfels-Berlin (Verlag Wissenschaft und Praxis) 1998.

JANISCH, MONIKA: *Das strategische Anspruchsgruppenmanagement. Vom Shareholder Value zum Stakeholder Value.*, Diss., Bern u.a. (Haupt) 1993.

O.V.: „Stakeholder Capitalism", *The Economist*, February 10th (1996), S. 23-25.

O.V.: „SZ-Interview mit dem Unternehmensberater Roland Berger - Shareholder value begünstigt nicht nur Aktionäre", *Süddeutsche Zeitung*, Nr. 159 vom 12.7.1996, S. 26.

RAPPAPORT, ALFRED: *Creating Shareholder Value - The New Standard for Business Performance*, New York-London (The Free Press, Macmillan Inc.) 1986.

RIESTER, WALTER: „Die Streitfrage - Verstößt das Shareholder-Value-Konzept gegen die Sozialbindung des Eigentums?", *Wirtschaftswoche*, Nr. 26 vom 20.6.1996, S. 88.

SCHIERENBECK, HENNER / HÖLSCHER, REINHOLD: *Banc assurance: institutionelle Grundlagen der Bank- und Versicherungsbetriebslehre*, 4. Aufl., Stuttgart (Schäffer-Poeschel) 1998.

SCHMID, STEFAN: *Nicht Shareholder-Orientierung sondern Stakeholder-Orientierung!*, Diskussionsbeitrag Nr. 76 der Wirtschaftswissenschaftlichen Fakultät Ingolstadt, Nr. 76 (1996).

SCHUSTER, LEO (HRSG.): *Die gesellschaftliche Verantwortung der Banken*, Berlin (Erich Schmidt Verlag) 1997.

SCHUSTER, LEO / WAGNER, ANDREAS: „Die gesellschaftliche Verantwortung von Banken, *Genossenschaften - Leitbilder und Perspektiven*, hrsg.v. Genossenschaftsverband Bayern, Festschrift für Willibald Folz, München (Verlag Vahlen) 1996, S. 178 - 199.

SPREMANN, KLAUS: *Wirtschaft, Investition und Finanzierung*, 5. Aufl., München u.a. (Verlag Oldenbourg) 1996.

VONTOBEL, HANS-DIETER: „Shareholder Value - ein trügerischer Reiz?", *NZZ-Fokus Shareholder Value*, Zürich (Neue Zürcher Zeitung) Dezember 1996, S. 20 f.

Teil IV

Unternehmensführung und Shareholder Value-Kriterium aus der Sicht der Theorie der Unternehmensführung

9. Kapitel

Shareholder Value und Unternehmensführung

EDUARD GAUGLER

Nach dem Zweiten Weltkrieg und insbesondere seit der Währungsreform im Jahre 1948 entfaltet sich in der Bundesrepublik Deutschland die soziale Marktwirtschaft. Die Erfolge dieser Wirtschaftsordnung führen etwa seit Mitte der sechziger Jahre in manchen Kreisen zu der Forderung, die Belastbarkeit der Wirtschaft und der Unternehmen zu testen. Solche Intentionen tragen dazu bei, daß es in den letzten drei Jahrzehnten in Deutschland zu einer Überbeanspruchung der Produktivkräfte und der Ertragsfähigkeit der Wirtschaft kommt. Die gewerkschaftliche Lohnpeitsche, der forcierte Umweltschutz sowie die mit der deutschen Wiedervereinigung verbundenen Steuerbelastungen strapazieren das Leistungsvermögen der Wirtschaft. Seit Ende der achtziger Jahre verschärft sich außerdem der internationale Wettbewerb; der europäische Binnenmarkt und die zunehmende Globalisierung des Wettbewerbs in vielen Wirtschaftszweigen verlangen von den betroffenen Unternehmen besondere Anstrengungen, um ihre Existenz zu sichern und wirtschaftliche Erfolge zu erzielen.

Hinsichtlich der genannten Entwicklungen in den letzten Jahrzehnten kann man die gegenwärtige Betonung des Shareholder-Value-Prinzips als eine neue Entwicklungsphase in einem längerfristigen dialektischen Prozeß verstehen. Während in der Vergangenheit die Arbeitnehmer und die gesellschaftliche Umwelt die Ertragskraft der Wirtschaft zunehmend in Anspruch genommen haben, betont nunmehr das Shareholder-Value-Prinzip nachdrücklich die Befriedigung der Erwartungen der Kapitaleigner eines Unternehmens. Diesem Postulat zufolge hat sich die strategische Führung eines Unternehmens an den Erwartungswerten seiner Anteilseigner auszurichten.

I. Shareholder als Kapitaleigner

In einer freiheitlichen und rechtsstaatlichen Wirtschafts- und Gesellschaftsordnung, wie sie beispielsweise in Deutschland seit der Verabschiedung des Grundgesetzes im Jahre 1949 Verfassungsrang besitzt, hat das Eigentum am Produktivkapital der Wirtschaft und an den Kapitalanteilen eines Unternehmens drei unternehmensrelevante Funktionen.

Die Finanzierungsfunktion der Kapitaleigner soll dem betrieblichen Leistungsprozeß finanzielle Mittel und Ressourcen bereitstellen; dies geschieht auf unterschiedliche Weise (Außen- und Innenfinanzierung). Regelmäßig decken jedoch die Kapitaleigner nicht den gesamten Kapitalbedarf eines Unternehmens; dazu tragen auch die Fremdkapitalgeber in vielfältigen Formen bei (Banken, Lieferanten, Mitarbeiter etc.).

Die Risikofunktion der Kapitaleigner besteht in ihrer Haftung für das wirtschaftliche Schicksal des Unternehmens, die bis zum Totalverlust des eingesetzten Eigenkapitals und im Einzelfall bis zur Hingabe zusätzlichen Haftungskapitals reichen kann. Auch hier sind die Kapitaleigner nicht die einzigen Verlustträger; am wirtschaftlichen Niedergang eines Unternehmens können auch partizipieren die Fremdkapitalgeber (durch Vergleiche und Konkurse), die Mitarbeiter (durch Lohneinbußen und Arbeitsplatzverluste), die Kunden (durch Produktmängel und Versorgungsausfälle) sowie der Staat (durch Steuerausfälle).

Drittens ist die Leitungsbestimmungsfunktion der Kapitaleigner zu nennen; sie beauftragen Personen mit der Unternehmensleitung; dies geschieht durch die Anstellung von Fremdmanagern bzw. durch Selbstbeauftragung. Neben den Kapitaleignern können an der Beauftragung der Unternehmensleitung die Vertreter der Arbeitnehmer im Rahmen der gesetzlichen Mitbestimmung sowie Fremdkapitalgeber aufgrund ihres Einflusses auf das Unternehmen mitwirken.

Die genannten drei Arten der unternehmensrelevanten Funktionen des Eigentums am Unternehmenskapital werden von sehr unterschiedlichen Arten von Kapitaleignern wahrgenommen. Als mögliche Eigentümer des in einem

Unternehmen investierten Eigen- bzw. Beteiligungskapitals kommen in Frage:

- private Einzelpersonen
- Familien und Familienstämme
- Einzelunternehmen und Konzerne
- Fonds
- Stiftungen
- Körperschaften
- staatliche Institutionen.

Auch die Zahl der Kapitaleigner eines Unternehmens kann erheblich streuen. Liegt das Eigenkapital eines Unternehmens bei einer Person, die auch das Unternehmen leitet, kann man von einer Inhaberfirma sprechen. Auch der Alleinaktionär sowie die Muttergesellschaft (Konzern), die das Eigenkapital des Unternehmens vollständig hält, gehören hierher. Ferner kann das Beteiligungskapital an einem Unternehmen bei einer mehr oder weniger überschaubaren Gruppe von Personen und Firmen liegen. Nach dem Gesellschaftsrecht gehören zu dieser Eigentümerstruktur insbesondere die Personengesellschaften, die häufig einige Gesellschafter mit größeren Anteilen am Beteiligungskapital des Unternehmens aufweisen. Schließlich sind die Publikumsgesellschaften zu nennen, die eine Vielzahl von Anteilseignern besitzen. Sehr große Kapitalgesellschaften verzeichnen gelegentlich eine überbreite Streuung des Beteiligungskapitals mit einigen hunderttausend Aktionären. Innerhalb solcher Aktionärsstrukturen können sich unterschiedliche Eigentümerkonzentrationen ausbilden.

II. Interessen der Kapitaleigner

Für das Verständnis des Shareholder-Value-Prinzips sind die Intentionen der Kapitalgeber für den Einsatz von Eigen- bzw. Beteiligungskapital in einem Unternehmen von Bedeutung. Die zuvor dargestellten drei unternehmensrelevanten Funktionen des Eigenkapitals, die unterschiedlichen Arten von Kapitalgebern sowie die möglichen Varianzen in der Anzahl der Kapitaleigner für ein Unternehmen erschweren eine allgemeingültige Aussage über die Interessen der Kapitaleigentümer. Immerhin lassen sich bei ihnen einige Hauptinteressen und verschiedene Spezialinteressen unterscheiden.

Bei den Hauptinteressen der Kapitaleigner lassen sich vier Aspekte nennen. Ihr Dividendeninteresse zielt auf einen kurz-, mittel- oder längerfristigen Ertrag, der ihnen für ihren Kapitaleinsatz zukommt. Dabei kann bei Privatpersonen als Kapitalgeber die Einkommenserzielung für den laufenden Lebensunterhalt und/oder als Altersversorgung dienen. Muttergesellschaften wollen häufig durch Dividendenzahlungen ihrer Tochterfirmen zusätzliche Finanzierungsmittel für unternehmenspolitische Dispositionen gewinnen. Ein zweites Hauptinteresse betrachtet den Einsatz von Beteiligungskapital als Basis zur Sicherung von Beherrschungsverhältnissen. Dazu können die Unterordnung eines Unternehmens unter eine Konzernholding sowie die Sicherung von Lieferungs- und Abnehmerbeziehungen gehören. Ferner kann mit dem Einsatz von Beteiligungskapital das Interesse an der Sicherung und Steigerung der Unternehmenssubstanz verbunden sein. Dies trifft regelmäßig zu, wenn sich ein Fonds an einer Kapitalgesellschaft beteiligt. Ein ähnliches Interesse ist zu erwarten, wenn der Kapitaleigner auf diesem Wege privat gegen Wechselfälle im Lebensablauf sowie für sein Alterseinkommen vorsorgen will. Schließlich kann mit dem Einsatz von Eigenkapital die Absicht verbunden sein, damit die Ausübung der Unternehmertätigkeit zu sichern. Dieses Interesse besteht insbesondere in einer Vielzahl von Unternehmen der mittelständischen Wirtschaft, bei denen die Wahrnahme der Unternehmerrolle und der Einsatz von Eigenkapital durch dieselben Personen erfolgen (Inhaberfirmen, Familienunternehmen).

Neben diesen vier Hauptinteressen können die Kapitaleigner unterschiedliche Spezialinteressen verfolgen. Dazu gehören u.a. kurzfristige Spekulationsabsichten, die Beteiligung der Mitarbeiter am Kapital des arbeitgebenden Unternehmens und die Intention, über einen oft nur vorübergehenden Erwerb von wenigen Aktien Einblicke in die Hauptversammlungen von Aktiengesellschaften zu gewinnen. Das zuletzt genannte Interesse kann sich auf die Befriedigung von Informationsbedürfnissen beschränken; es kann aber auch von der Absicht geleitet sein, über eine aktive Rolle in der Hauptversammlung auf den Vorstand des Unternehmens einzuwirken. Einige praktizierte Beispiele dieser Art von Aktionärsinteressen haben in den letzten Jahren in den Medien starke Beachtung gefunden und haben zu Rechtsstreitigkeiten vor Gerichten geführt.

Diese Übersicht über die möglichen Intentionen von Kapitaleignern zeigt, daß man nicht generell davon ausgehen kann, daß sie immer beim Einsatz von

Eigen- bzw. Beteiligungskapital in einem Unternehmen eine einzige Absicht verfolgen. Vielmehr muß man dabei mit einer Interessenvielfalt der Kapitaleigner rechnen. Im Einzelfall kann es angebracht sein, zwischen dominanten und rezessiven Interessen verschiedener Kapitaleigner (Gruppen) zu unterscheiden. Ferner ist nicht auszuschließen, daß sich die Interessenslage einzelner oder aller Kapitaleigner im Zeitablauf ändert; ihre Intentionen sind daher „dynamisch" zu verstehen. Insbesondere legt es die beschriebene Interessenvielfalt nahe, auch bei den Kapitaleignern Interessensunterschiede und Interessenskonflikte zu erörtern. Dabei können zwischen Kapitaleignergruppen interpersonelle Konflikte und bei einzelnen Kapitaleignern intrapersonelle Konflikte auftreten. Für eine sachgerechte und wirklichkeitsnahe Erörterung des Shareholder-Value-Prinzips erscheint es angebracht, entsprechende Überlegungen und Aussagen nach unterschiedlichen Interessen der Kapitaleigner und hinsichtlich verschiedenartiger Interessensbündel derselben zu differenzieren.

In der gegenwärtigen Diskussion zum Shareholder-Value-Prinzip erörtert die Fachliteratur insbesondere drei Meßgrößen, die den Nutzen von Eigenkapitalanteilen für den Eigenkapitalgeber zum Ausdruck bringen sollen: Börsenkurse, Rendite und Cash flow.

Finanzanalysten, Wertpapierhändler, Börsenexperten und andere externe Personen bevorzugen die Veränderungen des Börsenkurses der Aktien. Diese Meßgröße läßt sich primär bei Publikumskapitalgesellschaften mit breitgestreutem Aktienbesitz anwenden. Die Kapitalanteile der weit überwiegenden Vielzahl deutscher Unternehmen werden jedoch nicht an Wertpapierbörsen gehandelt; daher eignet sich der Börsenkurs für die allermeisten Unternehmen nicht zur Ermittlung des Shareholder Value. Veränderungen des Börsenkurses in der Vergangenheit lassen sich regelmäßig leicht ermitteln. Wegen der Vielzahl der Einflußkomponenten ist jedoch die Problematik einer Kursprognose evident.

Seit langem ist bekannt, daß es zur Berechnung der Kapitalrendite eine Reihe unterschiedlicher Ausgangsdaten gibt, die zu präzisieren bzw. zu korrigieren sind, wenn man mit Gewinngrößen den Nutzen eines Kapitaleinsatzes bestimmen will. Hier besteht nicht nur die Prognoseproblematik für mittel- und längerfristige Zeiträume in der Zukunft. Auch die Gegenwarts- und Vergangenheitswerte für eine Beurteilung der Kapitalrendite bedürfen regelmäßig einer Überprüfung, die vielfach nur unternehmensintern möglich ist. Die Vorstellungen von einem „Totalgewinn" eines Unternehmens lösen die angesprochene Problematik in aller Regel aus pragmatischen Gründen nicht; sicher kann man zwar im Gesamtgewinn eines Unternehmens von seiner Gründung bis zu seiner Liquidation eine Meßgröße für den Nutzen des Kapitaleinsatzes durch den Kapitaleigner sehen. Bei einer längerfristig existierenden Unternehmung läßt sich diese Größe zumeist praktisch auch im Nachhinein nicht ermitteln; außerdem ist sie durch ihre Definition für Prognosezwecke und damit für eine an ihr orientierten Unternehmensführung ungeeignet.

Insbesondere unter dem Einfluß der angelsächsischen Fachliteratur kommt das Shareholder-Value-Prinzip in einen engen Bezug zum Cash flow. Diese Kennzahl, die den Jahresüberschuß eines Unternehmens mit den Abschreibungen dieser Periode sowie mit der Dotierung der Rückstellungen und Rücklagen addiert, stellt zweifellos eine wichtige Kennzahl für die Unternehmensführung unter finanzwirtschaftlichen Aspekten dar. Insbesondere können diese Berechnungen bei der Optimierung der Finanzierung und der Liquidität helfen. Direkte Angaben über den Nutzen eines Kapitaleinsatzes im Unternehmen liefert diese Kennzahl den Kapitalgebern nicht. Allenfalls können sie hinsichtlich der finanzwirtschaftlichen Entwicklung eines Unternehmens indirekte Hinweise auf den Shareholder Value bekommen, sofern ihnen die genannten Komponenten des Cash flow überhaupt zugänglich sind.

III. Unternehmensziele und Shareholder Value

Die Beantwortung der Frage, inwieweit sich das Shareholder-Value-Prinzip zur Steuerung eines Unternehmens eignet, hängt u.a. vom Verständnis des Unternehmens und des betriebswirtschaftlichen Leistungsprozesses ab. Drei Aspekte der modernen Betriebswirtschaftslehre und Managementlehre greifen die folgenden Ausführungen auf: das Konzept der Faktorkombination, den Stakeholder-Ansatz und das Konzept der Mehrfachziele.

Die betriebswirtschaftliche Analyse des betrieblichen Leistungsprozesses unterscheidet zwischen der Leistungserstellung im Betrieb und der Leistungsverwertung am Markt. Diese beiden Primäraktivitäten eines Unternehmens erfordern, wie die Volks- und Betriebswirtschaftslehre in langer Tradition lehren, den Einsatz sogenannter Faktoren. Seit Gutenberg (1950) hat sich als Basisparadigma die Vorstellung durchgesetzt, daß der betriebswirtschaftliche Leistungsprozeß in einer Kombination von Faktoren besteht. Dabei unterscheidet man Elementarfaktoren (Werkstoffe, Betriebsmittel, objektbezogene Arbeitsleistungen) vom originären dispositiven Faktor (Geschäftsleitung; außerdem Organisation und Planung als abgeleitete dispositive Faktoren). Der

Kapitaleinsatz dient im Rahmen der oben genannten Funktionen primär der Finanzierung von Werkstoffen und Betriebsmitteln. Offensichtlich verkörpert das Kapital nicht den einzigen Faktor des betrieblichen Leistungsprozesses. Der Kapitaleinsatz, der im Zentrum des Shareholder-Value-Prinzips steht, betrifft lediglich einen Ausschnitt der Faktorkombination; die Faktoren Arbeit und Management sowie die Interdependenzen dieser drei Faktoren kommen in ihrer Eigenbedeutung beim Shareholder-Value-Prinzip nicht zur Geltung.

Die moderne Managementtheorie betrachtet die Unternehmung in ihrem sozioökonomischen Kontext. Sie ignoriert nicht die Wechselbeziehungen zwischen dem Eigenkapital und dem Unternehmen. Die Kapitaleigner bilden aber in der heutigen Managementlehre nicht die alleinige Instanz für unternehmenspolitische Entscheidungen. Seit nahezu vier Jahrzehnten steht dem Shareholder-Value-Prinzip das Stakeholder-Konzept entgegen, das das einzelne Unternehmen in seinen Interdependenzen zu folgenden Gruppen und Institutionen sieht: Kapitaleigner, Mitarbeiter und Gewerkschaften, Kunden und Lieferanten, Wettbewerber an Märkten, Verbände und Kammern sowie Regierung und Kommunen (siehe Abb. 1). Die genannten Personen und Institutionen betrachtet die Managementtheorie als „Anspruchsgruppen“ gegenüber dem Unternehmen, deren Interessen und Erwartungen für unternehmungspolitische Entscheidungen relevant sind. Zahlreiche Überlegungen und Anregungen der Managementlehre basieren auf dem Stakeholder-Konzept, das seit über zwei Jahrzehnten auch von der deutschsprachigen Fachliteratur aufgegriffen wird.

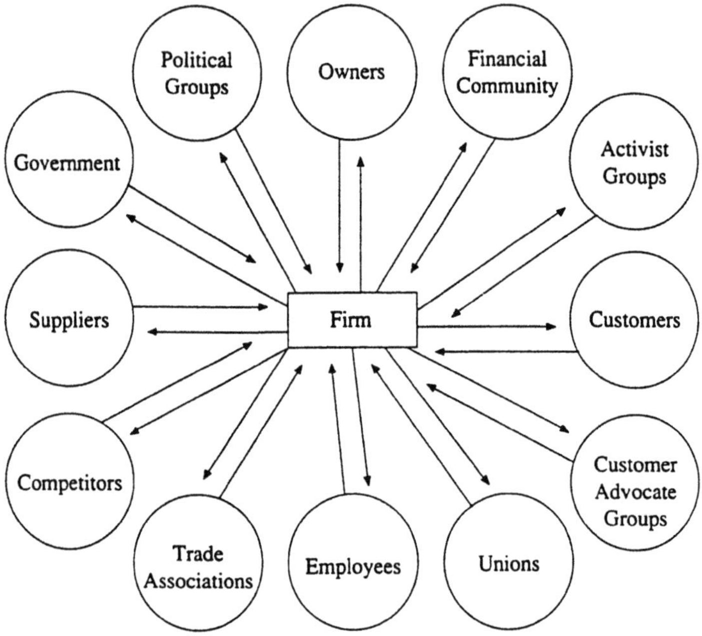

Abb. 1: Bezugsgruppen der Unternehmung im Stakeholder-Ansatz

Schließlich ist in diesem Zusammenhang noch die betriebswirtschaftliche Entscheidungstheorie zu erwähnen. Sie hat lange Zeit mit einem einzigen Unternehmensziel gearbeitet und insbesondere die quantitativen Entscheidungsmodelle auf die Maximierung der Unternehmensgewinne bzw. der Kapitalrendite ausgerichtet. In der neueren Entscheidungstheorie geht es zunehmend um mehrere Ziele, die unternehmenspolitisch relevant sind. Das unternehmenspolitische Zielsystem enthält mehrere Einzelziele, die untereinander in verschiedenen Beziehungen stehen können. Zielkonflikte werden dabei nicht ausgeschlossen; ihre Handhabungsmöglichkeiten bilden einen wichtigen Untersuchungsgegenstand. Mit dieser Entwicklung hat die Entscheidungstheorie die ursprüngliche Dominanz der Gewinnerzielung und der Kapitalrentabilität relativiert, indem sie ausdrücklich weitere Ziele als relevant für unternehmenspolitische Entscheidungen anerkennt. Außerdem differenziert die moderne Entscheidungstheorie die anzustrebenden Zielerreichungsgrade; neben die Maximierung der unternehmenspolitischen Ziele tritt deren Optimierung und Satisfizierung.

Gegenüber dem Shareholder-Value-Prinzip ist daran zu erinnern, daß die Kapitaleigner zwar zweifellos eine wichtige Gruppe bilden, die mit ihrem Kapitaleinsatz unternehmensrelevante Erwartungen hegen; sie sind aber nicht die einzigen Interessenten, deren Intentionen bei unternehmenspolitischen Entscheidungen zu beachten sind. Insgesamt sind mindestens fünf Quellen für unternehmenspolitisch relevante Erwartungen zu respektieren:

Kapitaleigner
- Kapitalrendite
- Substanzerhaltung
- Einflußsicherung

Management
- Vergütung mit Erfolgsanteilen
- Entwicklungsmöglichkeiten

Mitarbeiter
- Sicherheit des Arbeitsplatzes
- Sicherung der Arbeitsentgelte
- Erfolgsanteile

Unternehmen
- Sicherung und Erschließung von Märkten
- Pflege der F- und E-Potentiale

Staat/Gesellschaft
- Steuerzahlungen
- Arbeits- und Ausbildungsplätze
- Sponsoring
- Umweltschutz

Diese Zusammenstellung gibt einen Überblick über Komponenten für das unternehmenspolitische Zielsystem. Sollten einige dieser Aspekte im Einzelfall nicht den Rang unternehmenspolitischer Ziele einnehmen, so handelt es sich dabei jedoch mindestens um Nebenbedingungen, die auf die Erreichung von Unternehmenszielen einwirken.

IV. Shareholder Value als Orientierungsprinzip

Wegen der drei, in Kapitel I genannten Basisfunktionen des Eigenkapitals kann die Unternehmensleitung, insbesondere der Vorstand einer Kapitalgesellschaft die Nutzenerwartungen der Kapitaleigner nicht ignorieren. Die Unternehmensführung muß daher auch die Erwartungen und Interessen der Kapitaleigner des Unternehmens kennen und respektieren. Dabei darf man nicht übersehen, daß der Nutzen eines Kapitaleinsatzes für die Kapitaleigner in zweifacher Weise variieren kann. Einmal können bei den Kapitaleignern heterogene Interessen und Erwartungen existieren. Zum anderen können sich die Nutzenerwartungen der Kapitaleigner im Zeitablauf verändern. Grundsätzlich ist nicht auszuschließen, daß es bei Kapitaleignern zu Interessens- und Erwartungskonflikten kommen kann; im Extremfall sind die Gegensätze so groß, daß die Kapitaleigner ihren Einfluß auf das Unternehmen selbst blockieren. Dann unterstützen sie mehr oder weniger ungewollt Tendenzen zum „Unternehmen an sich"; die Unternehmensleitung braucht dann - eventuell im Zusammenwirken mit der gesetzlichen Mitbestimmung der Arbeitnehmervertreter in den Organen des Unternehmens - nur noch geringfügig auf die Gruppe der Kapitaleigner mit ihren divergierenden Intentionen zu achten.

Wie oben gezeigt wurde, verkörpern die Kapitaleigner nicht die einzige Anspruchsgruppe gegenüber den unternehmenspolitischen Entscheidungen. Hinsichtlich der Basisfunktionen des Eigentums sind die Erwartungen und Interessen der Kapitaleigner für die Unternehmensleitung im allgemeinen jedoch besonders wichtig. Dennoch bilden sie lediglich eine Teilkomponente im System der Ansprüche, die die Unternehmensleitung zu respektieren hat.

Der Nutzen eines Kapitaleinsatzes im Unternehmen für die Kapitaleigner läßt sich kaum operationalisieren. Unternehmensziele können ihre Aufgabe bei unternehmenspolitischen Entscheidungen nur erfüllen, wenn der Zielinhalt hinreichend präzisiert ist, wenn der Zielinhalt ausreichend genau quantifiziert ist und wenn die Referenzdauer der Ziele terminiert ist. Wenn der Shareholder Value diesen Anforderungen an unternehmenspolitische Ziele nicht gerecht wird, versagt er methodisch als unternehmenspolitisch relevante Zielgröße. Er kann bestenfalls als Prinzip, als Leitlinie für unternehmenspolitische Dispositionen dienen.

Will man die Intentionen der Kapitaleigner als unternehmenspolitisches Orientierungsprinzip heranziehen, dann erfordert dies Festlegungen über sein angestrebtes Verhältnis zu anderen Steuerungsprinzipien des Unternehmens.

Insbesondere benötigt die Unternehmensleitung Aussagen über die Relationen zwischen dem Shareholder Value einerseits und andererseits der Kunden- und Mitarbeiterorientierung sowie der Wahrnahme gesellschaftlicher Verantwortung des Unternehmens.

Weitere Dispositionen über den Shareholder Value als Steuerungsprinzip betreffen seine Befristung; eine kurzfristige Messung und Beurteilung anhand dieses Prinzips kann zu höchst problematischen Entscheidungen und Aktivitäten führen. Ferner ist im Einzelfall zu entscheiden, ob das Shareholder-Value-Prinzip generell für alle Unternehmensaktivitäten gelten oder nach verschiedenen Unternehmensbereichen und Tochtergesellschaften situativ differenziert Beachtung finden soll. Schließlich treten nicht unerhebliche Probleme auf, wenn man die Ausrichtung von Unternehmensaktivitäten am Nutzen für die Kapitaleigner mit positiven oder negativen Sanktionen für die oberste Unternehmensleitung, für alle Führungskräfte und für die gesamte Mitarbeiterschaft forcieren will.

Literaturverzeichnis

BARTSCHER, SUSANNE; BOMKE, PAUL (Hrsg.): *Unternehmungspolitik*, Stuttgart (Schäffer-Poeschel) [2]1995.

BIDLINGMAIER, JOHANNES: *Unternehmerziele und Unternehmerstrategien*, Wiesbaden (Gabler) 1964.

BISCHOFF, JÖRG: *Das Shareholder-Value-Konzept*, Wiesbaden (Gabler) 1994.

BÜHNER, ROLF (Hrsg.): *Der Shareholder-Value-Report. Erfahrungen, Ergebnisse, Entwicklung*, Landsberg / Lech (Moderne Industrie) 1994.

GAUGLER, EDUARD: „Eigentum im Unternehmen", in: KATHOLISCH-SOZIALES INSTITUT DER ERZDIÖZESE KÖLN (Hrsg.): *Eigentumsordnung und Katholische Soziallehre*, Köln (Bachem) 1970, S. 99-137.

GAUGLER, EDUARD: „Shareholder Value und Personalmanagement", *Personal*, 4 (1997), S. 168-175.

GUTENBERG, ERICH: *Einführung in die Betriebswirtschaftslehre*, Wiesbaden (Gabler) 1958.

HEINEN, EDMUND: *Das Zielsystem der Unternehmung*, Wiesbaden (Gabler) 1966.

KIRSCH, WERNER: *Entscheidungsprozesse*, Bd. 3: *Entscheidungen in Organisationen*, Wiesbaden (Gabler) 1971.
RAPPAPORT, ALFRED: *Shareholder Value: Wertsteigerung als Maßstab für die Unternehmensführung*, Stuttgart (Schäffer-Poeschel) 1995.
SALIGER, EDGAR: *Betriebswirtschaftliche Entscheidungstheorie*, München, Wien (Oldenbourg) [2]1988.
STAEHLE, WOLFGANG H.: *Management*, München (Vahlen) [7]1994.
ULRICH, HANS: *Unternehmungspolitik*, Bern, Stuttgart (Haupt) 1978.

10. Kapitel

Kritik des Shareholder-Ansatzes und des Stakeholder-Ansatzes

DAVID W. LUTZ

I. Der Shareholder-Ansatz

Im Einleitungskapitel eines weit verbreiteten Lehrbuches des Finanzmanagements erklären Eugene F. Brigham und Joel F. Houston die grundsätzliche Voraussetzung der amerikanischen Managementtheorie:

Shareholder sind die Inhaber eines Unternehmen und kaufen Aktien, weil sie finanzielle Erträge suchen. In den meisten Fällen wählen Aktieninhaber Direktoren, die dann Manager einstellen, um das Unternehmen zu führen. Da Manager zugunsten von Aktieninhabern arbeiten, folgt, daß sie eine Geschäftspolitik betreiben sollen, die Shareholder Value erhöht. Infolgedessen operieren wir das ganze Buch hindurch in der Annahme, daß der Hauptzweck des Vorstandes *die Maximierung des Vermögens der Aktieninhaber* ist. Das heißt *die Maximierung des Preises der Stammaktie der Firma.*[1]

---

1 E. F. BRIGHAM und J. F. HOUSTON: *Fundamentals of Financial Management*, 8. Aufl., Fort Worth (Dryden) 1998, S. 14: „Shareholders are the owners of a corporation, and they purchase stocks because they are looking for a financial return. In most cases, shareholders elect directors, who then hire managers to run the corporation on a day-to-day basis. Since managers are working on behalf of shareholders, it follows that they should pursue policies which enhance shareholder value. Consequently, throughout this book we operate on the assumption that management's primary goal is *stockholder wealth maxi-*

Wenn die Vorstände das Vermögen der Aktieninhaber maximieren, bedeutet das nicht, daß sie jedermanns Vermögen maximieren. Das amerikanische Unternehmen Nike ist die größte Sportschuh- und Sportbekleidungsfirma der Welt. In der Zeit von Juni 1995 bis Mai 1996 erzielte es Einnahmen von 6,5 Milliarden US$ und ein Nettoeinkommen von 553 Millionen US$. Im folgenden Jahr 1996/1997 hatte es Einnahmen von 9,2 Milliarden US$ und ein Nettoeinkommen von 796 Millionen US$. Von 1996 bis 1997 stieg das Nettoeinkommen der Stammaktie von 1,88 US$ auf 2,68 US$. Der Wert eines Anteils stieg um 14,6%.[2] Nikes Vorstandsvorsitzender, Philip H. Knight, verdient jährlich etwa 2 Millionen US$. In seinem Brief an die Aktieninhaber schrieb er 1997: „Hätten Sie 1987 100 US$ in den Standard & Poor's 500 Fonds investiert, so besäßen Sie heute 395 US$. Die gleiche Summe von 100 US$ investiert 1987 in Nike wäre heute 3.094 US$ wert."[3] Die Aktien, die Knight selbst besitzt, haben heute einen Wert von mehr als 5 Milliarden US$. Es ist nicht möglich zu sagen, daß Knight und seine Firma Shareholder Value maximierten. Aber wenn das das Ziel ist, können wir bestimmt sagen, daß Knight und Nike gute Fortschritte machten.

Was ist der Schlüssel zum Erfolg Nikes? Einem Analytiker zufolge „mischt Nike aggressive Sortimenterweiterungen ... mit billigem und geübtem Sourcing, weltberühmtem Marketing, und ausgezeichnetem Service."[4] Was bedeutet „billiges und geübtes Sourcing"? Es bedeutet, daß Nikes Produkte in Asien hergestellt werden, und das Unternehmen nach den Ländern sucht, in denen es die niedrigsten Löhne zahlen kann.

In einer Fabrik in China, die ein Subunternehmer von Nike ist, müssen die 8.000 Arbeiter täglich elf Stunden arbeiten und auch zwei bis vier Überstunden machen. Wenn sie ihr tägliches Pensum nicht erfüllen, müssen sie noch mehr Überstunden machen, ohne hierfür entlohnt zu werden. Sie bekommen monatlich 250-350 Rmb (50-70 DM) plus 1,6-2,7 Rmb (0,32-0,54

---

mization, which translates into maximizing the price of the firm's common stock."

2 P. H. KNIGHT: *Nike, Inc. 1997 Annual Report*, http://www.info.nike.com/invest/.

3 P. H. KNIGHT, a.a.O.: „If you had invested $100 in the S & P 500 in 1987, that investment would be worth $395 today. The same $100 invested in NIKE in 1987 would be worth $3,094 today."

4 J. JUBAK: „The 50 Global Blue Chips," *Worth*, Juni 1997: „The Beaverton, Oregon, company mixes aggressive line extensions ... with low-cost and skilled sourcing, world-renowned marketing, and excellent service."

DM) pro Überstunde. Diese Löhne verletzen das chinesische Mindestlohngesetz.[5] Im Vergleich erhält der Basketballspieler Michael Jordan jährlich 20 Millionen US$, um als Werbeträger für Nike zu stehen.

In der Tae Kwang Vina Fabrik, in der Nähe von Ho Chi Minh Stadt, Vietnam, müssen die 9.200 Arbeiter wöchentlich fünfundsechzig Stunden arbeiten, um 18 DM (10 US$) zu bekommen. Die krebserregenden Stoffe, denen sie in der Fabrik ausgesetzt sind, übersteigen die Sicherheitsnormen Vietnams um mehr als das Sechsfache. Siebenundsiebzig Prozent der Arbeiter leiden unter Atembeschwerden.[6]

Nikes Produkte werden nicht nur in Niedrigstlohnländern hergestellt, sondern für sie wird auch in Innenstädten geworben, wo zumeist schlechtergestellte, junge Menschen, vor allem Afroamerikaner, leben, die sich Nikes Produkte nicht leisten können. Der Ladenpreis für ein Paar Schuhe kann die Arbeitskosten um das 100-fache übersteigen. *The New York Times* Kolumnist Bob Herbert äußert sich über Nikes Beschaffungs- und Marketingstrategie:

> Stellen Sie es sich wie eine Pyramide der Ausbeutung vor. In der Komfortzone an der Spitze der Pyramide steht ein Stall von gleichgültigen Multimillionärberühmtheiten – Michael Jordan, André Agassi, Spike Lee – und ihr Guru, der sagenhaft erfolgreiche Gründer und Vorstandsvorsitzender von Nike, Philip Knight. Am Fuße der Pyramide stehen die Legionen von jungen Asiaten, größtenteils Frauen, die das erdrückende Gewicht von Knights multinationalem Unternehmen schultern und wie Sklaven arbeiten, um Nikes Produkte herzustellen, und die von den Medien faszinierten jungen Leute im Westen, die irgendwie überredet worden sind, bis 140 US$ für ein Paar Turnschuhe hinzulegen.[7]

---

5 Asia Monitor Resource Centre und Hong Kong Christian Industrial Committee: „Working Conditions in Sports Shoe Factories in China Making Shoes for Nike and Reebok," Hong Kong, September 1997.

6 S. Greenhouse: „Nike Shoe Plant in Vietnam Is Called Unsafe for Workers," *New York Times*, 8. November 1997.

7 B. Herbert: „State-of-the-Art Company Runs on Sweatshop Economics," *New York Times*, 10. Juni 1996: „Think of it as a pyramid of exploitation. In the comfort zone at the very top is a stable of uncaring multimillionaire celebrities–Michael Jordan, Andre Agassi, Spike Lee–and their guru, the fabulously successful founder and chief executive of Nike, Inc., Philip Knight. At the bottom, shouldering the crushing weight of Knight's multinational enterprise, are the legions of young Asians, mostly women, who work like slaves

Knight forderte 1996 Andrew Young (ehemaliger Botschafter der Vereinigten Staaten bei der UNO, ehemaliger Bürgermeister von Atlanta und ehemaliger Mit-Vorsitzenden des Atlanta Komitees für die Olympischen Spiele) auf, Nikes Verhaltenskodex und seine Anwendung auf die Fabriken zu beurteilen, in denen Nikes Produkte hergestellt werden. Im März und April 1997 besuchte Young Fabriken in China, Vietnam, und Indonesien. Youngs Bewertung: „Ich bin aufrichtig der Überzeugung, daß Nikes Verhaltenskodex gut umgesetzt wird. Allerdings sind Verbesserungen möglich und erforderlich."[8]

Nike bat Young nicht, die Themen der Entlohnung und der Lebenshaltungskosten anzugehen. Dennoch schrieb Young: „Es ist unvernünftig die Ansicht zu vertreten, daß irgendeine amerikanische Firma dazu gezwungen werden sollte, amerikanische Löhne im Ausland zu zahlen, solange direkte Wettbewerber das nicht tun."[9] Young wurde wegen dieser Bemerkung berechtigterweise kritisiert:

> Die Kritiker fordern die Firma nicht dazu auf, ihren asiatischen Arbeitern amerikanische Löhne zu zahlen, sondern einfach einen ausreichenden Lohn, für das Land, in dem sie leben. Dieser Lohn ist offensichtlich viel geringer als der amerikanische, aber gewöhnlich ist dieser Lohn höher als der Mindestlohn, den die dortigen Regierungen festsetzen. Unternehmen wie Nike, die solche gewaltigen Gewinne haben, sollten ihren Arbeitern Löhne zahlen, die es ermöglichen, die elementaren Bedürfnisse ihrer Familien für Nahrung, Wohnung, Beförderung, Kleidung, und Gesundheitsfürsorge zu decken, und Rücklagen zu schaffen.[10]

---

to turn out Nike's products, and the media-mesmerized young people in the West who somehow have been persuaded to shell out up to $140 for a pair of sneakers."

8 A. YOUNG: *Report on the Nike Code of Conduct*, 1997: „It is my sincere belief that Nike is doing a good job in the application of its Code of Conduct. But Nike can and should do better."

9 YOUNG, a.a.O.: „It is not reasonable to argue that any one particular U.S. company should be forced to pay U.S. wages abroad while its direct competitors do not."

10 ASIA MONITOR RESOURCE CENTRE und HONG KONG CHRISTIAN INDUSTRIAL COMMITTEE, a.a.O.: „The critics are not calling on the company to pay U.S. wages to its Asian workers, but to simply pay a living wage for the country in which they live. This is obviously significantly below the U.S. wage, but it is also usually above the minimum wage as set by local governments. Com-

Herbert stimmt überein: „Nikes Kritiker, einschließlich meiner selbst, behaupten, daß die Ganztagsbeschäftigten der Firma in Übersee mindestens den Minimallohn des Gebietes, in dem sie leben, erhalten sollten. In Ho Chi Minh Stadt entspricht der Tageslohn 1,5 US$ nicht dem Minimallohnsatz."[11]

Es hat den Anschein, daß die konventionelle Theorie der Firma problematisch ist. Ist es möglich, den Shareholder-Ansatz und die gesellschaftliche Gerechtigkeit miteinander zu vereinen? Oder führt die Maximierung des Shareholder Value zwangsläufig zu einer Pyramide der Ausbeutung?

Brigham und Houston zufolge gibt es keinen Widerspruch zwischen Shareholder-Value-Maximierung und dem Vorteil der Gesellschaft:

> Außer solchen illegalen Taten, wie den Versuchen Monopole zu bilden, Verletzungen der Sicherheitskodices, und Versäumnisse, Umweltschutzvorschriften zu befolgen, *sind die Maßnahmen, welche die Aktienpreise maximieren, auch die Maßnahmen, die der Gesellschaft zugute kommen*. Erstens, erfordert die Maximierung des Aktienpreises eine leistungsfähige Firma, die Waren und Dienste von hoher Qualität mit möglichst niedrigen Kosten produzieren kann. Zweitens, erfordert die Maximierung des Aktienpreises die Entwicklung der Produkte und Dienste, die Kunden wollen und brauchen. Das Profitmotiv führt also zu neuer Technik, neuen Produkten und neuen Arbeitsplätzen. Drittens, erfordert die Maximierung des Aktienpreises effizienten und höflichen Service, ausreichende Lagerhaltung und Unternehmen, die an günstigen Standorten liegen. Diese Faktoren führen zum Verkauf, der nötig ist, um Gewinne zu erzielen. Deshalb sind die meisten Maßnahmen, die einer Firma helfen, den Preis ihrer Aktien zu erhöhen, auch der Gesellschaft in ihrer Gesamtheit nutzbringend.[12]

---

panies such as Nike that have such enormous profits should certainly pay workers wages that allow them to meet the basic needs of their families for food, housing, transportation, clothing and health care, and to accumulate savings."

11 B. HERBERT: „Mr. Young Gets It Wrong," *New York Times*, 27. Juni 1997: „Nike's critics, including this one, argue that the company's full-time overseas workers should be paid at least a subsistence wage for the areas in which they live. A dollar fifty a day is not a subsistence wage in Ho Chi Minh City."

12 BRIGHAM und HOUSTON, a.a.O., S. 16: „Aside from such illegal actions as attempting to form monopolies, violating safety codes, and failing to meet pollution control requirements, *the same actions that maximize stock prices also benefit society*. First, note that stock price maximization requires effi-

Es ist bestimmt der Fall, daß viele Maßnahmen, die den Aktienpreis erhöhen, der Gesellschaft auch nützen. Aber Brigham und Houston beweisen nicht, daß alle oder die Mehrzahl solcher Maßnahmen der Gesellschaft nützen; es ist nicht widersprüchlich zu behaupten, daß viele Maßnahmen der Gesellschaft nützen, aber die meisten der Gesellschaft schaden. In reichen Ländern können Firmen Produkte hoher Qualität anbieten, die zu niedrigen Kosten produziert werden, dadurch, daß in armen Ländern Arbeiter ungerechte Löhne bekommen und unter gefährlichen Bedingungen arbeiten, ohne daß ein Gesetz verletzt wird. Firmen können nicht nur Produkte entwickeln, die Kunden wollen und brauchen, sondern auch Bedarf für Produkte schaffen, die Kunden nicht brauchen und sich nicht leisten können. Wenn Höflichkeit und freundlicher Service lediglich ein Mittel zum Zweck der Shareholder-Value-Maximierung wird, können menschliche Beziehungen manipulativ und künstlich werden. Abschließend zu verlangen, alle Verhaltensmaßnahmen gesetzlich zu verbieten, die den Aktienpreis erhöhen, aber der Gesellschaft nicht nützen, ist nahezu oder fast ganz unmöglich.

Ein zweiter Versuch, den Shareholder-Ansatz zu verteidigen, wird von Donald R. Chambers und Nelson J. Lacy unternommen:

> Die Vermögensmaximierung ist keine Nettodeterminante des ethischen Verhaltens, sondern ein Leitungsrohr der Ethik. Marktwerte können die Ethik bewerten, genau wie sie alles andere bewerten können. Ein Unternehmen, das das Shareholder-Vermögen dadurch maximiert, daß es den Preis seiner Aktien maximiert, macht die Aktien für die Kapitalanleger so interessant wie möglich. Ein Unternehmen, das Shareholder-Vermögens-Maximierung anstrebt, nimmt keinen moralischen oder ethischen Standpunkt ein, sondern dient nur als ein Leitungsrohr für ethische Überzeugungen und Bestrebungen der Marktteilnehmer.[13]

---

cient, low-cost businesses that produce high-quality goods and services at the lowest possible cost. Second, stock price maximization requires the development of products and services that consumers want and need, so the profit motive leads to new technology, to new products, and to new jobs. Finally, stock price maximization necessitates efficient and courteous service, adequate stocks of merchandise, and well-located business establishments–these are the factors which lead to sales, which in turn are necessary for profits. Therefore, most actions which help a firm increase the price of its stock also benefit society at large."

13 D. R. CHAMBERS und N. J. LACEY: „Corporate Ethics and Shareholder Wealth Maximization," *Financial Practice and Education*, 6 (1996), S. 93: „Share-

Ein Problem dieses Arguments ist die Existenz der Informationsasymmetrie. Normalerweise können Kapitalanleger nicht so viel über die Verfahrensweise einer Firma wissen, wie deren Manager. Chambers und Lacey antworten auf diesen Einwand: „Wenn Marktteilnehmer Auskunft bezüglich ethischer Angelegenheiten für wichtig betrachten, könnte man im allgemeinen erwarten, daß private Informationsagenturen entstehen oder expandieren würden, um die Marktnachfrage zu decken."[14] Diese Aussage steht im Einklang mit einem größeren Projekt, nach dem alle Probleme des menschlichen Daseins durch ökonomische Anreize gelöst werden können. Wenn aber die überwiegende Mehrheit der Marktteilnehmer nur Kapitalgewinne maximieren möchte und nur eine kleine Minderheit moralische Angelegenheiten als wichtig betrachtet, ist es äußerst schwierig und teuer, Auskunft über die Verfahrensweise der Unternehmen zusammenzutragen.

Ein zweites Problem dieses Arguments ist, daß die meisten Aktien nicht im Besitz von einzelnen Kapitalanlegern sind, sondern von Investmentfonds. Die meisten Aktieninhaber besitzen winzige Teile der Aktien vieler Unternehmen, um ihr Risiko durch Streuung zu vermindern. Das Kriterium, nach dem die Fondsmanager bewertet werden, ist die Wachstumsrate des Aktienpreises des Fonds. Ein Fonds wird in so vielen Unternehmen angelegt, daß es fast unmöglich erscheint, alle Verfahrensweisen zu verfolgen. In letzter Zeit werden spezielle Investmentfonds eingerichtet, die nicht in Unternehmen investieren, die bestimmte Zwecke verfolgen, z.B. Embryonenforschung, Umweltverschmutzung, Kernkrafterzeugung, Waffenherstellung, usw. Es ist relativ leicht zu ermitteln, ob eine Firma sich an solchen Projekten betätigt. Es wäre viel schwieriger, einen Fonds zu verwalten, der nicht in Unternehmen investiert, die Shareholder Value durch ungerechte menschliche Beziehungen maximieren. Deswegen ist es unrealistisch zu erwarten, Kapitalanlegern garantieren zu können, daß Unternehmen ethisch korrekt handeln.

---

holder wealth maximization serves as a conduit of ethics rather than a net determinant of ethical behavior. Market values can price ethics just as they can price anything else. A corporation that maximizes shareholder wealth by maximizing the firm's stock price is making the stock as desirable as possible to investors. A corporation that embraces SWM does not establish a moral or ethical position but rather merely acts as a conduit for the ethical beliefs and desires of market participants."

14 CHAMBERS und LACEY, a.a.O., S. 95: „If market participants view information regarding ethical issues as important, one might generally expect that private information agencies would emerge or expand to fill the market demand."

Die Standpunkte von Brigham und Houston und von Chambers und Lacey sind ähnlich. Für Brigham und Houston ist die Regierung – in einer Demokratie letztlich die Wähler – verantwortlich, gesetzlich das Verhalten zu verbieten, das der Gesellschaft nicht nutzbringend ist. Für Chambers und Lacey sind Kapitalanleger – einschließlich jene, die Geld in einen Pensionsfonds investieren – verantwortlich, das Verhalten der Unternehmen durch ihre Anlageentscheidungen zu kontrollieren. Weder für Brigham und Houston noch für Chambers und Lacey sind die Vorstände selbst dafür verantwortlich, Unternehmen moralisch korrekt zu leiten.

II. Der Stakeholder-Ansatz

In der englischsprechenden Welt ist die primäre Alternative zum Shareholder-Ansatz der Stakeholder-Ansatz. In einer vieldiskutierten Rede Tony Blairs im Januar 1996 in Singapur sprach der zukünftige britische Premierminister über eine „Stakeholder Wirtschaft" und eine „Vorstellung des Unternehmens als eine Gemeinschaft der Partnerschaft, an dem jeder Angestellte einen Anteil hält, und wo die Verantwortung einer Firma klarer dargestellt ist."[15] Der Hauptgründer des Stakeholder-Ansatzes ist R. Edward Freeman, der 1984 folgendes definierte: „Ein Stakeholder in einer Organisation ist jede Gruppe oder jede Einzelperson, die sich auf die Leistung der Ziele der Organisation auswirken kann, oder von der Erreichung der Ziele betroffen ist."[16]

Der erste Schritt des Stakeholder-Ansatzes ist die Identifizierung der Stakeholder einer Firma. Wenn Freemans Definition wörtlich genommen wird, ist fast jeder Erwachsene der Industrieländer ein Stakeholder jedes Unternehmens der Welt. Viele Unternehmensethiker haben versucht, die Definition von „Stakeholder" präziser zu formulieren. Normalerweise schließt man Kunden,

---

15 T. BLAIR: „Stakeholder Speech," 7. Januar 1996, *Guardian*, http://www.guardian.co.uc./stakholder/speech/sing1.html: „...a vision of the company as a community of partnership in which each employee has a stake, and where a company's responsibilities are more clearly delineated."

16 R. E. FREEMAN: *Strategic Management: A Stakeholder Approach*, Boston (Pitman) 1984, S. 46: „A Stakeholder in an organization is (by definition) any group or individual who can affect or is affected by the achievement of the organization's objectives."

Lieferanten, Arbeitnehmer, Aktieninhaber und häufig die breite Öffentlichkeit ein.

Der zweite Schritt ist schwieriger. Um eine Entscheidung ethisch zu treffen, muß der Manager die widersprüchlichen Interessen aller Stakeholder bedenken. Allerdings gibt es keine Übereinstimmung, wie man das machen sollte. In einem Aufsatz nannten Freeman und ein Mitautor ihre Theorie „Kant'scher Kapitalismus."[17] Kürzlich jedoch schrieb Freeman: „'Die Stakeholder-Theorie' kann in mehrere Stakeholder-Theorien aufgegliedert werden, jede von ihnen hat einen 'normativen Kern' .... Deshalb ist 'die Stakeholder-Theorie' eine Genre von Geschichten darüber wie wir leben könnten."[18] Mit anderen Worten, der Stakeholder-Ansatz ist ethisch relativ. Um eine 'Stakeholder-Theorie' zu sein, muß eine Theorie die Interessen verschiedener Stakeholder und Stakeholder-Gruppen berücksichtigen. Wie die Theorie diese Interessen miteinander in Einklang bringen soll oder diese relative Bedeutung geben soll, ist freigestellt.

Thomas Donaldson und Thomas W. Dunfee haben versucht, eine Theorie der Wirtschaftsethik in der Tradition des Gesellschaftsvertrages zu entwickeln und sie von den Stakeholder-Theorien zu unterscheiden.[19] Im Gegensatz dazu behaupte ich, daß beide, der Shareholder-Ansatz und der Stakeholder-Ansatz, unter dem gleichen grundlegenden Mangel leiden, weil beide von den fundamentalen Annahmen der Gesellschaftsvertragstheorien ausgehen, nämlich, daß Menschen von Natur aus individualistisch sind, und daß menschliche Gesellschaft künstlich ist.

Thomas Hobbes macht einen nicht-aristotelischen Unterschied zwischen politischen Tieren und Menschen: „Es ist richtig, daß gewisse Lebewesen wie Bienen und Ameisen gesellig zusammenleben, weshalb sie von *Aristoteles* zu den politischen Lebewesen gerechnet werden . . . . Die Übereinstimmung

---

17 W. M. EVAN und R. E. FREEMAN: „A Stakeholder Theory of the Modern Corporation: Kantian Capitalism," in: T. L. BEAUCHAMP und N. E. BOWIE (Hrsg.): *Ethical Theory and Business*, 4. Aufl., Englewood Cliffs (Prentice Hall) 1993, S. 75-84.

18 R. E. FREEMAN: „The Politics of Stakeholder Theory: Some Future Directions," *Business Ethics Quarterly*, 4 (1994), S. 413: „'The stakeholder theory' can be unpacked into a number of stakeholder theories, each of which has a 'normative core' . . . . 'Stakeholder theory' is thus a genre of stories about how we could live."

19 T. W. DUNFEE und T. DONALDSON: „Contractarian Business Ethics," *Business Ethics Quarterly*, 5 (1995), S. 173.

dieser Lebewesen ist natürlich, die der Menschen beruht nur auf Vertrag, der künstlich ist."[20] Für Jean-Jacques Rousseau ist der Mensch von anderen Menschen natürlich unabhängig: „Jeder kann als Mensch einen eigenen Willen haben, der mit oder gegen den Allgemeinwillen läuft, den er als Staatsbürger hat. Sein Partikularinteresse kann ihn ganz anders fordern als das Gemeininteresse. Seine absolute und von Natur aus unabhängige Existenz kann ihm das, was er der Allgemeinsache schuldet, als überflüssig erscheinen lassen."[21] Donaldson und Dunfee stehen direkt in dieser Tradition: „Geschäftsleute existieren in einem künstlichen Kontext, wo Institutionen manchmal durch allgemeine Praxis *geschaffen* werden."[22]

Den Shareholder-Value-Theorien zufolge ist die Firma ein „Nexus von Verträgen."[23] In einem wichtigen Beitrag der Geschichte der sogenannten „Agency-Theorie", nach der Manager verpflichtet sind, Shareholder-Value zu maximieren, weil sie „Agenten" der Aktienbesitzer sind, schreiben Michael C. Jensen und William H. Meckling: „Es ist wichtig zu begreifen, daß die meisten Organisationen einfach juristische Fiktionen sind, die als ein Nexus für eine Mehrzahl von vertraglichen Beziehungen dienen."[24] Für Steven N. S. Cheung ist das Unternehmen eine Form vertraglicher Anordnung: „Das Wort

---

20 T. HOBBES: *Leviathan, oder Stoff, Form und Gewalt eines kirchlichen und bürgerlichen Staates*, 6. Aufl., hrsg. von I. Fetscher, übers. von W. Euchner, Frankfurt a.M. (Suhrkamp) 1994, S. 133-34. Original: *Leviathan, or the Matter, Forme, and Power of a Common-Wealth Ecclesiasticall and Civill*, London (Andrew Crooke) 1651.

21 J.-J. ROUSSEAU: *Vom Gesellschaftsvertrag oder Prinzipien des Staatsrechtes*, in: ROUSSEAU: *Politische Schriften*, übers. von L. Schmidts, Paderborn (Ferdinand Schöningh) 1977, Band I, S. 77. Original: *Du Contrat social, ou Principes du Droit politique*, Amsterdam (Marc Michel Rey) 1762.

22 T. DONALDSON und T. W. DUNFEE: „Toward a Unified Conception of Business Ethics: Integrative Social Contracts Theory," *Academy of Management Riview*, 19 (1994) S. 259: „Business people exist in an artifactual context where institutions are sometimes *created* by common practice."

23 H. DEMSETZ: „The Theory of the Firm Revisited," in: O. E. WILLIAMSON und S. G. WINTER (Hrsg.): *The Nature of the Firm*, New York, Oxford (Oxford University Press) 1993, S. 169: „The firm properly viewed is a 'nexus' of contracts."

24 M. C. JENSEN und W. H. MECKLING: „Theory of the Firm: Managerial Behavior, Agency Costs, and Ownership Structure," in: K. BRUNNER (Hrsg.): *Economics and Social Institutions*, Boston (Martinus Nijhoff) 1979, S. 170-71: „It is important to recognize that most organizations are simply *legal fictions that serve as a nexus of contracting relationships among individuals.*"

'Firma' ist einfach eine abgekürzte Beschreibung wie man Aktivitäten vertraglich zu organisieren vermag, die sich von denen der gewöhnlichen Produktmärkte unterscheiden."[25] Der Shareholder-Ansatz und die Tradition des Gesellschaftsvertrages sind also nicht identisch, aber ihr atomistischer Ausgangspunkt ist derselbe und die Schlußfolgerungen sind ähnlich.

Der Fall des Stakeholder-Ansatzes ist auch ähnlich, weil er nur die Anzahl der einzelnen Parteien bei dem Gesellschaftsvertrag vermehrt. Die „kantisch-kapitalistischen" Fassung des Stakeholderismus von Evan und Freeman drückt folgendes aus: „Jeder Gesellschaftsvertrag, der die Existenz des Unternehmens rechtfertigt, schließt die Vorstellung ein, daß Stakeholder Parteien dieses Vertrags sind."[26] In Freemans neuerem Aufsatz, in dem die Stakeholder-Theorie keine Theorie ist, sondern ein Genre von Theorien, sind alle diese Stakeholder-Theorien auch Gesellschaftsvertragstheorien: „Wie würde ein gerechter Vertrag zwischen den Stakeholdern eines Unternehmens aussehen?"[27] Freeman beginnt die Antwort auf seine Frage wie folgt: „Jeder Vertrag, der die Firma ist, muß klar festgelegte Eintritts-, Ausgangs-, und Neuverhandlungsbedingungen haben..."[28] Andere Stakeholder-Theorien, die nicht ausdrücklich gesellschaftsvertraglich sind, beginnen mit einer Reihe von Stakeholder-Gruppen, deren widersprüchliche Interessen irgendwie geregelt werden müssen. Alle Interessen zählen, aber wie können alle miteinander in Einklang gebracht werden?

---

25 S. N. S. CHEUNG: „The Contractual Nature of the Firm," *Journal of Law & Economics*, 26 (1983), S. 3: „The word 'firm' is simply a shorthand description of a way to organize activities under contractual arrangements that differ from those of ordinary product markets."

26 EVAN und FREEMAN, a.a.O., S. 82.: „Any social contract that justifies the existence of the corporate form includes the notion that stakeholders are a party to that contract."

27 FREEMAN, a.a.O., S. 416: „What would a fair contract among corporate stakeholders look like?"

28 FREEMAN, a.a.O., S. 416: „Any contract that is the corporation must have clearly defined entry, exit, renogotiation conditions...".

III. Die Richtung einer dritten Möglichkeit

Eine Professorin der angewandten Ethik, Marianne M. Jennings, liefert einen Hinweis zur Lösung dieses Problems: „Die Stakeholder-Analyse hat die Unternehmensethik zu der Befriedigung von Bedürfnissen der Interessengruppen verzerrt; eine banale Übung, ohne Kraft."[29] Wenn die natürlichen Bedingungen der Menschheit[30] von Interessenkonflikten gekennzeichnet werden, gibt es keine Lösung, sondern nur gegenseitig unbefriedigende Kompromisse. Bei dem Shareholder-Ansatz gibt es einen Konflikt zwischen dem Interesse des Aktionärs und dem des Managers, der nicht den Aktienpreis erhöhen will, sondern seine eigene Nutzenfunktion. Bei dem Stakeholder-Ansatz gibt es einfach mehr Interessen und mehr Konflikte. Wenn wir aber Theorien nicht in der Tradition des Gesellschaftsvertrages formulieren, sondern in der der Tugenden, und wenn wir nicht über die „Interessen" verschiedener Menschen und Gruppen sprechen, sondern über das „Wohl" eines Menschen und das „Gemeinwohl", sind die natürlichen Bedingungen der Menschheit nicht mehr ein Hobbes'sches Schlachtfeld. Sicherlich müssen wir oft zwischen dem wahren Wohl und dem lediglich scheinbaren Wohl unterscheiden; und der Weg zum wahren Wohl ist nicht immer leicht. Aber es ist für niemanden wirklich gut, Kapitalgewinne dadurch zu erzielen, daß andere Menschen ungerecht behandelt werden. Selbstverständlich werden Unternehmen nicht in der Natur entdeckt, sondern von Menschen eingerichtet. Aber die Natur der Firma kann entweder der menschlichen Natur entsprechen oder gegen die Natur des Menschen verstoßen. Anders ausgedrückt, eine Firma kann tugendhaft sein, aber auch lasterhaft.

---

29 M. M. JENNINGS: „Trendy Causes Are No Substitute for Ethics," *Wall Street Journal*, 1. Dezember 1997: „Stakeholder analysis has distorted business ethics into interest-group pandering, a trite exercise void of virtue."

30 HOBBES, *a.a.O.*, S. 94.

Literaturverzeichnis

ASIA MONITOR RESOURCE CENTRE und HONG KONG CHRISTIAN INDUSTRIAL COMMITTEE: „Working Conditions in Sports Shoe Factories in China. Making Shoes for Nike and Reebok," Hong Kong, September 1997.

BLAIR, T.: „Stakeholder Speech," *The Guardian*, London, 7. Januar 1996,

BRIGHAM E. F. und J. F. HOUSTON: *Fundamentals of Financial Management*, 8. Aufl., Fort Worth (Dryden) 1998.

CHAMBERS D. R. und N. J. LACEY: „Corporate Ethics and Shareholder Wealth Maximization," *Financial Practice and Education*, 6 (1996), S. 93-96.

CHEUNG, S. N. S.: „The Contractual Nature of the Firm," *Journal of Law & Economics*, 26 (1983), S. 1-21.

DEMSETZ, H.: „The Theory of the Firm Revisited," in: O. E. WILLIAMSON und S. G. WINTER (Hrsg.): *The Nature of the Firm*, New York, Oxford (Oxford University Press) 1993, S. 159-178.

DONALDSON, T. und T. W. DUNFEE: „Toward a Unified Conception of Business Ethics: Integrative Social Contracts Theory," *Academy of Management Riview*, 19 (1994) S. 252-284.

DUNFEE, T. W. und T. DONALDSON: „Contractarian Business Ethics," *Business Ethics Quarterly*, 5 (1995), S. 173-186.

EVAN W. M. und R. E. FREEMAN: „A Stakeholder Theory of the Modern Corporation: Kantian Capitalism," in: T. L. BEAUCHAMP und N. E. BOWIE (Hrsg.): *Ethical Theory and Business*, 4. Aufl., Englewood Cliffs (Prentice Hall) 1993, S. 75-84.

FREEMAN, R. E.: „The Politics of Stakeholder Theory: Some Future Directions," *Business Ethics Quarterly*, 4 (1994), S. 409-421.

FREEMAN, R. E.: *Strategic Management: A Stakeholder Approach*, Boston (Pitman) 1984.

GREENHOUSE, S.: „Nike Shoe Plant in Vietnam Is Called Unsafe for Workers," *New York Times*, 8. November 1997.

HARDY, E. S.: „Executive Compensation: The Top 25," *Forbes*, 19. Mai 1997.

HERBERT, B.: „Mr. Young Gets It Wrong," *New York Times*, 27. Juni 1997.

HERBERT, B.: „State-of-the-Art Company Runs on Sweatshop Economics," *New York Times*, 10. Juni 1996.

HOBBES, T.: *Leviathan, oder Stoff, Form und Gewalt eines kirchlichen und bürgerlichen Staates*, 6. Aufl., hrsg. von I. Fetscher, übers. von W. Euchner, Frankfurt a. M. (Suhrkamp) 1994. Original: *Leviathan, or the Matter, Forme, and Power of a Common-Wealth Ecclesiasticall and Civill*, London (Andrew Crooke) 1651.

JENNINGS, M. M.: „Trendy Causes Are No Substitute for Ethics," *Wall Street Journal*, 1. Dezember 1997.

JENSEN, M. C. und W. H. MECKLING: „Theory of the Firm: Managerial Behavior, Agency Costs, and Ownership Structure," in: K. BRUNNER (Hrsg.): *Economics and Social Institutions*, Boston (Martinus Nijhoff) 1979, S. 163-231.

JUBAK, J.: „The 50 Global Blue Chips," *Worth*, Juni 1997.

KNIGHT, P. H.: *Nike, Inc. 1997 Annual Report*, http:/www.info.nike.com.invest/.

ROUSSEAU, J.-J.: *Vom Gesellschaftsverlag oder Prinzipien des Staatsrechtes*, in: ROUSSEAU: *Politische Schriften*, übers. von L. Schmidts, Paderborn (Ferdinand Schöningh) 1977. Original: *Du Contrat social, ou Principes du Droit politique*, Amsterdam (Marc Michel Rey) 1762.

YOUNG, A.: *Report on the Nike Code of Conduct*, 1997.

11. Kapitel

Umweltmanagement und Shareholder Value in den Kriterien des Unternehmenserfolgs

STEFAN SCHALTEGGER und FRANK FIGGE

STEFAN SCHALTEGGER UND FRANK FIGGE

I. Einleitung

Spätestens seit der internationalen Umweltkonferenz von Rio 1992 hat Umweltmanagement einen festen Platz in der Agenda der Unternehmensleitungen. Umweltschutz hat die Schwelle vom technischen und finanziellen Problem zur betriebswirtschaftlichen Chance überschritten. Dabei steht das Management vor der Herausforderung, ökologische mit ökonomischen Interessen in Einklang zu bringen.[1]

Im ersten Abschnitt dieses Beitrags wird die Bedeutung des betrieblichen Umweltmanagements für den Umweltschutz und den wirtschaftlichen Erfolg dargelegt. Aufbauend auf der These, daß nicht jede Art von betrieblichem Umweltschutz, sondern nur ein geschickt gestaltetes Umweltmanagement den wirtschaftlichen Erfolg bzw. den Shareholder Value steigert, wird im folgenden der Frage nach der geeigneten Ausrichtung und Ausgestaltung nachgegangen (Abschnitt 2). Im Zentrum der Darlegungen steht deshalb die Beantwortung der Frage, welche Art von Umweltmanagement den Shareholder Value steigert (Abschnitt 3) und welche Folgerungen für das betriebliche Umweltmanagement daraus gezogen werden können (Abschnitt 4).

II. Bedeutung des betrieblichen Umweltmanagements für Umweltschutz und wirtschaftlichen Erfolg

1. Nur ökonomischer Umweltschutz ist nachhaltiger Umweltschutz

Eine intakte natürliche Umwelt ist ein angestrebtes Ziel, ein Ideal. Soll Umweltschutz erfolgreich sein, so darf er jedoch nicht ausschließlich Idealisten überlassen werden. Es wird vielfach übersehen, daß Umweltschutz, will er nicht eine Utopie bleiben, nicht nur ökologisch, sondern auch ökonomisch nachhaltig sein muß. Ein ökonomisch nicht nachhaltiger Umweltschutz wird über kurz oder lang zu einem Verschwinden der Unternehmung aus dem Markt und damit auch ihrer „guten Taten für die Umwelt" führen. Schlimmer noch: „grüne Idealisten" werden nach anfänglichem Schulterklopfen zum abschrek-

1 Hier nicht angesprochen ist die ebenfalls notwendige Integration von sozialen Aspekten.

kenden Beispiel und nehmen ökonomisch erfolgreichen Unternehmen den Mut zu einem fortschrittlichen Umweltmanagement.

Vermag hingegen eine Unternehmung durch ein fortschrittliches Umweltmanagement ihren ökonomischen Erfolg auszubauen, so werden einerseits firmeninterne und -externe Verteilungskonflikte entschärft. Andererseits zwingen die Marktmechanismen andere Unternehmungen, diesem erfolgreichen Beispiel zu folgen.

Nur ökonomischer Umweltschutz kann sich nachhaltig durchsetzen. Fortschrittlicher und gleichzeitig wirtschaftlich erfolgreicher Umweltschutz erfordert ein gezieltes Management - das heißt ein effizientes Umweltmanagement. Betriebliches Umweltmanagement ist in diesem Verständnis eine gezielte, systematische Ausrichtung unternehmerischer Tätigkeiten auf die ökonomisch effizienteste Verminderung der Umwelteinwirkungen einer Unternehmung.

2. Umweltaspekte sind relevant für den wirtschaftlichen Erfolg

Auf der anderen Seite wird auch oft übersehen, daß *Umweltaspekte schon heute ökonomisch relevant sind*, es in Zukunft noch vermehrt sein werden und eine mangelnde Beachtung den wirtschaftlichen Erfolg beeinträchtigt. Umweltschutz ist schon seit einiger Zeit sowohl kostenrelevant (vgl. z.B. DITZ ET AL. 1995) als auch Marketingargument (vgl. z.B. MEFFERT & BRUHN 1996). Er hat somit direkten Einfluß auf den wirtschaftlichen Erfolg einer Unternehmung. Dabei spielen die zunehmende Regulierungsdichte und das international immer noch steigende Umweltbewußtsein eine wesentliche Rolle.

In verschiedenen Branchen wie der Energie- und Wasserversorgung (20-25%) oder der Chemischen Industrie (10-20%) nehmen alleine schon die *Investitionen in nachgeschaltete Umweltschutzanlagen* einen beträchtlichen Anteil an den Gesamtinvestitionen ein. Wie Beispiele der Chemischen Industrie zeigen, sind die ausgewiesenen Umweltschutzkosten über die Jahre vielerorts stark angestiegen (vgl. z.B. FICHTER ET AL. 1997; SCHALTEGGER ET AL. 1996).

Hinzu kommen die ständig steigenden *Kosten unterlassener Umweltschutzmaßnahmen*, also die Kosten der Abfallentsorgung, Abgaben auf Abwasser, administrative Kosten zur Einhaltung von Gesetzen und dergleichen. Es gibt heute Beispiele genug, wie auf Grundlage eines guten Rechnungswesens beträchtliche Kosteneinsparungen realisierbar sind (vgl. z.B. BUM/UBA 1996; FICHTER ET AL. 1997; SCHALTEGGER & MÜLLER 1997).

Auf der anderen Seite ermöglichen *ökologische Produkte* häufig selbst bei stagnierender Gesamtnachfrage *hohe Margen* und *steigende Umsatzzahlen*. Herausstechende Beispiele finden sich im Nahrungsmitteldetailhandel (z.B. biologische Nahrungsmittel).

Diese einfachen Beispiele zeigen, daß den gegenseitigen Wirkungen von Umweltschutz und Unternehmenserfolg vermehrt Beachtung geschenkt und eine explizite Verbindung beider Ziele angestrebt werden sollte.

Im folgenden wird untersucht, inwiefern betriebliches Umweltmanagement zum wirtschaftlichen Erfolg einer Unternehmung beitragen kann.

3. Nicht jede Art von Umweltmanagement steigert den wirtschaftlichen Erfolg

Bezüglich der ökonomischen Wirkungen des betrieblichen Umweltschutzes herrschen zwei Meinungen vor. Erstens besteht die Ansicht, daß das erreichte Niveau an betrieblichem Umweltschutz immer öfter in *Konflikt* mit dem Ziel wirtschaftlichen Erfolgs stehe. In Abbildung 1 wird dieser postulierte Zusammenhang durch die Linie WE_0-B wiedergegeben.

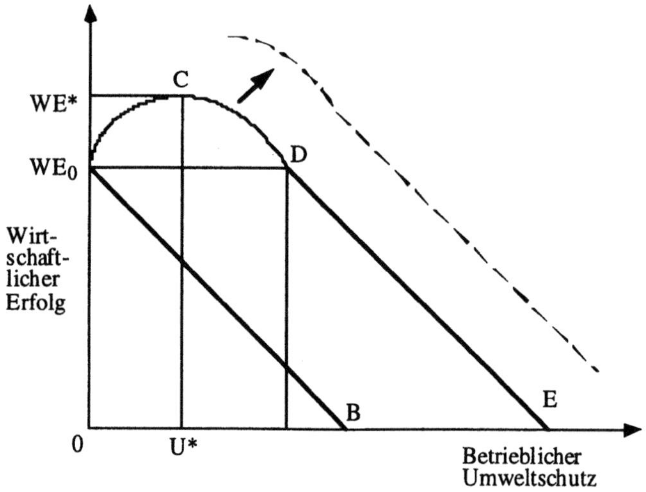

Abb. 1: Mögliche Zusammenhänge zwischen betrieblichem Umweltschutz und wirtschaftlichem Erfolg (Quelle: SCHALTEGGER 1989)

Demgegenüber wird zweitens die Ansicht vertreten, daß sich das erreichte Niveau an betrieblichem Umweltschutz nicht nur halten läßt, sondern daß der von Unternehmen betriebene Umweltschutz sogar einen *positiven Einfluß* auf den wirtschaftlichen Erfolg habe (z.B. WE* in Abbildung 1 könne durch die Menge U* an Umweltschutz erreicht werden).

Die oftmals erbittert geführte Auseinandersetzung um die vorhandenen Differenzen beider Positionen verdeckt die Gemeinsamkeit beider Aussagen, nämlich, daß betrieblicher Umweltschutz einen relevanten Einfluß auf den wirtschaftlichen Erfolg hat, dieser Einfluß aber sowohl ein positives als auch ein negatives Vorzeichen haben kann. Damit steht nicht nur die Quantität, sondern auch die Qualität des Umweltschutz im Zentrum des Interesses. So kann zum Beispiel mit einem innovativen Umweltmanagement der Zusammenhang zwischen wirtschaftlichem Erfolg und der Menge an Umweltschutz verändert werden (Verschiebung der Kurve WE_0-C-D-E in Richtung der gestrichelten Kurve in Abbildung 1).

Diesbezüglich ist zu beachten, daß aufgrund der relativen Offenheit der Anforderungen eine Zertifizierung nach ISO 14000 oder nach EMAS keine genügende Differenzierung des betrieblichen Umweltmanagements zuläßt und zur Beurteilung der ökonomischen Wirkungen folglich auch nicht genügt.

Im folgenden wird untersucht, welche Art von betrieblichem Umweltmanagement den wirtschaftlichen Erfolg einer Unternehmung verbessern kann. Der wirtschaftliche Erfolg wird dabei aus Sicht der Eigentümer einer Unternehmung, das heißt am Shareholder Value, beurteilt.

Um die Frage beantworten zu können, inwiefern das betriebliche Umweltmanagement in Konkurrenz oder im Einklang mit dem Shareholder Value steht, genügt eine grobe Betrachtung der Grundphilosophie natürlich nicht. Hilfreicher dürfte eine Diskussion der Folgerungen sein, die sich aus dem Shareholder Value-Ansatz für das betriebliche Umweltmanagement ergeben.

III. Shareholder Value als Maßgröße zur Beurteilung der ökonomischen Wirkungen des betrieblichen Umweltmanagements[2]

1. Philosophie und Konzept des Shareholder Values

Das Shareholder Value-Konzept hat sich in den letzten Jahren für die Bewertung von Unternehmen bzw. Finanzanlagen und damit für die Beurteilung des wirtschaftlichen Erfolges von Unternehmen vermehrt durchgesetzt (vgl. z.B. VOLKART 1995). Zur Beurteilung, welche Folgerungen für das betriebliche Umweltmanagement aus dem Shareholder Value-Ansatz gezogen werden können, müssen der Einfluß von betrieblichen Umweltschutzmaßnahmen auf die sogenannten *Werttreiber* des Shareholder Value analysiert und konfliktäre Wirkungen gegeneinander abgewogen werden.[3] Dabei ist zu beachten, daß sich die grundsätzlichen Überlegungen zu Umweltmanagement und Shareholder Value bzw. wirtschaftlichem Erfolg auch auf öffentliche Betriebe, öffentliche Verwaltungseinheiten und Unternehmungen übertragen lassen, die keine Aktiengesellschaften sind.

Die Beurteilung des wirtschaftlichen Erfolges von Unternehmen basiert oft auf Daten des Rechnungswesens, in erster Linie auf Umsätzen, Gewinnen und Buchwerten auch wenn es barwert orientierte Unternehmensbeurteilungsverfahren bereits seit längerer Zeit gibt. Die Informationen des Rechnungswesens sind aber mit wesentlichen Problemen konfrontiert (vgl. z.B. JOHNSON & KAPLAN 1987). Sie sind vergangenheitsorientiert und stark abhängig von Rechnungswesenstandards[4] und somit genau genommen nur wenig für eine

2 Für die folgenden Kapitel vgl. auch SCHALTEGGER & FIGGE (1997).

3 Es ist allerdings zu beachten, daß eine Shareholder Value-orientierte Analyse des betrieblichen Umweltschutzes einerseits nur einen Teil des Umweltmanagements abdeckt und andererseits auch die Untersuchung der Wirkungen des Umweltmanagements auf den Shareholder Value nur einen Baustein einer Shareholder Value-Analyse einer Unternehmung bildet.

4 Wie das bekannte Beispiel von Daimler AG zeigt, können die verwendeten Rechnungswesenstandards den ausgewiesenen ökonomischen Erfolg maßgeblich beeinflussen. 1993 ließ sich Daimler an der New Yorker Börse kotieren und mußte deshalb die amerikanischen Rechnungswesenstandards anwenden. Unter deutschen Rechnungswesenstandards wies Daimler einen Gewinn von $372 Millionen aus während die Firma bei Anwendung der amerikanischen

Bewertung des *zukünftigen* ökonomischen Erfolgs von Unternehmen geeignet.

Die Vergangenheitsorientierung ist besonders auch aus ökologischer Sicht fragwürdig, erfolgt doch eine zukunftsgerichtete Bewertung und strategische Ausrichtung der Unternehmung auf der Basis vergangenheitsbezogener Daten, statt zukünftige Kosten zukünftigen Erträgen gegenüberzustellen. Zukünftige ökologieorientierte Veränderungen im unternehmerischen Umfeld fließen in der Logik solcher Beurteilungsverfahren erst ein, wenn sie zur unternehmerischen Vergangenheit gehören. Auch die starke Determinierung der ausgewiesenen Unternehmensergebnisse durch bestimmte Rechnungswesennormen ist aus ökologischer Sicht problematisch (vgl. z.B. SCHALTEGGER ET AL. 1996).

Hier setzt nun das Shareholder Value-Konzept an. Im Kern handelt es sich um eine herkömmliche Investitionsrechnung zur Beurteilung von Finanzanlagen (bes. Aktien). Rein technisch betrachtet ist der Shareholder Value (SHV) der Gegenwartswert der zukünftigen freien Cash-flows einer Unternehmung (vgl. COPELAND U.A. 1993, S. 72ff.; RAPPAPORT 1995):

$$SHV = \sum_{i=1}^{n} \frac{FCF_n}{(1+i)^n} - FK$$

wobei, SHV = Shareholder Value, FCF = freie Cash-flows, n = Anzahl Perioden, i = Diskontsatz, FK = Fremdkapital

Das Shareholder Value-Konzept stellt auf die erwarteten freien Cash-flows (FCF) ab, da nur diese zur Befriedigung der Kapitalgeber herangezogen werden können.[5] Durch die Diskontierung der erwarteten Free Cash-flows wird der Unternehmenswert

$$\text{Unternehmenswert} = \sum_{i=1}^{n} \frac{FCF_n}{(1+i)^n}$$

ermittelt.

Standards einen Verlust von $1.1 Milliarden im gleichen Jahr verbuchen mußte (THE ECONOMIST 1997, 58ff).

5 Der Free Cash Flow wird hier im Sinne der sog. Bruttomethode verwendet. Unter Free Cash Flow ist daher der Cash-flow zu verstehen, der zur Befriedigung von Eigen- und Fremdkapitalgebern zur Verfügung steht.

Zieht man davon das Fremdkapital zum heutigen Zeitpunkt (FK) ab, so erhält man den Shareholder Value, das heißt den Wert, der prinzipiell den Aktionären zusteht. Im Gegensatz zu den freien Cash-flows berücksichtigt beispielsweise der Gewinn nicht, daß ein Teil des Gewinns unter Umständen im Rahmen der Innenfinanzierung von Investitionen verwendet werden muß und damit der zur Befriedigung der Aktionäre zur Verfügung stehende Anteil reduziert wird.

2. Vorteile

Der Shareholder Value verfügt im Gegensatz zu Kennzahlen des finanziellen Rechnungswesens (wie z.B. Gewinn) über einen für das Umweltmanagement wesentlichen Vorteil: Er ist zukunftsorientiert und auf eine nachhaltige (langfristige) Wertsteigerung der Unternehmung ausgerichtet. Wie bei den meisten Umweltschutzmaßnahmen spielen auch beim Shareholder Value Investitionen eine zentrale Rolle. Mit der Fokussierung auf die Eigenkapitalrentabilität sind bei jeder Entscheidung auch die Opportunitätskosten, also die Kosten unterlassener alternativer Aktivitäten, mitzuberücksichtigen.

Ökologische Ziele finden weder im finanziellen Rechnungswesen noch im Shareholder Value-Ansatz explizit Eingang. Mit dem Fokus auf ökonomische Kenngrößen haben jedoch beide Konzepte einen starken direkten Einfluß auf die wirtschaftlichen Handlungen der Unternehmensführung und somit indirekt auch auf deren ökologische Auswirkungen. Dabei ist aber zu beachten, daß der antizipatorische Charakter der Shareholder Value-Philosophie, besonders die Zukunftsorientierung und die nachhaltige Wertsteigerung, mehr Gemeinsamkeiten mit dem Postulat der Öko-Effizienz[6] haben als das vergangenheitsorientierte und von künstlichen Normen[7] geprägte finanzielle Rechnungswesen.

---

6 Öko-Effizienz ist generell ausgedrückt das Verhältnis der ökonomischen Performance zur ökologischen Performance (SCHALTEGGER & STURM 1990, 1992; SCHMIDHEINY 1992).

7 Dies betrifft sowohl nationale (z.B. das deutsche Handelsgesetzbuch HGB oder das Schweizer Obligationenrecht OR) als auch internationale Rechnungswesennormen (z.B. EU-Richtlinien, International Accounting Standards IAS).

3. Probleme

Die Philosophie des Shareholder Value-Konzepts birgt aber auch bedeutende Probleme. So spielen die Erwartungen von Investoren und Management eine wesentliche Rolle bei der Bestimmung des anzuwendenden Diskontsatzes und der Abschätzung zukünftiger Cash-flows. Vermögen die Erwartungen die Zukunft nicht ausreichend zu antizipieren (z.B. durch Vernachlässigung der zukünftigen finanziellen Auswirkungen von heute verursachten Altlasten), so entspricht der berechnete nicht dem tatsächlichen Shareholder Value. Auch Werte, die in ferner Zukunft liegen, werden meist nicht ausreichend berücksichtigt. Dies weil aufgrund der Wirkung der Diskontierung in der Praxis eine grundsätzliche Beschränkung des Betrachtungszeitraumes auf fünf bis max. 10 Jahre erfolgt. In diesem Fall besteht die Gefahr von Management- und Investitionsfehlentscheidungen. Es ist deshalb vor einer unreflektierten Anwendung des Shareholder Value-Konzepts zu warnen.

In der unternehmerischen Praxis hat das Shareholder Value-Konzept stark an Bedeutung gewonnen (vgl. z.B. VOLKART 1995). Dies beruht auf der impliziten Einschätzung, daß Erwartungsfehler ein geringeres Problem darstellen als die Vergangenheitsorientierung und die (potentielle) Informationsverzerrung des Rechnungswesens. Diese Einschätzung dürfte im wesentlichen durch die unterschiedliche Transparenz der Informationsentstehung begründet sein. So sind beim Rechnungswesen die Wirkungen einer Vielzahl von Normen und Praktiken gesamthaft zu beurteilen. Beim Shareholder Value müssen jedoch nur wenige Variablen (Prognose der freien Cash-flows, Diskontierungs-, Zins- und Risikofaktor) beachtet werden, wodurch die Übersicht steigt. Die Wirkungen der Rechnungswesenstandards auf das Unternehmensergebnis sind fast nur durch ausgewiesene Rechnungswesenfachleute analysierbar (vgl. z.B. TABAKOFF 1995, 30). Für die Investoren und die Unternehmensführung besteht demgegenüber mehr Transparenz bei den der Berechnung des Shareholder Value zugrundegelegten Annahmen.

IV. Welche Art von betrieblichem Umweltmanagement steigert den Shareholder Value?

1. Werttreiber

Im folgenden wird untersucht, welche Art von betrieblichem Umweltmanagement entweder zu einer Steigerung oder einer Minderung des Shareholder Values führt. In letzterem Fall geht es darum, die „Vernichtung“ von Shareholder Value möglichst klein zu halten.[8]

Mit seiner strikten Ausrichtung auf Effizienz bevorzugt das Shareholder Value-Konzept grundsätzlich ökonomisch effizienten Umweltschutz. Dieser zeichnet sich dadurch aus, daß der gewünschte Schutz der Umwelt mit möglichst geringen Kosten oder Kosteneinsparungen oder gar zusätzlichen Gewinnen erreicht wird. Dies entspricht dem Postulat der Öko-Effizienz.[9]

Folgen wir dem Konzept von RAPPAPORT (1995), so kann eine Beurteilung von unternehmerischen Maßnahmen anhand der sogenannten „Werttreiber“ (Value Drivers) und den damit zusammenhängenden Managemententscheidungen bezüglich Investitionen, operativem Management und Finanzierung erfolgen (Abbildung 2).

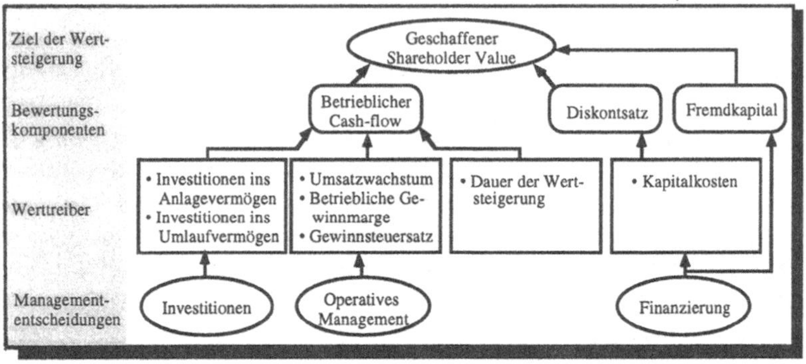

Abb. 2: Werttreiber des Shareholder Value (vgl. RAPPAPORT 1995).

---

8 Eine Anwendung des Rappaport-Konzepts zum Shareholder Value auf das betriebliche Umweltmanagement nimmt ELLIPSON (1995) unter dem Begriff „Value Based Environmental Management“ vor.

9 Eine Umweltschutzmaßnahme ist dann öko-effizient, wenn eine möglichst große Umweltentlastung pro Geldeinheit Umweltschutzkosten, Kosteneinsparung oder Ertragssteigerung erzielt wird.

Zu den Werttreibern des Shareholder Value gehören:

- Investitionen ins Anlagevermögen
- Investitionen ins Umlaufvermögen
- Umsatzwachstum
- Betriebliche Gewinnmarge und Gewinnsteuersatz
- Dauer der Wertsteigerung
- Kapitalkosten

Die Werttreiber werden je nach Unternehmensart und -größe unterschiedlich stark durch ökologische Aspekte beeinflußt (ELLIPSON 1995, 1996). Ökologisch induzierte Investitionen sind zum Beispiel Kläranlagen (Anlagevermögen), aber auch die dazugehörigen Betriebsmittel wie Natronlaugen zur Neutralisierung von Säuren (Umlaufvermögen).

Das Umsatzwachstum und die betriebliche Gewinnmarge können zum Beispiel durch „grüne" Produktelinien beeinflußt werden. Ergänzend bemißt sich die Dauer der Wertsteigerung an der Frage, wie lange eine über der Marktrendite liegende Rendite, eine sogenannte *Überrendite*, erzielt werden kann (vgl. RAPPAPORT 1995). Im Unterschied zu diesen Werttreibern beeinflussen die Kapitalkosten nicht die Bewertungskomponente Cash-flow, sondern den Diskontsatz. Die gewichteten Kapitalkosten werden als „Weighted Average Costs of Capital" (WACC) aus Fremdkapitalzinsen und Eigenkapitalkosten berechnet. Bei der Ermittlung der Kapitalkosten wird das eingegangene, auch das ökologisch induzierte Risiko durch die Höhe des Diskontierungsfaktors implizit berücksichtigt.

2. Investitionen

Im Rahmen des betrieblichen Umweltmanagements haben Investitionsentscheidungen eine große Bedeutung. Dies nicht nur, weil sie viel Kapital binden, sondern auch, weil sie einen langfristigen strukturellen Einfluß auf Produktionsweisen und damit Arbeitsabläufe, Entscheidungswege, Fachkompetenzen usw. haben. Investitionsentscheidungen spiegeln immer auch die unternehmerische Einschätzung der Zukunft der ökologischen Rahmenbedingungen wider.

Die Wirtschaftlichkeit des betrieblichen Umweltschutzes kann grundsätzlich anhand von *Kostenwirksamkeitsanalysen* beurteilt werden. Dabei werden die Kosten pro reduzierte Umweltverschmutzungseinheit verglichen.[10] Im Fall von bestimmten Einzelemissionen wäre die vergleichende Maßgröße zum Beispiel Kilogramm Schwefeldioxid pro Franken Kosten. Schwieriger wird der Vergleich, wenn mit einer Umweltschutzmaßnahme nicht nur eine, sondern eine Anzahl von Emissionen reduziert wird. Dann empfiehlt sich eine Gewichtung der reduzierten Emissionen im Hinblick auf das anvisierte Umweltproblem.[11]

Eine ausschließliche Betrachtung der Kosten von Umweltschutzmaßnahmen kann allerdings zu einer Vernachlässigung der aus Sicht der Eigentümer relevanten Kapitalrentabilität führen. Deshalb empfiehlt sich eine Analyse der Wirkungen von Umweltschutzinvestitionen auf die Werttreiber des Shareholder Values, insbesondere auf die Investitionen ins Anlagevermögen und die Investitionen ins Umlaufvermögen.

a) Investitionen ins Anlagevermögen

Investitionen vermögen dann den Shareholder Value zu steigern, wenn sie eine Rendite abwerfen, die über den Kapitalkosten liegt.

Damit wird deutlich, daß vor allem kapitalintensive Investitionen in sogenannte End-of-the-pipe-Technologien, wie nachgeschaltete Luftfilter und Kläranlagen, den wirtschaftlichen Erfolg einer Unternehmung schmälern (ELLIPSON 1997). Dies einerseits, weil sie einen hohen Kapitalbedarf aufweisen (z.B. Installation eines Elektrofilters) und andererseits, weil sie in der Regel hohe Betriebskosten verursachen (z.B. Stromkosten und Sondermüllgebühren zur Entsorgung des Filterstaubs) und meist keinen Erlös erzielen.

Die Shareholder Value-Konzeption bevorzugt gemäß diesem Werttreiber einen *kapitalextensiven Umweltschutz*. Bei Umweltschutzinvestitionen sollte deshalb der Fokus tendenziell auf Maßnahmen mit geringem Anlagevermögen liegen. Bei anlagenintensive Maßnahmen ist auf eine entsprechend hohe Rentabilität zu achten.

---

10 Es sind selbstverständlich neben den Investitionen auch die direkten und indirekten Betriebskosten bzw. Kosteneinsparungen zu berücksichtigen.

11 Für ein unter Naturwissenschaftern weitgehend akzeptiertes umweltproblemorientiertes Gewichtungs- bzw. Klassifikationsmodell vgl. HEIJUNGS ET AL. (1992). Für Anwendungsbeispiele dieses Konzepts im Kontext des betrieblichen Öko-Controllings vgl. SCHALTEGGER & STURM (1995).

b) Investitionen ins Umlaufvermögen

Ein weiterer Werttreiber des Shareholder Values sind die Investitionen ins Umlaufvermögen. Auch Maßnahmen, die Materialkosten (Einkauf), Lagerkosten, Verschleiß von Produktionsanlagen, usw. reduzieren, haben einen Einfluß auf den Shareholder Value. Dies ist besonders im Zusammenhang mit integrierten Umweltschutztechnologien wie Prozeßoptimierungen von Bedeutung (ELLIPSON 1997). Kann eine *Produktivitätserhöhung* durch einen geringeren Verbrauch von Rohstoffen und Halbfabrikaten und demnach einer *geringeren Durchlaufmenge (Throughput)* durch die Produktionsanlagen erzielt werden, so lassen sich ökonomische und ökologische Effizienzsteigerungspotentiale ausschöpfen (vgl. z.B. BUM/UBA 1996; EPSTEIN 1996; SCHALTEGGER ET AL. 1996; SCHALTEGGER & MÜLLER 1997).

Gemäß Shareholder Value-Konzept besonders attraktiv sind demnach kapitalextensive Investitionen zur Steigerung des Wirkungsgrades bzw. der Produktivität von Fertigungsverfahren.

3. Operatives Management

Der Einfluß des operativen Managements auf den Shareholder Value wird in erster Linie durch die *Entwicklung des Umsatzes*, die *betriebliche Gewinnmarge* und den *Gewinnsteuersatz* bestimmt. Von ausschlaggebender Bedeutung ist dabei die Kombination dieser Faktoren. So kann sich beispielsweise auch bei steigenden Umsätzen unter der Annahme gleichbleibender Besteuerung der Shareholder Value verringern, wenn der Umsatzzuwachs von einem Margenverfall begleitet ist. Gleichzeitig darf aber auch nicht automatisch von rückläufigen Umsätzen auf ein Sinken des Shareholder Values einer Firma geschlossen werden.

Die Erhöhung des Umsatzes und der Gewinnmarge bedingen eine Nutzensteigerung für die Abnehmer oder ein Marktwachstum. Dabei können ökologische Attribute besonders im Konsumgütermarkt einen wesentlichen Beitrag leisten. Umsatzwachstum und betriebliche Gewinnmarge werden von der *allgemeinen Entwicklung der Branche* und der *Wettbewerbsposition der Unternehmung* innerhalb der Branche bestimmt (vgl. PORTER 1989). Beide Faktoren können durch ökologische Faktoren nachhaltig beeinflußt werden (vgl. z.B. DYLLICK ET AL. 1994).

Boomende Branchen führen in der Regel auch bei den jeweiligen Unternehmen der Branche zu steigenden Umsätzen und hohen Margen. Unternehmen, die sich in stagnierenden Branchen befinden, haben in der Regel hingegen auch mit Umsatzverlusten und meist, bedingt durch zunehmende Konkurrenz, mit einem Margenverfall zu kämpfen.

Einzelne Unternehmen können ihren Shareholder Value durch eine Verbesserung ihrer Wettbewerbsposition zusätzlich steigern. In Anlehnung an PORTER (1989) kann grundsätzlich zwischen den Strategien der *Preisführerschaft* und der *Differenzierung* zur Verbesserung der Wettbewerbsposition gegenüber den Konkurrenten einer Branche unterschieden werden. Ökologische Faktoren können einen materiellen Einfluß auf beide Strategien haben.

Eine *Preisführerschaft* kann unter anderem durch Kostensenkungen erreicht werden, die Spielraum für eine kompetitive Preisgestaltung geben. In dem Maße, in dem es zu einer zunehmenden Internalisierung externer ökologieinduzierter Kosten, das heißt zu einer Kongruenz von gesamtgesellschaftlichen und betrieblichen Kosten kommt, harmoniert das betriebswirtschaftliche Ziel einer Kostenreduktion mit dem ökologischen Ziel einer Umweltentlastung. Es kann daher davon ausgegangen werden, daß, eine entsprechende zukünftige Internalisierung externer Kosten vorausgesetzt, die Strategie der Preisführerschaft durch entsprechendes Umweltmanagement in Zukunft an Bedeutung gewinnen wird.

Besonders in sehr kompetitiven Märkten kann einem Margenverfall durch die Strategie der *Differenzierung* entgegengewirkt werden. Gerade in einer Zeit erhöhten Umweltbewußtseins, die sich durch eine größere Zahlungsbereitschaft für umweltfreundliche Produkte auszeichnet, bietet sich in etlichen Märkten eine „grüne" Differenzierung an. In bestimmten Fällen kann sich eine Unternehmung durch eine Zertifizierung nach ISO 14000 oder nach EMAS gegenüber der Konkurrenz abheben. So stellen beispielsweise immer mehr Unternehmungen entsprechende Anforderungen an ihre Lieferanten.

Des weiteren erhalten besonders fortschrittliche umweltfreundliche Technologien („Clean Technologies") oft *steuerliche Vergünstigungen* (schnellere Abschreibung, Subventionen usw.). Diese zusätzlichen Einnahmen oder reduzierten Kosten führen ebenfalls zu einer verbesserten Gewinnmarge (ELLIPSON 1997).

Ökologische Faktoren können auch einen substantiellen Einfluß auf die *steuerliche Belastung* von Unternehmen haben. Gewinnsteuern spielen in diesem Zusammenhang in der Regel nur eine sekundäre Rolle, da eine steuerliche Differenzierung zwischen den Erträgen umweltfreundlicher und umweltbelastender Unternehmen (noch) nicht stattfindet.

Andere Steuern und Abgaben, wie beispielsweise Gewerbekapital- und Energiesteuern oder Stickstoffabgaben, können neben einer ökologischen auch eine ökonomische Relevanz haben.[12] So kann beispielsweise der Einbau eines nachgeschalteten Filters nicht nur zu einem Ansteigen des Anlagevermögens, sondern auch zu steigenden Unterhalts-, Wartungs- und Entsorgungskosten führen. Die steuerliche Belastung von Gewerbekapital kann somit eine weitere ökologieinduzierte Verminderung des Shareholder Values nach sich ziehen.

Das sich aber auch bei den heutigen umweltpolitischen Rahmenbedingungen Kosten durch Umweltschutzmaßnahmen sparen lassen, hat in den letzten Jahren zum Beispiel die chemische Industrie gezeigt, die durch starke Effizienzsteigerungen heutige und zukünftige Kosten- und Umweltbelastungen reduzieren konnte. Generelle Beispiele wären Kosteneinsparungen durch Abfallvermeidungs- sowie Energie- und Wassersparmaßnahmen. Um den Einfluß der Realisierung oder Unterlassung unterschiedlicher Umweltschutzmaßnahmen auf den wirtschaftlichen Erfolg einer Unternehmung berechnen zu können, ist eine *moderne Kostenrechnung* und ein darauf aufbauendes Öko-Controlling eine „conditio sine qua non" (vgl. z.B. GÜNTHER 1996, HALLAY & PFRIEM 1995; HUMMEL 1997; SCHALTEGGER & KEMPKE 1996; SCHALTEGGER & STURM 1995). Daß besonders integrierte Umweltschutzmaßnahmen durchaus beträchtliche und auch für das Management oft unerwartete Kosteneinsparpotentiale haben können, wurde in den letzten Jahren mit der Entwicklung von Umweltkostenrechnungsmethoden und ihrer Anwendung in der Praxis aufgezeigt (vgl. z.B. BUM/UBA 1996; EPSTEIN 1996; FICHTER ET AL. 1997; FISCHER ET AL. 1997; SCHALTEGGER ET AL. 1996). Von besonders großer Bedeutung sind dabei die durch Reststoffe verursachten indirekten Produktionskosten.

Definiert das Management, wie es in vielen Unternehmungen üblich ist, die innerbetrieblich anfallenden Umweltkosten als die *Kosten des nachsorgenden, additiven Umweltschutz* (vor allem End-of-the-pipe-Anlagen) und wird die Kostenrechnung entsprechend ausgestaltet, so wird jede Umweltschutzmaßnahme als kostentreibend ausgewiesen und empfunden (vgl. Abbildung 3). Aus dieser Perspektive ergibt sich nur die ökonomische Folgerung, weitere Umweltschutzmaßnahmen zu verhindern.

---

12 Es muß in diesem Zusammenhang allerdings erwähnt werden, daß die Gewerbekapitalsteuer in Deutschland sehr wahrscheinlich abgeschafft werden wird.

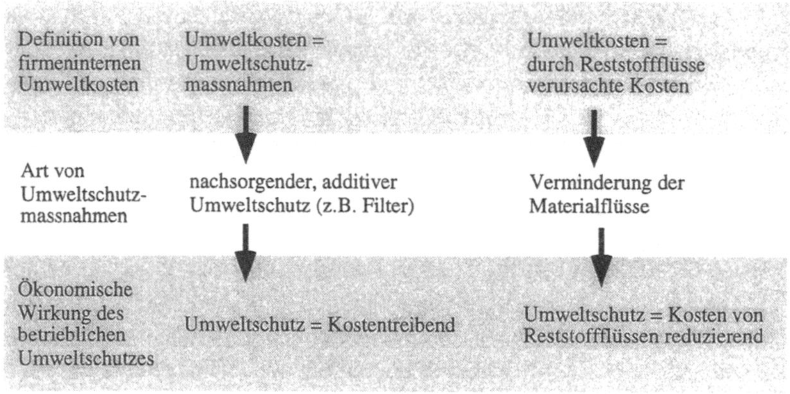

Abb. 3: Unterschiedliche Perspektiven von Umwelt- und Umweltschutzkosten

Diese Sichtweise vernachlässigt jedoch den Tatbestand, daß auch betriebliche Umwelteinwirkungen (vielfach sehr große) Kosten verursachen (z.B. durch Materialeinkauf, Handling, Gebühren usw.) und daß diese Kosten in den letzten zwei Jahrzehnten maßgeblich angestiegen sind. Des weiteren verhindert dieser Kostenrechnungsansatz schon konzeptionell eine Steigerung der Öko-Effizienz, das heißt einer gleichzeitigen Verbesserung der ökonomischen und ökologischen Performance einer Unternehmung.

Werden hingegen *die durch Reststoffflüsse (z.B. Abfälle, Emissionen udgl.) verursachten Kosten als Umweltkosten* definiert, so ist jede Maßnahme, die zu einer Verminderung der Materialflüsse (des Throughput) führt, als Umweltschutzmaßnahme zu deklarieren. Solche Umweltschutzmaßnahmen führen damit sowohl zu einer Entlastung der unternehmensexternen Umwelt als auch der unternehmensinternen Kostenrechnung. Dabei handelt sich um eine Vielzahl von Kostenfaktoren bestehend aus Kosten des Einkaufs, der Lagerung, der Logistik und der Behandlung von Materialien, die im Leistungserstellungsprozeß zu Abfall werden. Diese Kosten übertreffen die Kosten des nachsorgenden Umweltschutzes in der Regel um ein Vielfaches (vgl. z.B. FISCHER ET AL. 1997; SCHALTEGGER & MÜLLER 1997). Der wesentliche Vorteil dieser zweiten Perspektive ist, daß innovativer Umweltschutz und eine Steigerung der betrieblichen Öko-Effizienz immer dann gefördert wird, wenn die Kosten einer Umweltschutzmaßnahme kleiner sind als die tatsächlichen Kosteneinsparungen durch die Reduktion von Materialflüssen (Throughput).[13]

4. Finanzierung

Die Finanzierungskosten und -möglichkeiten können einen großen Einfluß auf den Shareholder Value ausüben. Die diesbezügliche Bedeutung des betrieblichen Umweltschutzes wurde von den Banken und Versicherungen in der Vergangenheit stark unterschätzt. Neue Umweltschutzregulierungen und verschärfte Haftungsregelungen haben in den letzten Jahren besonders auch in den Vereinigten Staaten zu einer ökologieinduzierten Erhöhung der Kosten und Risiken der Kreditvergabe geführt. Eine verstärkte Differenzierung zwischen umweltfreundlichen und umweltbelastenden Unternehmen durch die Kreditinstitute zeichnet sich ab. Durch staatlich subventionierte Kredite und Förderprogramme werden die Unterschiede zwischen den Konditionen bei der Fremdfinanzierung von Unternehmen weiter verschärft. Auch haben etliche Investoren begonnen, ökologische Aspekte im Anlagegeschäft zu berücksichtigen.

Der Diskontierungssatz zur Berechnung des Shareholder Values entspricht den gewichteten Kapitalkosten und setzt sich aus den gewichteten Kosten des Fremdkapitals (FK) nach Steuern und des Eigenkapitals (EK) zusammen:

$$\text{Gewichtete Kapitalkosten} = \frac{FK}{FK + EK}\,\text{FK-Kosten} + \frac{EK}{FK + EK}\,\text{EK-Kosten}$$

Naheliegendes Beispiel zur Senkung der Fremd- und Eigenkapitalkosten durch besondere Umweltfreundlichkeit sind die geringeren Zinskosten von Umweltkrediten, die Aufnahme in Umweltfonds, ethische Anlagen usw. Dieser durch ein gutes Umweltmanagement erzielbarer Kostenvorteil kann als „grüner Bonus" umschrieben werden. Allerdings bedeutet dieser in der Vergangenheit stark betonte Effekt, daß die Investoren freiwillig einen Renditeverzicht in Kauf nehmen. Dies ist jedoch keiner auf dem Konzept der Öko-Effizienz beruhender Zusammenhang.

---

13 Für eine ausführlichere Diskussion vgl. SCHALTEGGER ET AL. (1996), bzw. für ein detaillierteres Beispiel: SCHALTEGGER & MÜLLER (1997).

Von wesentlich größerer Bedeutung ist demnach der unmittelbare Einfluß von Umweltrisiken auf die Kapitalkosten (vgl. zum Beispiel VAUGHAN 1994, S. 39-58 und S. 83-94). Drohende Umweltrisiken können zu einer Erhöhung der Fremdkapitalzinsen und damit zu einem höheren Diskontierungssatz und niedrigerem Shareholder Value führen. Das Umweltrisiko einer Unternehmung findet allerdings auch in den Eigenkapitalkosten der Unternehmung seinen Niederschlag. Dabei muß zwischen *systematischen* und *unsystematischen* Risiken unterschieden werden.

Unsystematische Risiken können wegdiversifiziert werden und werden daher, laut dem Capital Asset Pricing Modell (CAPM), vom Kapitalmarkt nicht entschädigt.[14] Dies ist darauf zurückzuführen, daß es durch die Kombination einer ausreichend großen Anzahl von Risiken zu einem Risikoausgleich kommt und für den Investor aus einer Menge risikobehafteter Titel ein sicheres Portefeuille wird. Liegt nun aber in bezug auf das ganze Portefeuille eine Situation der Sicherheit vor, ist eine Preisdifferenzierung zu einer einzelnen sicheren Wertschrift nicht mehr nötig. Die für das ganze Portefeuille geforderte Rendite entspricht der Rendite einer sicheren Wertschrift.

Daß die Eigenkapitalkosten nun aber meist über dem Zinssatz für eine risikofreie Anlage liegen, ist darauf zurückzuführen, daß sich in der Regel auch durch die Zusammenstellung eines ausreichend großen Portefeuilles nicht alle Risiken (z.B. Konjunkturrisiken) wegdiversifizieren lassen. Der Grund hierfür sind *systematische* Risiken.[15] Systematische Risiken entstehen dadurch, daß verschiedene Unternehmen gleichartigen Risiken ausgesetzt sind. Materialisiert sich ein solches Risiko bei einem Unternehmen, steigt auch die Wahrscheinlichkeit, daß sich ein gleichartiges Risiko bei einem zweiten Unternehmen niederschlägt.[16]

Volatile Energiepreise stellen beispielsweise aus ökonomischer Sicht ein Risiko dar. Dieses Risiko hat einen stark systematischen Charakter, da ein Ansteigen des Preises eines Energieträgers (z.B. durch eine CO_2- oder Energiesteuer) meist durch Preisanstiege anderer Energieträger begleitet wird. Dies gilt, wegen der zunehmenden Nachfrage, auch für regenerative Energieträger.

---

14 Vgl. zum Capital Asset Pricing Modell SHARPE (1964) und LINTNER (1965).

15 Für eine ausführliche Diskussion des Risikobegriffs im ökologischen Kontext vgl. FIGGE (1997).

16 Der Grad der Systematisierung, d.h. das Ausmaß, in dem ein Unternehmen auf solche gemeinsamen Risiken reagiert, wird hierbei durch das sogenannte „Beta" wiedergegeben.

Praktisch alle Unternehmen brauchen zur Erstellung ihrer Produkte oder Dienstleistungen nun aber Energie. Von steigenden Energiepreisen werden daher (fast) alle Unternehmen eines Marktes simultan ökonomisch betroffen. Ein solches Risiko läßt sich daher nicht vollständig wegdiversifizieren und wird, abhängig vom Ausmaß in dem die Unternehmen von diesem systematischen Risiko betroffen sind, zu einer Erhöhung der Eigenkapitalkosten führen.

Es wird in diesem Zusammenhang meist übersehen, daß sich besonders *ökologieinduzierte Risiken* durch einen *hohen systematischen Anteil* auszeichnen (vgl. FIGGE 1996, 1997; MÜLLER 1996). Die einzige Möglichkeit, die ökonomischen Folgen systematischer Risiken zu reduzieren, ist, das Ausmaß mit dem eine Unternehmung von einem systematischen Risiko betroffen ist, zu vermindern. Im betrieblichen Umfeld kann dies wiederum durch Effizienzsteigerungen erreicht werden.

Die Einführung einer Energiesteuer (wie auch anderer Umweltsteuern, Gebühren usw.) stellt daher ein solches systematisches ökonomisches Risiko dar, das durch Diversifizierung nur sehr beschränkt beseitigt werden kann. Eine wirksame, kosteneffiziente Absicherung dieses Risikos ist in der betrieblichen Praxis deshalb nicht möglich. Besonders energieintensiv wirtschaftende Unternehmen sind der Gefahr wechselnder Energiepreise folglich besonders ausgesetzt. Die einzige Shareholder Value-steigernde Möglichkeit des Umgangs mit diesem Risiko ist es, weniger energieintensiv zu produzieren. Dies kann am besten durch eine Steigerung der Energieeffizienz erreicht werden.

5. Dauer der Wertsteigerung

Als zukunftsorientiertes Konzept berücksichtigt der Shareholder Value-Ansatz auch zukünftige Preis-, Absatz- und Kostenentwicklungen. Hierbei wird davon ausgegangen, daß sich die erzielbaren Renditen einer Strategie oder Investition langfristig den Kapitalkosten annähern werden und damit ab einem gewissen Zeitraum keine Steigerung des Shareholder Value mehr möglich ist. Neben der Höhe der erzielbaren Renditen muß daher auch die Zeitdauer bestimmt werden, während der sich eine die Marktrendite übersteigende Rendite (sog. Überrendite) realisieren läßt.

Eine weitere Möglichkeit, den ökonomischen Erfolg einer Unternehmung zu steigern, ist daher, die Dauer der Wertsteigerung zu erhöhen. Diesem Faktor kommt gerade im ökologischen Bereich große Bedeutung zu. Unökologische Produkte, die heute die Erzielung von Überrenditen erlauben und damit

Shareholder Value-steigernd sind, können sich schon morgen als Belastung für den Shareholder Value herausstellen, wenn früher als erwartet ökologieinduzierte Preis- und Absatznachlässe hingenommen werden müssen. Gelingt es auf der anderen Seite, den Zeitraum zu verlängern, während dessen sich eine Überrendite erzielen läßt (z.B. durch ökologische Innovationen, die eine Preisprämie erlauben), so resultiert eine Steigerung des Shareholder Values.

V. Folgerungen für das betriebliche Umweltmanagement

1. Folgerungen für das operative Umweltmanagement

Soll das Umweltmanagement den wirtschaftlichen Erfolg einer Unternehmung gezielt steigern, so muß es auf die Werttreiber des Shareholder Values ausgerichtet werden. Shareholder Value-steigernder Umweltschutz entspricht auch dem Postulat der Öko-Effizienz.

Anhand einer Shareholder Value-orientierten Analyse der betrieblichen Umweltschutzes können einerseits operative Folgerungen für das betriebliche Umweltmanagement gezogen werden und andererseits können unterschiedliche ökonomische Wirkungen von Umweltschutzmaßnahmen quantitativ beurteilt und gegeneinander abgewogen werden.[17]

Ein fortschrittliches betriebliches Umweltmanagement kann den wirtschaftlichen Erfolg, gemessen am Shareholder Value, um so mehr erhöhen je:

- mehr Kostenwahrheit besteht, das heißt externe Kosten internalisiert sind (z.B. über Lenkungsabgaben usw.) und je
- besser eine zukünftige Internalisierung von Umweltrisiken antizipiert wird (z.B. zukünftig anfallende Kosten einer in Zukunft zu sanierenden Altlastendeponie).

Der Shareholder Value-Ansatz bewertet selbstverständlich nur Maßnahmen positiv, die sich tendenziell durch folgende Eigenschaften kennzeichnen:

- *Kapitalextensiv:* Software statt Hardware („intelligentere", kleinere, billigere Anlagen)

17 Ein Beispiel hierfür findet sich in MÜLLER & WITTKE (1997).

- *Materialarm:* Reduktion der Durchlaufmenge (geringere Einkaufs-, Lager- und Abschreibungskosten)
- *Umsatzsteigernd:* Nutzen- und Interessesteigerung bei Nachfragern (wünschenswertere Leistungen für mehr Nachfrager)
- *Margenerhöhend:* Nutzensteigerung für Nachfrager und Senkung der Kosten der Leistungserstellung (höhere Preise durch Nutzensteigerung und geringere Betriebskosten durch Steigerung der betrieblichen Effizienz)
- *Finanzzuflußsichernd:* Vertrauen des Kapitalmarktes (geringere und weniger systematische Risiken sowie unter Umständen „grüner Bonus")
- *Langfristig wertsteigernd:* Antizipierung zukünftiger Kosten- und Ertragspotentiale

2. Gesamtheitliche Beurteilung unterschiedlicher ökonomischer Wirkungen des Umweltmanagements

Der Einbezug des Shareholder Value-Konzepts bei der Ausgestaltung des betrieblichen Umweltmanagements ermöglicht die Integration der relevanten Parameter einer ökonomischen Entscheidung in *ein* Konzept.

Bei der Beurteilung des Cashzu- und des Cashabflusses durch alternative Maßnahmen ist der Einfluß auf die verschiedenen Werttreiber bzw. auf folgende drei Parameter zu berücksichtigen (Abbildung 4):

- Prognostizierter/geplanter Kapitaleinsatz
- Diskontierungsfaktor
- Prognostizierter Cash Flow

Legt das Management beispielsweise seinen Entscheidungen ausschließlich den erwarteten Ertrag zugrunde, so riskiert es erstens, eine Investition zu tätigen, die zwar den absolut höchsten, im Vergleich zum erforderlichen Kapitaleinsatz aber nur einen niedrigen Ertrag erwarten läßt und somit nur eine schlechte Rendite aufweist. Es ist zweitens möglich, daß mit einer Investition nicht nur ein hoher Ertrag, sondern auch ein hohes Risiko verbunden ist, das durch den Ertrag womöglich nicht ausreichend entschädigt wird.

Der zusätzliche Unternehmenswert wird nicht so sehr durch den absoluten zusätzlichen Ertrag oder Gewinn, sondern vielmehr durch die relative, um das erwartete Risiko adjustierte, zusätzliche Rendite bestimmt. Der wirtschaftliche Erfolg wird immer dann gesteigert, wenn eine Rendite erzielt wird, die über den Kapitalkosten liegt. Diesbezüglich bietet das Shareholder Value-Konzept eine ex ante Bewertungsmethodik zur impliziten Integration relevanter ökonomischer Entscheidungsparameter.

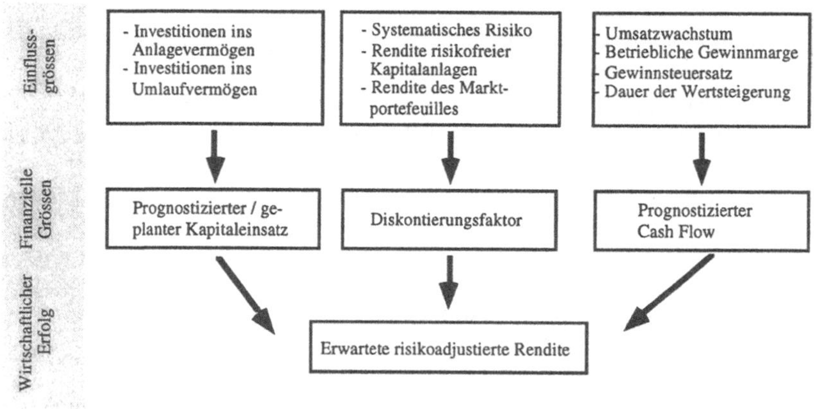

Abb. 4: Integrierte ökonomische Beurteilung von Umweltschutzmaßnahmen

Zusammenfassend können wir festhalten, daß zu den besonderen Erkenntnissen eines auf eine Steigerung des Shareholder Values ausgerichteten Umweltmanagements einerseits die Systematik gehört, mit der anhand der Werttreiber die ökonomischen Wirkungen des Umweltmanagements beurteilt werden können. Wichtig ist andererseits auch die Möglichkeit, konfliktäre finanzielle Wirkungen ex ante quantitativ zu beurteilen und gegeneinander abzuwägen.

3. Grenzen eines Shareholder Value-orientierten Umweltmanagements

Ein Shareholder Value-steigerndes Umweltmanagement steht in Einklang mit einer marktwirtschaftlichen Umweltpolitik und dem Postulat der Öko-Effizienz. Es führt allerdings nicht zu einem ökologisch weitreichenderem Umweltschutz als es die rechtlichen, politischen und marktlichen Rahmenbedingungen zulassen.

Gerade im Zusammenhang mit dem betrieblichen Umweltmanagement ist das Shareholder Value-Konzept aber auch mit ökonomisch und gesellschaftlich bedingten Problemen konfrontiert (vgl. auch VOLKART 1995). Neben dem Umstand, daß die finanzielle Liquidität nicht explizit in die Berechnung des Shareholder Values Eingang findet, können auch Probleme auftreten, wenn eine Unternehmung gewisse Risiken zum Beispiel aufgrund ihrer Größe nicht wegdiversifizieren kann. Handelt es sich hierbei um unsystematische Risiken, fließen sie in die Berechnung des Diskontierungsfaktors nicht mit ein, da sie aus Sicht der Anleger wegdiversifiziert werden können und somit nicht relevant sind. Diese Risiken können aus Sicht des Managements gleichwohl relevant sein, wenn sie nicht unternehmensintern ausgeglichen werden können und den Erfolg der Unternehmung im selben Maße wie systematische Risiken beeinflussen.

Das Shareholder Value-Konzept berücksichtigt des weiteren nur ökonomische Risiken. Unternehmungen sind aber auch mit Risiken aus einem eventuellen Verlust der gesellschaftlichen Akzeptanz, d.h. der Legitimität unternehmerisch tätig zu sein, des Arbeitsklimas in der Firma usw. konfrontiert. In diesem Zusammenhang stellt die Tatsache, daß es keine explizite Analyse der sozialen Aspekte des betrieblichen Umweltschutzes und der betrieblichen Lernprozesse unterstützt, einen Mangel dar. Der Shareholder Value-Ansatz steht dem Postulat des Sustainable Development vor allem dann im Weg, wenn er als vorgeschobenes politisches Argument für einen Umverteilungskampf zwischen sozialen und ökologischen Interessen einerseits und Interessen der Kapitalgeber andererseits mißbraucht wird.

Die Unternehmungsführung, will sie im Markt und in der Gesellschaft erfolgreich sein, muß ihre Legitimität sicherstellen. Dies bedingt unter Umständen einen Verzicht auf Maßnahmen, die rein rechnerisch zur größten Steigerung des Shareholder Values führen. Selbst bei einer strikten ökonomischen Betrachtungsweise ist deshalb neben einer Shareholder Value Perspektive auch immer der *Optionswert* (vgl. BREARLY & MEYERS 1991; DIXIT & PINDYCK 1993), weiterhin unternehmerisch tätig sein zu können, zu berücksichtigen.

VI. Zusammenfassung

Die Gleichung „mehr betrieblicher Umweltschutz führt zu mehr wirtschaftlichem Erfolg“ ist in dieser generellen Form falsch. Nur ein an den Werttreibern des Shareholder Values und auf Öko-Effizienz ausgerichtetes betriebliches Umweltmanagement vermag den wirtschaftlichen Erfolg einer Unternehmung zu steigern. Dies erfordert eine systematische Analyse des Einflusses des betrieblichen Umweltmanagements auf die Werttreiber des Shareholder Values.

Dabei ist zu beachten, daß zu weiten Teilen *kein prinzipieller* Konflikt zwischen Shareholder Value und Umweltschutz besteht. Wird das Shareholder Value-Konzept in seinem eigentlichen Sinn als Methode zur Beurteilung des Unternehmenswertes verstanden und mit den herkömmlich verwendeten Kenngrößen des Rechnungswesens verglichen, so stellt es auch in seiner Bedeutung für das betriebliche Umweltmanagement eine wesentliche Annäherung an die Grundprinzipien der Öko-Effizienz dar. Ein richtig verstandenes Shareholder Value-kompatibles Umweltmanagement vermag bestehende Konfliktpotentiale zwischen Umweltzielen und finanziellen Zielen einer Unternehmung zu reduzieren. Auch gibt das Konzept klare Anhaltspunkte, welche Art von Umweltschutzmaßnahmen weshalb nachhaltig unternehmenswertsteigernd, deshalb prioritär umzusetzen und erwartungsgemäß mit weniger Vollzugsproblemen konfrontiert sind. Der vermehrte Einzug marktwirtschaftlicher Ansätze in die Umweltpolitik wird zu einer Vergrößerung der Überlappungsbereichs zwischen reiner Shareholder Value-Orientierung und Umweltschutz führen. Dabei ist allerdings zu beachten, daß in vielen Unternehmungen schon heute große Potentiale zur Verbesserung der Öko-Effizienz und zur Steigerung des wirtschaftlichen Erfolges genutzt werden können.

Zu den erforderlichen Voraussetzungen eines den wirtschaftlichen Erfolg einer Unternehmung steigernden Umweltmanagements gehören eine *moderne Kostenrechnung*, die die ökologieinduzierten finanziellen Wirkungen auf die Unternehmung korrekt ausweist. Werden die Kosten von Reststoffflüssen als Umweltkosten betrachtet, so vermögen materialflußmindernde Umweltschutzmaßnahmen deutliche größere Kostenreduktionen zu bewirken als in der Kostenrechnung bis anhin oft ausgewiesen wird. Problematisch ist besonders, wenn die indirekt verursachten Kosten von betrieblichen Umwelteinwirkungen (Einkauf, Handling und Behandlung von Material, das zu Abfall oder Emissionen wird) vernachlässigt werden.

Des weiteren ist eine Ausrichtung des betrieblichen Umweltschutzes auf den Shareholder Value notwendig. Bei der Beurteilung von unternehmensstrategisch bedeutenden Maßnahmen (bes. Investitionen) sind allerdings auch die konzeptionellen Mängel des Shareholder Value-Konzepts zu beachten. Besonders wichtig ist die zusätzliche Berücksichtigung der Legitimität der Unternehmung und des Optionswerts weiterhin unternehmerisch tätig zu sein.

Literaturverzeichnis

BREARLY, R. & MEYERS, S.: *Principles of Corporate Finance: Application of Option Pricing Theory,* New York (McGraw-Hill) 1991.

BUM/UBA (BUNDESUMWELTMINISTERIUM/UMWELTBUNDESAMT): *Handbuch Umweltkostenrechnung,* München (Vahlen) 1996.

COPELAND, T.; KOLLER, T. & MURRIN, J.: *Unternehmenswert. Methoden und Strategien für eine wertorientierte Unternehmensführung,* Frankfurt (Campus) 1993.

DITZ, D.; RANGANATHAN, J. & BANKS, D. (EDS.): *Green Ledgers. Case Studies in Corporate Environmental Accounting,* Washington D.C. (World Resource Institute) 1995.

DIXIT, A. & PINDYCK, R.: *Investment under Uncertainty, Princeton* (University Press) 1993.

DLUGOLECKI, A.: „An Insurer's Perspective". in: LEGGETT, J. (Ed.): *Climate Change and the Financial Sector,* München (Gerling Akademie Verlag) 1996, S. 64-81.

DYLLICK, T.; BELZ, F.; HUGENSCHMIDT, H.; KOLLER, F.; LAUBSCHER, R.; PAULUS, J.; SAHLBERG, M.; SCHNEIDEWIND, U.: *Ökologischer Wandel in Schweizer Branchen,* Bern (Haupt) 1994.

EFFAS Commission on Accounting (Ed.): *Eco-Efficiency and Financial Analysis. The Financial Analyst's View.* Authors: Müller, K.; de Frutos, J.; Schüssler, K-U.; Haarbosch, H & Randel, M., Paris (EFFAS) 1996.

EFFAS Commission on Accounting (Ed.): *Environmental Reporting and Disclosures. The Financial Analyst's View.* Authors: K. Müller, J. de Frutos, K-U. Schüssler und H. Haarbosch, Paris (EFFAS) 1994.

ELLIPSON: *Cibas Umweltstrategie,* Winter/Frühjahr 95/96, Basel (Ellipson AG) 1995.

ELLIPSON: *The Right Environmental Strategy Increases Shareholder Value,* Ellipson News Autumn/Winter 96/97, Basel (Ellipson AG) 1996.

ELLIPSON: *ISO 14000 - Implementing an Environmental Management System,* Basel (Ellipson AG) 1997.

FICHTER, K.; LOEW; T. & SEIDEL, E.: *Betriebliche Umweltkostenrechnung,* Berlin (Springer) 1997.

FIGGE, F.: *Vergleichende ökologieorientierte Bewertung von Unternehmen (Öko-Rating). Notwendigkeit, erste Ansätze, zukünftige Entwicklungen.* WWZ-Discussion Paper Nr. 9518, Basel (WWZ) 1995.

FIGGE, F.: „Öko-Rating. Aus methodischer Sicht verbesserungswürdig". in: *Blick durch die Wirtschaft,* 8.5.1996, 10.

FIGGE, F.: „Systematisierung ökonomischer Risiken durch globale Umweltprobleme", *Zeitschrift für angewandte Umweltforschung,* Nr. 2/97 (1997).

FISCHER, H.; WUCHERER, C.; WAGNER, B. & BURSCHEL, C.: *Umweltkostenmanagement,* München (Hanser) 1997.

HEIJUNGS, R.; GUINÉE, J.; HUPPES, G.; LANKREIJER, R.; UDO DE HAES, H. & SLEESWIJK, A.: *Environmental Life Cycle Assessment of Products. Guide and Backgrounds,* Leiden (CML) 1992.

HUMMEL, J.: *Strategisches Öko-Controlling,* Wiesbaden (Gabler) 1997.

LEGGETT, J. (Ed.): *Climate Change and the Financial Sector. The Emerging Threat, The Solar Solution,* München (Gerling Akademie Verlag) 1996.

MEFFERT, H. & BRUHN, M.: „Das Umweltbewußtsein von Konsumenten", *Die Betriebswirtschaft,* Nr. 5 (1996), S. 631-648.

MÜLLER, K. & WITTKE, A.: „The Ciba Case. The Financial Quantification of Environmental Strategies with Value-Based Environmental Management", in: S. SCHALTEGGER & A. STURM (Eds.): *Eco-Efficiency By Eco-Controlling,* Zürich (VDF) 1998.

JOHNSON, H. & KAPLAN, R.: *Relevance Lost. The Rise and Fall of Management Accounting,* Boston (Harvard University Press) 1987.

PORTER, M.: *Wettbewerbsstrategie,* Frankfurt (Campus) 1989

RAPPAPORT, A.: *Shareholder Value. Wertsteigerung als Maßstab für die Unternehmensführung,* Frankfurt (Schäffer-Poeschel) 1995.

ROTH, U.: *Umweltkostenrechnung,* Wiesbaden (Deutscher Universitätsverlag) 1992.

SCHALTEGGER, S.: *Marktwirtschaftliche Instrumente des Umweltschutzes,* Basel (WWZ) 1989.

SCHALTEGGER, S. UNTER MITARBEIT VON MÜLLER, K. UND HINDRICHSEN, H.: *Corporate Environmental Accounting,* Chichester / New York / Tokio (John Wiley & Sons) 1996.

SCHALTEGGER, S. & FIGGE, F.: *Umwelt und Shareholder Value,* Basel: WWZ/Sarasin Diskussionspapier Nr. 54, 1997.

SCHALTEGGER, S. & MÜLLER, K.: „Calculating the True Profitability of Pollution Prevention", *Greener Management International,* Vol. 17 (Spring 1997), S. 53-68.

SCHALTEGGER, S. & STURM, A.: „Ökologische Rationalität", *Die Unternehmung,* Nr. 4 (1990), S. 273-290.

SCHALTEGGER, S. & STURM, A.: *Ökologieorientierte Entscheidungen in Unternehmen,* Bern (Paul Haupt) 1992, (2. Auflage 1994).

SCHALTEGGER, S. & STURM, A.: *Öko-Effizienz durch Öko-Controlling,* Zürich/ Stuttgart (VDF / Schäfer Poeschel) 1995.

SCHMIDHEINY, S.: *Kurswechsel,* Frankfurt (Artemis & Winkler) 1992.

SCHMIDHEINY, S. & ZORRAQUIN, F. mit dem World Business Council for Sustainable Development: *Finanzierung des Kurswechsels.* Die Finanzmärkte als Schrittmacher der Ökoeffizienz, München (Vahlen) 1996.

TABAKOFF, N.: „Top Accountant Fights World of Standards“, *Australian Financial Review,* No. 3 (1995), S. 30.

THE ECONOMIST: „Valuing Companies. A Star to Sail By?“, *The Economist* (August 1997), S. 57-59.

VAUGHAN, S.: *Greening Financial Markets,* Geneva (UNEP) 1994.

VOLKART, R.: „Shareholder Value Management. Kritische Überlegungen zur wertorientierten Führung“, *Der Schweizer Treuhänder* (1995), Nr. 12, S. 1064-1067.

Teil V

Unternehmensführung und Shareholder Value-Kriterium aus der Sicht der Unternehmenspraxis

12. Kapitel

Shareholder Value und das Unternehmen als Idee und kreativer Prozeß

FRANCESCO TATÒ

I. Der Shareholder Value-Ansatz

Jedesmal, wenn eine Übereinkunft einstimmig gefaßt wird, überkommt mich der Verdacht, daß der Gegenstand der Übereinkunft von jedem in unterschiedlicher Weise verstanden wird. Und gleiches befürchte ich auch für das *Shareholder Value*, welches ein langfristiges Kriterium ist, jedoch manchmal dazu benutzt wird, um einen kurzfristigen oder spekulativen Ansatz zu rechtfertigen.

Die Börsenmärkte sind nicht Ausdruck der absoluten Wahrheit: es handelt sich um Prozesse, in denen sofortige Vorteile der Verwirklichung einiger Erwartungen bezüglich des zukünftigen *Cash Flow* erzielt werden können. Empirische Untersuchungen bestätigen uns: im kurzfristigen Zeitraum besteht ein geringer Zusammenhang zwischen dem Wert der Aktienquoten an der Börse und den effektiv erzielten Gewinne.

In der Tat gibt es Menschen, die unser Kriterium als einen Wegweiser für das *Cost Managing* beurteilen, oder als einen Hebel zur Begünstigung der Ablegungen, doch es gibt auch Menschen, die das Prinzip des *Shareholder Value* auf den langfristigen Zeitraum angewendet sehen, um die Interessen des *Stakeholders* zu garantieren. Sie sind der Meinung, daß die Unzufriedenheit der *Stakeholders*, allen voran die Angestellten, gegenüber dem Kriterium des *Shareholder Value* eine Frage ist, die mit einem Mangel an Kommunikation zusammenhängt. Für sie bedeutet *Good Business* de facto *Good Ethics*.

Die Ideologie Jeremy **Benthams**, unter dem Namen Utilitarismus bekannt, ist heute erneut in Mode geraten, doch Sie wissen besser als ich, was die Utilitaristen nicht wissen: nämlich daß ein Unternehmen, das ein am eigenen Kapital angemessenes *Cash Flow* erzielt, nicht zwangsläufig mit der Ethik der verschiedenen *Stakeholders* übereinstimmt, ob diese nun Angestellte, Kunden oder Lieferanten sind. Es besteht in keinem wirtschaftlichen Unternehmen jener Automatismus, den **Bentham** und seine vielleicht unwissenden modernen Anhänger als selbstverständlich ansehen.

Das Konzept und die Anwendung der Mittel, die sich aus dem Prinzip des *Shareholder Value* ergeben, wurden anfangs der ersten Hälfte der 80er Jahre bekannt.

Meines Erachtens sind die Gründe, die zu einer Bestätigung des *Shareholder Value* als Bewertungskriterium der gesamten *Performance* des Unternehmens geführt haben, hauptsächlich an die Veränderung in der technologischen und produktiven Struktur gebunden, die ab den 70er Jahren infolge der beiden Erdöl-*Shocks* und der Explosion der inflationistischen Phänomene eingetreten sind.

Die Erdöl-*Shocks* haben, indem sie die Austauschbeziehungen unter den Staaten zu Ungunsten der westlichen Welt verändert haben, unausgesprochen zu einer Verarmung ihrer Ökonomien geführt. Die Verspätung (die auf die Sachwertsicherung zurückzuführen ist) in der Anpassung der Löhne und der nicht streng genug ausgelegten Finanzpolitiken haben sich anhäufende inflationistische Prozesse ausgelöst.

Das Bestehen von restriktiveren Nachfragebedingungen und einer höheren Unsicherheit, die auf den inflationistischen Zusammenhang zurückzuführen ist, machten eine gegenüber der Vergangenheit strengere Festlegung der Kriterien für die Unternehmensstrategien notwendig. Dieses Bedürfnis wurde durch die Prozesse der **Globalisierung** der Weltwirtschaft noch weiter zugespitzt.

Es erscheint mir schwierig zu verstehen, daß diese Prozesse nicht durch den Wettbewerb mit Staaten mit enormen Wettbewerbsvorteilen, wie die asiatischen Länder, stimuliert worden sind. In einigen Kerngebieten (Fernmeldewesen, doch auch Strom) haben darüber hinaus jüngste technologische Veränderungen Wettbewerbsformen ermöglicht, die bis dahin nicht denkbar waren.

Der Wettbewerb hat die Nutzung der Maximierungskriterien des Gewinns in den Verhalten der Unternehmen glaubhafter gemacht.

Ein ähnlicher Effekt geht von der Deregulierung der Finanzsysteme aus. Denn durch das Androhen eines *Takeovers* übt das Finanzsystem stillschweigend eine Disziplinierungswirkung auf die Unternehmen aus und führt sie zu einer Maximierung des Wertes des Aktionärs.

Auf wissenschaftlicher Ebene hingegen hat die Entwicklung der Mittel, mit denen die Thematiken der unsymmetrischen Information und die Förderungsprobleme sowie die Lösung der hiermit zusammenhängenden Fragen angegangen wurden, eine neue Perspektive bezüglich der Beziehung zwischen Unternehmensmanagment und Aktionären eröffnet, hinsichtlich der Beziehungen des Unternehmens mit Drittinvestoren, sowie über die Beziehung zwischen Unternehmen und *Stakeholders*.

II. Das Unternehmen als Prozeß

All dies vorausgesetzt, erscheint mir als Unternehmer das Kriterium des *Shareholder Value* das einzige Mittel, um die Geschäftsführung eines Unternehmens zu sanieren. Ich glaube nicht, daß ein Unternehmen eine große Schachtel ist, in der Nummern miteinander kombiniert werden, und Bilanzen auf Bilanzen, womöglich auf schönem Bentham'schen Papier ausgedruckt werden. Ein Unternehmen ist ein Prozeß, in dem Arbeit durch Ideen und durch die Moralität einer Fülle von Individualitäten, die zusammenarbeiten, in Wert verwandelt werden. Und das Kriterium des *Shareholder Value* muß im Verlaufe dieses kooperativen Prozesses angewendet werden.

Jedes Unternehmen, welches die Arbeitkonflikte positiv zu lösen vermag, der Umwelt Achtung zuteil werden läßt, das Wert zu schaffen weiß oder die negativen Auswirkungen auf das Territorium, in dem es wirkt, vermindert, ist ein intelligentes Unternehmen. Es hat das Bewußtsein, daß die bestehenden produktiven Kräfte sowohl mit der äußeren als auch mit der internen Umwelt zusammenarbeiten müssen. Und spart somit in Kosten für Lohn- und Rechtsstreitigkeiten, investiert gleichzeitig in Image, und bildet somit eine kooperative Umwelt, die sicherlich auch das buchhalterische Ergebnis verbessert.

Es handelt sich um Werte, die unterschiedlich sind von denen, die an der Börse erscheinen; es handelt sich vielmehr um einen Bildungsprozeß jener Werte. Der Wert ist nicht ein Diebstahl, wie **Marx** dachte, doch ist er auch nicht eine automatische Glücklichkeit. Wenn wir heute wirklich die Arbeiter so im produktiven Prozeß einsetzen würden, wie **Marx** es gedacht hatte, so würden diese nichts leisten.

Das Unternehmen braucht nicht ihre Arbeitsenergie, sondern ihre bestehende Intelligenz.

Und wie schon **Schumpeter** sagte, ist der Unternehmer ein Schöpfer: Innovation ist vor allen Dingen eine Idee. Die Banken werden diese Schöpfung durch den Kredit unterstützen, der den zukünftigen Werten ermöglicht, vorzeitig zu bestehen, d.h. vorweggenommen zu werden; dies wird dem Unternehmer die Möglichkeit geben, die Risiken dieses Prozesses auf sich zu nehmen.

Das Unternehmen ist eine Idee, welche der Unternehmer verkörpert und anwendet, indem er mit der Natur und mit der Arbeit kooperiert. *Shareholder Value* ist das Kriterium, welches dieser Schöpfung Form gibt, und sie an langfristige Ergebnisse bindet, die der Unternehmer dann konsolidiert.

Dieses Kriterium erfordert ein positives *Cash Flow*, das in der Zukunftsperspektive den Wert für die *Shareholders* schafft. Das *Management* ist das Instrument dieser Gliederung, und es ist etwas anderes als die Ausarbeitung vorgefertigter Budgets, oder ein strafendes *Cost Management*. Das Unternehmen ist die Art und Weise, eine Betrachtungsweise zu verkörpern, eine Idee, welche immer weiter formalisiert, ich möchte sogar behaupten, sich in Form von Wert kristallisiert. Und das Können des Unternehmers besteht folglich darin, die äußere und innere Umwelt des Unternehmens zu verändern. In diesem Prozeß wird er vom *Shareholder Value* geleitet.

III. Der Wert des Unternehmens

Die Unternehmensleitung muß den Kenntnisprozeß und die Ausarbeitung der Ideen mit ökonomisch langfristigen Werten harmonisieren. Und dies muß geschehen, indem der buchhalterische Teil mit dem menschlich kreativen Teil integriert wird. Um es anders auszudrücken: die Politiken eines Unternehmens müßten wie *Playing Fields* ausgedacht werden, auf denen das *Shareholder Value* in einem kreativen Prozeß optimiert wird.

Der Prozeß geht von der unternehmerischen Idee aus, setzt sie innerhalb des Unternehmens ins Spiel, indem sie mit der Belegschaft, den Kunden, mit den Umweltauflagen reagiert, bis eine Gesamtheit wirtschaftlicher Werte geformt wird. Wenn das Unternehmen dies schafft, so ist das Abkommen zwischen *Shareholder Value* und den verschiedenen *Stakeholders* am Ende nicht selbstverständlich, verfügt jedoch über eine aufrichtige Chance, erfüllt zu werden. Ein Unternehmen bedeutet einen Erkenntnisprozeß auszustatten, von dem ein langfristiges *Cash Flow* Form und Ausdruck, nicht aber die Grenze darstellt. Um dieses Kriterium des *Shareholder Value* bestmöglich zu nutzen, muß ein Erkenntnisorganismus vorbereitet werden, in dem die Dialektik zwischen der grundlegenden Idee und den unterschiedlichen und neuen Arten, sie in ökonomische Werte zu verkörpern, offen bleibt.

Die Widerstände hinsichtlich dieses Prozesses stammen nicht nur von einer im kurzfristigen Zeitraum spekulativen Betrachtungsweise unseres Kriteriums: sie hängen auch von der Trägheit der verschiedenen *Stakeholders* ab.

Hinsichtlich der Umweltvorgaben hängt sicherlich viel von den einzelnen Ländern und ihren Gesetzesverordnungen ab, sowie von der Fähigkeit, diese einhalten zu lassen. Früher oder später wird eine Stammrolle der Umweltkosten, die jüngst von der *World Bank* ausgearbeitet worden ist, die diesbezügliche Politik der Länder binden.

Doch in der Zwischenzeit müßten die verschiedenen *Stakeholders* jene defensive und lähmende Wahrnehmung der ökonomischen Werte aufgeben, an die die klassische Betrachtungsweise des manchesterianischen Unternehmens, als Austragungsort des Konfliktes, die Mehrzahl von ihnen bewußt oder unbewußt gewöhnt hatte. Und die auch noch in einer Form der Kenntnisträgheit, einer Untätigkeit, die sich gegen die Änderung sträubt, Widerstand gegen das Projekt weiterbesteht.

Viele Jahre lang, und nicht nur in den Ländern des Ostens, schien es normal, daß sich der Staat mit der Verwaltung der Wirtschaft befassen müsse.

Liberist zu sein bedeutet heute vor allen Dingen, auf die Idee einer geschützten Industrie zu verzichten. Und nicht nur aus ideologischen Gründen, sondern wegen der Zurkenntnisnahme einer objektiven Lage.

Heute ist es zum Beispiel, und unter besonderer Bezugnahme auf den Energiesektor in Italien, fast bedeutungslos, einschlägig an die nationale Produktionskapazitat zu denken. Wir müssen dagegen nicht nur die öffentlichen Unternehmen neustrukturieren, um dem globalen Wettbewerb zu begegnen und sie zu privatisieren, sondern wir müssen auch dazu beitragen, den gesetzlichen Zusammenhang zu verändern, in dem Unternehmen und *Stakeholders* wirken.

Die Lage in Italien verändert sich: mühevoll versuchen wir, dem Markt unsere öffentliche Wirtschaft zurückzugeben, indem wir sie der gewöhnlichen Trägheit und den Privilegien vieler *Stakeholders* entziehen.

Und hierzu drängen uns Globalisierung, Vernunft, und nicht zuletzt Ethik.

Unsere Arbeit ist mehr mit der eines Landwirtes als mit der eines Ingenieurs vergleichbar. Wir müssen in der unternehmerischen Idee die eingefleischte Form sehen, die noch nicht besteht, und ihren Aufwertungsprozeß vorbereiten, wie ein Bauer, wenn er den Samen in die Erde legt und schon die

Pflanze vor Augen hat. Doch indem wir dies tun, haben wir eine größere Verantwortung als der Landwirt.

Der Unternehmer sät nicht den Boden, sondern vertraut seine Vision Menschen an, Individuen, die zusammenarbeiten; er wird um so erfolgreicher sein, je mehr diese Menschen ihre intellektuellen und moralischen Werte in diesem Prozeß aufs Spiel setzen. Ohne diese ist die Schaffung von geeigneten und anhaltenden ökonomischen Werten undenkbar.

Und hier nun meine Forderung: das Kriterium des *Shareholder Value* zu entwickeln, um wirklich das *Value Management* mit dem *Management by Values* abzustimmen.

13. Kapitel

Shareholder Value und harte oder weiche Constraints in der Führung des Unternehmens

Stefan Bötzel

I. Druck aus dem Umfeld – die wirtschaftliche Dynamik verhilft neuen Führungsansätzen zum Durchbruch

Europäische und deutsche Unternehmen können sich den Forderungen nach Shareholder Value / wertorientierter Unternehmensführung nicht entziehen. Diese Konzepte stellen Führungs- und Steuerungsprinzipien, Prozeduren für Allokationsentscheidungen und somit letztlich die Portfoliostruktur unter den Primat der langfristigen Wertschaffung. Der Shareholder Value-Ansatz bewertet die Leistungsfähigkeit von Unternehmen oder Geschäftsfeldern nicht mehr auf Basis vergangener Gewinne, sondern anhand der Summe abgezinster zukünftiger Cash-flows. Als wesentliche Grundprinzipien (vgl. Abb. 1) sind zu nennen:

- Kapitalkosten sind Maßstab der Wertschaffung: Alle Geschäfte werden von den Marktrenditeanforderungen erfaßt, nur wer mehr als die Kapitalkosten verdient, schafft Unternehmenswert.
- Freie Cash-flows sind Grundlage der Bewertung: Sie sind als Performancegrößen weitgehend frei von vergangenheitsbezogenen Urteilen und buchhalterischen „Belastungen“. Das Cash-flow-Konzept setzt konsequent auf

die Zukunft, werttreibend ist der für strategische Vorhaben verfügbare freie Cash-flow.

- Barwerte finden als einheitliche Beurteilungskriterien Anwendung: Die freien Cash-flows werden mit den Kapitalkosten diskontiert. Damit wird der Zeitaspekt explizit in den Kalkülen berücksichtigt (Geld in der Zeit kostet Geld).

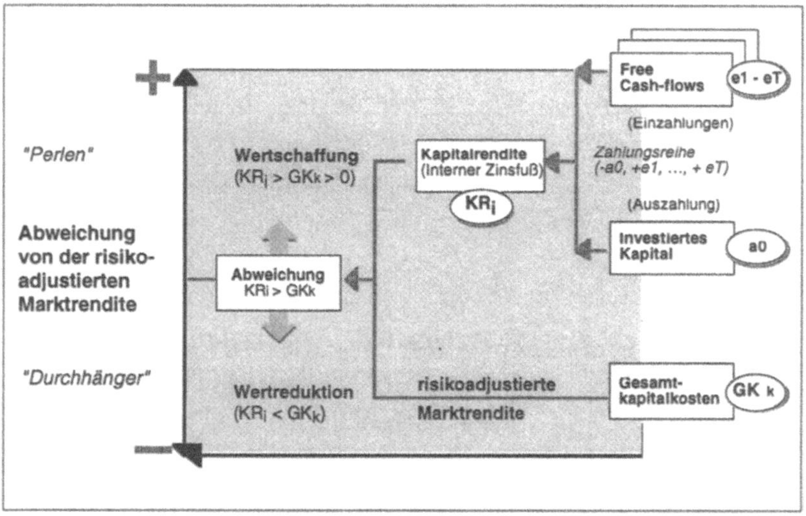

Abbildung 1: Logik von Wertschaffung und -reduktion

Als Ursachen für die verstärkte Forderung nach Umsetzung der Konzepte und damit als Auslöser für die zunehmende Verbreitung der Wertmanagementkonzepte sind folgende Entwicklungen aufzuzeigen

- ein verstärkter Wettbewerb um Kapital, vor allem getrieben durch die Globalisierung der Kapitalmärkte,
- die zunehmende und steigende Professionalisierung von Aktionären und insbesondere aber der Einfluß institutioneller Investoren,
- das Entstehen des sogenannten Marktes für „Corporate Control" – also des Drucks aus möglichen Unternehmensübernahmen.

Im folgenden Beitrag wird zunächst auf dieses sich verändernde Umfeld als Auslöser für den Prozeß sich verändernder Führungs- und Steuerungssysteme eingegangen. Im zweiten Teil konkretisieren wir die Auswirkungen der Konzepte auf die Instrumente der Führung und zeigen die notwendigen Anpassungsmaßnahmen auf. Eine Diskussion zum Nutzen der Konzepte schließt sich an.

Globalisierung treibt Wettbewerb um Kapital

Die internationale Arbeitsteilung unterliegt in den zurückliegenden Jahren neben der Globalisierung insbesondere auch dem Wegfall von Beschränkungen auf Devisen- und Kapitalmärkten, mit der Folge zunehmender Kapitalmobilität. Einige quantitative Eckpunkte verdeutlichen die wesentlichen Trends der weltwirtschaftlichen Entwicklung:

Das Bruttoinlandprodukt der Welt hat sich in den letzten zehn Jahren verdoppelt: Berechnet zu laufenden Marktpreisen waren es 1986 14.364 Milliarden US$, 1996 29.700 Milliarden US$.[1] Der Welthandel wächst stärker als die Weltproduktion. Die Wachstumsraten werden vom IMF für 1997 wie folgt prognostiziert: 7,3% Wachstum von Handel mit Gütern und Dienstleistungen, 4,4% Wachstum des realen Bruttoinlandprodukts.[2] Der Wert exportierter Güter hat sich in den letzten zehn Jahren ebenfalls mehr als verdoppelt: 1996 5.249 Milliarden US$, 1986 2.035 Milliarden US$.[3] Ausländische Direktinvestitionen (Foreign Direct Investments, FDI) haben sich im Zeitraum zwischen 1980 und 1990 mehr als vervierfacht. Nach Wachstumsschwächen in den Jahren 1990 bis 1992 sind sie 1995 auf den bisherigen Höchstwert von knapp 300 Milliarden US$ weltweit gestiegen.[4]

Auch der deutsche Kapitalmarkt unterliegt Veränderungen aus der Globalisierung.[5] Deutsche FDI-Stocks haben sich beispielsweise von knapp 60 Mrd. US$ 1985 auf 235 Mrd. US$ 1996 nahezu vervierfacht; im gleichen Zeitraum haben ausländische Direktinvestoren ihr Engagement von ca. 37 Mrd. US$ (1985) auf etwa 134 Mrd. US$ in 1994[6] erhöht.

---

1 WELTBANK: *World Development Indicators*, 1997.

2 IMF 1997b: *World Economic Outlook*, S. 5.

3 IMF 1997a: *International Financial Statistics Yearbook*, S. 117.

4 IMF 1996: *Balance of payments statistics yearbook.*

5 TITZRATH, A.: „Erschließung internationaler Kapitalmärkte durch deutsche Emittenten", *Globale Finanzmärkte*, 1996, S. 92ff.

6 UNCTAD: *World Investment Report 1996, Investment, Trade and International Policy Arrangements*, 1996, S. 239, 245.

Die finanzwirtschaftlichen Folgen dieser Entwicklungen für die Unternehmensführung sind offensichtlich: steigender Finanzbedarf bei erheblich höherer Markttransparenz und schnelleren Entscheidungswegen, zunehmende Bereitschaft deutscher institutioneller und privater Anleger, eine ausländische einer inländischen Kapitalanlage vorzuziehen, mit der Folge, daß deutsche Aktiengesellschaften bei der Eigenkapitalsuche vermehrt im Wettbewerb zu internationalen Unternehmen stehen.

Aktionäre agieren professioneller

In Deutschland besitzen institutionelle Anleger eine vergleichsweise größere Bedeutung als private Anleger, da das deutsche Aktienvermögen nur zu untergeordneten und leicht abnehmenden Anteilen in den Händen privater Anleger ist.

Institutionelle Anleger erzeugen einen zunehmenden Druck, da sie ihre Rendite-/Shareholder Value-Anforderungen konsequent auf ihre unternehmerischen Engagements übertragen. Der Wind für Unternehmenslenker wird härter: Hauptversammlungen werden vermehrt zu Foren für kritische Fragen und kontroverse Diskussionen, klare Erläuterungen zu Strategien und Unternehmenszielen, Auskünfte über wertorientierte Quantifizierungen, nach Sparten gegliederte Unternehmensdaten und die Ausrichtung von Vergütungssystemen für das Management am Aktienkurs werden erwartet. Investoren drohen mit dem Verkauf ihrer Aktien bei Nichtberücksichtigung eigener Interessen.

Die Folgen sind offensichtlich und verhelfen den Shareholder Value-orientierten Ansätzen zu höherer Akzeptanz. Eine stärkere Fokussierung auf unternehmenswertschaffende Geschäfte und Projekte rückt in den Vordergrund. Unternehmen müssen ihr Engagement zur finanzwirtschaftlichen Absicherung von Wachstumskonzepten konsequenter managen, um Investoren anzuziehen. Vor allem aber müssen Wachstumsstrategien – insbesondere solche mit hohen Fixkosten-Engagements und allein aus dem Argument „Unternehmensgröße" getriebene Diversifikationen – quantitativ aus Ertrags- und Risikogesichtspunkten evaluiert werden.

Der fiktive Markt für „Corporate Control"

„Corporate Raiders" und Investmentbanken identifizieren Wertlücken – also Potentiale zur Schaffung zusätzlicher Unternehmenswerte, die im Zuge von

Restrukturierungen, Turn-arounds und strategischen Neuausrichtungen bei schlecht geführten Unternehmen realisierbar scheinen. Das erfolgreiche Erschließen dieser Potentiale verspricht Wertsteigerungen. Zu diesem Zweck verschaffen sich die „Raider" und andere Unternehmen die Verfügungsrechte über schlecht geführte Unternehmen und lösen das Management ab. Diese Möglichkeit für Dritte, über Kauf von Aktienpaketen und die Ausübung ihrer Gesellschafterrechte Veränderungen im Top-Management herbeizuführen und die wirtschaftliche Leitung des Unternehmens auszuüben, ist Kernelement des fiktiven Marktes für „Corporate Control". Hier werden nicht nur Unternehmen gehandelt, sondern vielmehr die wirtschaftliche Verfügungsgewalt über Unternehmen – Organbestellung, Bestimmung der Unternehmens- und Geschäftspolitik etc. Der zunehmenden Zahl von Unternehmensübernahmen wird nun auch in Europa ein maßgeblicher Einfluß auf die Einführung Shareholder Value-basierter Managementmethoden zugeschrieben.

Verschiedene Managementgruppen – etwa das im Unternehmen tätige Management und potentielle Unternehmenskäufer – treten in einen Wettstreit über ertragssteigernde Unternehmenskonzepte. Die Kernfrage lautet: Wer alloziiert Assets und Human-Kapital am effizientesten, um die Börsenperformance zu steigern und Unternehmenswerte zu schaffen?

Dem Markt für „Corporate Control" wird beigemessen, einen Motivationsschub für das Management auszulösen, um durch eigene Wertsteigerungskonzepte die Aussicht auf Gewinne für die „Raider" zu schmälern und so ein Takeover, das in der Regel zum Verlust ihres Arbeitsplatzes führt, zu verhindern.

II. Kapitalmarktorientiertes Management – Shareholder Value verlangt konsequente Ausrichtung der Führung

Kapitalmarktorientierung verlangt permanente unternehmerische Erfolgskontrollen, wobei sich die Wertschaffung/-erzeugung zum Primat der Führung entwickelt. Die zugrundeliegende betriebswirtschaftliche „Logik" ist einfach: Marktrenditeanforderungen sind Benchmarks der unternehmerischen Leistung. Eine an den Prinzipien der Wertorientierung ausgerichtete Unternehmensführung schafft eine klare Ausrichtung an wertschaffender Wachstumspolitik. Der mit der Marktrendite als Erfolgsmaßstab verbundene Rentabilitätsdruck zwingt zur Entwicklung zukunftsgerichteter und somit kreativer Projekte bzw. Maßnahmen. Es darf kein Ausruhen auf Erfolgen geben, denn vorangegangene Gewinne garantieren keine Zuteilung von Investitionsmitteln, vielmehr muß die Kapitalrendite von Projekten bzw. Geschäften in ihrer Gänze die Kapitalkosten übersteigen.

Dies verlangt eine Neuausrichtung der unternehmerischen Führung, die weit über die Einführung von Arithmetiken und quantitativen Kalkülen hinausgehen muß. Es sind harte und weiche Faktoren angesprochen, in denen sich das Konzept der Shareholder Value-Orientierung ausdrücken und in der Umsetzung wiederfinden muß:

- wertorientierte Portfolioentscheidungen,
- operative Wertsteigerungsmaßnahmen,
- wertorientierte Controlling- und Entlohnungssysteme und konsequentes Transformationsmanagement.

Wertorientierte Portfolioentscheidungen

Die wertorientierte Beurteilung der Geschäfte zielt darauf ab, ein Portfolio werterzeugender Geschäftsfelder auf- oder auszubauen. Als Basis für strategische und portfoliobezogene Wertschöpfungskonzepte werden regelmäßig Wertportfolios verwendet.

Das Roland Berger & Partner-Wertportfolio differenziert in „Perlen“ und „Durchhänger“ und empfiehlt das weitere Wachstum oder Halten ohne strategische Investments für die „Perlen“ sowie das Optimieren oder Auslaufenlassen bzw. Abstoßen für die Durchhänger.

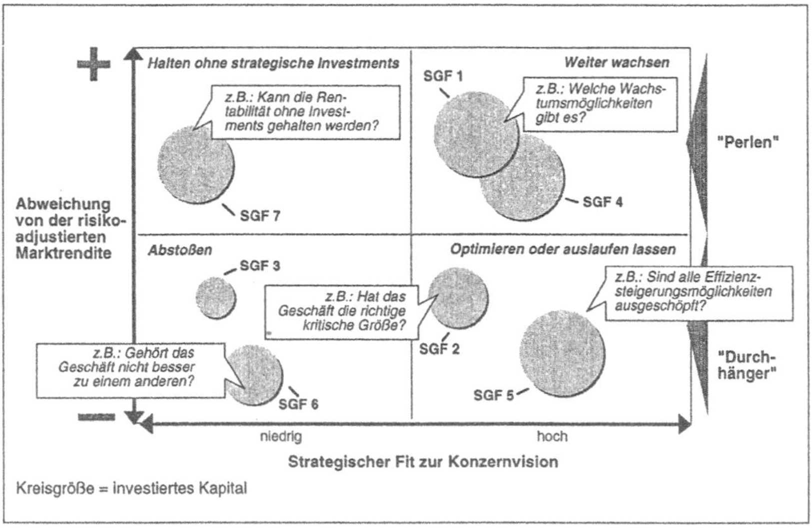

Abbildung 2: Roland Berger & Partner-Wertportfolio

Auf Basis des Wertportfolios sind Strategien anzupassen und Wertsteigerungsprogramme umzusetzen. Einer Verbindung von wertorientierter Portfolioanalyse und der Bewertung und Auswahl von Strategien kommt insofern hohe Bedeutung zu, als im Rahmen des strategischen Management ein wesentliches Fundament für die Wertsteigerung definiert wird. Die strategische (Neu-) Ausrichtung ist so zu fixieren, daß nur solche Geschäftsfelder Bestand im Portfolio haben, die eine höhere Shareholder Value-Rendite als Kapitalkosten erbringen. „Durchhänger" verbleiben nur solange im Portfolio, als sie entweder zu wertschaffenden „Perlen" gemacht werden oder an einen „besseren Eigentümer" veräußert werden. Konsequenz hierbei ist allerdings nötig! Das Portfolio muß bereinigt werden, es gibt keine Strategien aus Gefälligkeit, Größenwahn etc. Das strategische Management muß sich auf die "hard figures" des Wertmanagements verlassen.

Zur Analyse des Wertportfolios: Die „Perlen" mit „Fit" zur Konzernvision sind die strategischen Geschäftsfelder, in denen Wertschaffung durch über den Kapitalkosten liegende Shareholder Value-Renditen und einen eindeutigen „Fit" zur Konzernstrategie erfolgt. Im Sinne der Portfolio-Theorie sind dies die klassischen „Stars" und somit Cash- und Werterzeuger. Ziel einer Konzernstrategie muß es sein, die eigenen Kerngeschäfte in diesem Quadranten zu positionieren. Es gilt, in diesen strategischen Geschäftsfeldern weiteres Wachstum zu fördern. Notwendig hierfür sind strategische Wachstumskonzepte. Es sind finanzielle Mittel zu alloziieren, um die Marktführerschaft zu erreichen bzw. abzusichern, Eintrittsbarrieren aufrecht zu erhalten bzw. zu etablieren, eine Kostenführerschaft zu erlangen bzw. zu festigen und/oder eine Spitzenposition bezüglich Produkt-/Technologieinnovationen zu sichern oder zu erreichen.

Bei den „Perlen" ohne „Fit" zur Konzernvision handelt es sich um die strategischen Geschäftsfelder, die den Shareholder Value-Renditeanforderungen zwar voll genügen, also Werte schaffen, aber bezüglich des „Fit" zur Konzernvision keine eindeutige Übereinstimmung mit den strategischen Zielen besitzen. Aus strategischer Sichtweise sind diese ohne strategische Investments zu halten. Dies sollte allerdings mit hoher Aufmerksamkeit geschehen: Das Risiko aus dem geringen „Fit" ist im Auge zu behalten, Opportunitäten sind zu analysieren mit der Frage, ob ein Desinvestment und ein Investment in die „Perlen" mit strategischem „Fit" und damit die Mittelallokation in wachsende Geschäfte im Einklang mit der Konzernvision nicht effizienter ist. Strategische Investitionen erfolgen in diese Bereiche nicht, Mittel werden allenfalls alloziiert, um die Renditefähigkeit aufrecht zu erhalten.

Die „Durchhänger" mit „Fit" zur Konzernvision sind Wertvernichter, weil
- ihre Free-Cash-flows nicht ausreichend hoch oder nicht dauerhaft sind,
- falsch oder zuviel investiert wurde oder
- die Kapitalkosten zu hoch sind.

Die strategische Empfehlung ist das Optimieren oder Auslaufenlassen. Der Konzern muß durch eine strategische Neuausrichtung und/oder operative Restrukturierungen versuchen, eine Deckung der Kapitalkosten und damit die langfristige Wertschaffung sicherzustellen. Investiert wird in diese Geschäftsfelder nur für den Fall, daß dieses Investment eine über den Kapitalkosten liegende Rendite erbringt und damit auch das gesamte Geschäftsfeld zu einem Werterzeuger gemacht werden kann. Greifen alle diese Maßnahmen nicht, muß ein selektiver Rückzug vorbereitet werden.

„Durchhänger" ohne „Fit" zur Konzernvision sind Geschäfte, die nicht in das Portfolio „passen" und zudem Werte vernichten! Der strategische Imperativ für diese Geschäfte ist eindeutig. Diese Engagements werden abgestoßen. Die Veräußerung bedeutet in Konsequenz, daß ein anderer Eigentümer aus dem Engagement mehr Wert erzeugen kann und wird als der bestehende Eigentümer („best owner"-Ansatz).

Operative Wertsteigerung

Mit operativen Wertsteigerungsprogrammen sollen insbesondere die Durchhänger im Wertportfolio, aber auch solche Geschäftsfelder verbessert werden, in denen durch Effizienzsteigerung ein höherer Wert erreichbar ist.

Die Anpassung von Führungskonzepten muß sich auf die Steigerung von Umsatz und Marge, die Optimierung von Investitionen und die Senkung von Kapitalkosten konzentrieren. Ansatzpunkte hierfür werden in folgender Abbildung aufgezeigt:

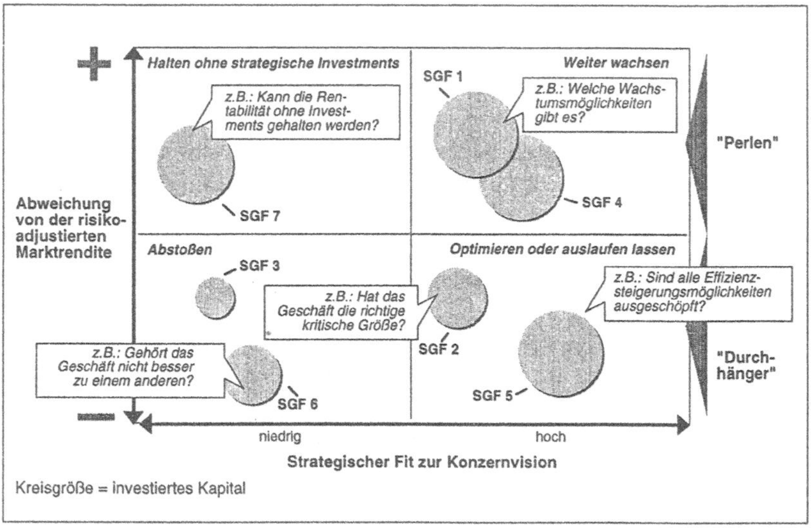

Abbildung 3: Maßnahmen zur operativen Wertsteigerung

Umsatz steigern

Während Restrukturierungs-/Downsizing-Programme in der Regel an den Kosten ansetzen, zielt die konsequente Vertriebsaktivierung darauf ab, neuen Umsatz zu generieren, um die Cash-flow-Basis nachhaltig zu steigern, durch größere Mengen die Marktanteile zu erhöhen, über Skaleneffekte Fixkostendegressionen zu erreichen bzw. auch auf der Beschaffungsseite Potentiale erschließen zu können.

Instrumente zur operativen Vertriebsaktivierung sind zahlreich und können nur unternehmensspezifisch konkretisiert werden. Ansatzpunkte bieten etwa das Kundenmanagement (ECR, Category Management, Partnering etc.), der Außendienst (Organisation, Steuerung, Anreiz etc.), der Vertriebssupport (Promotions, Verkaufsförderung etc.).

Marge erhöhen

Operative Wertsteigerungsprogramme zur Verbesserung der Marge zielen darauf ab, nachhaltige Effizienzverbesserungen und dadurch Werterhöhungspotentiale zu identifizieren und umzusetzen. Erfahrungsgemäß sind es vier zentrale Kernfragen, die das Vorgehen auf entsprechende Ansatzpunkte lenken:

- Wie gestaltet sich das Geschäftssystem in der derzeitigen Wertschöpfungskette und Arbeitsteilung? Die Schnittstellen zwischen einzelnen Funktionsbereichen sind zu analysieren und Gemeinkostentreiber zu identifizieren.
- Gibt es Funktionen oder Kernprozesse mit unbefriedigendem Ressourceneinsatz/Leistungsverhältnis? Über die Definition des Leistungsumfanges ohne eine Verschlechterung des Kundennutzens und die Reduktion des Komfortniveaus sollen Kostenvorteile erreicht werden (Komplexitätskosten!).
- Ergeben sich Effizienzsteigerungspotentiale durch eine Veränderung der Ablauforganisation? Kernprozesse werden konsequent (neu-) ausgerichtet (Zeit, Kosten, Schnittstellen etc.), und die Koordinationsfunktion wird effizienter verteilt.
- Entspricht die Strukturorganisation einer wettbewerbsfähigen Abwicklung der Kernprozesse? Hierarchien werden durch konsequente Delegation von Verantwortung „verschlankt", und die Arbeitsteilung zwischen zentralen und dezentralen Funktionen wird optimiert.

Eine funktionsbezogene Gemeinkostenanalyse greift hierbei zu kurz. Notwendig ist ein differenzierter Methodeneinsatz, um prozeßbezogene Kostensenkungspotentiale durch ein Reengineering und funktionsbezogene Ansatzpunkte durch ein funktions- und aufgabenbezogenes Prozedere zu erschließen.

Investitionen optimieren

Ziel ist die Cash-flow-Optimierung durch gezielte Asset-Management-Programme. Investitionen müssen so gelenkt werden, daß
- sie wertschöpfend eingesetzt werden – also Cash generieren – und nicht ungenutzt sind,
- Anlagen so dimensioniert werden, daß Überkapazitäten nicht zu ruinösen Preiskämpfen führen,
- Investitionen in Warenbestände so geplant und realisiert werden, daß Cash-flow-Abflüsse für Überbestände vermieden werden,
- liquide Mittel im Umlaufvermögen (Geld, Forderungen etc.) auf der Basis eines effizienten Treasury Management niedrig gehalten werden.

Operative Maßnahmenpakete können proaktiv oder reaktiv ausgelegt sein. Im Rahmen vorbeugender Aktivitäten kommen die Instrumente eines wertorientierten Investitionscontrolling zum Zuge. Das Einkaufs- und Materialwirtschaftmanagement wird optimiert, und es wird ein Cash/Treasury Management etabliert. Um Durchhänger des Wertportfolios zu optimieren, müssen die reaktiven Optionen geprüft und umgesetzt werden – „das Kind liegt bereits im Brunnen“: Sale and Lease back, Investitionsstop, Desinvestition seien als Beispiele genannt.

Wertorientierte Controlling- und Entlohnungssysteme

Um den wertorientierten Führungsanspruch umzusetzen und nicht in der „einmaligen Durchrechnung“ des Shareholder Value steckenzubleiben, muß im Unternehmen ein durchgängiges System zur Planung und Messung des Geschäftserfolgs etabliert werden, das Wertschaffung und Wertvernichtung transparent macht. Dabei gelangt die innovative Methodik von Wertmanagement zur Anwendung:
- Zukunftsbezug durch Betrachtung zukünftiger Cash-flows,
- Orientierung an Zahlungsströmen anstelle von Größen aus der Gewinn- und Verlustrechnung,
- Dynamische Betrachtung, die den Zeitwert des Geldes einbezieht,
- Berücksichtigung des unterschiedlichen Risikos von Geschäftsbereichen/-feldern durch risikoadäquate Kapitalkostensätze.

Durch die Umsetzung dieser Aspekte in der wertorientierten Führung werden strategische und operative Planung, das Controlling durch effiziente Kennzahlen und vor allem das Vergütungssystem neu auszurichten sein:

Wertmanagement verlangt eine grundlegende Neuausrichtung der strategischen Planung. Deutsche Unternehmen orientieren sich in der strategischen Planung an den traditionellen Zielgrößen Marktanteil, Wettbewerbsposition, Umsatzwachstum und Ergebnis. Zur zentralen Zielgröße wird im Rahmen des Wertmanagements aber die Wertsteigerung des Unternehmens und seiner Geschäftsbereiche/-felder. Die traditionellen Zielgrößen werden zu Zielen zweiter Ordnung. Die wertorientierte Führung führt zu vier wesentlichen Neuerungen, die im folgenden näher erläutert werden. Erstens wird auf zentraler Ebene bei der strategischen Bestandsaufnahme die Wertentwicklung in der abgelaufenen Berichtsperiode analysiert. Zweitens werden Ziele für die Wertentwicklung durch die Zentrale formuliert und den Geschäftseinheiten vorgegeben. Drittens wird jede Strategie bei der Detailausgestaltung durch die Geschäftsbereiche/-felder quantifiziert und die Zielerreichung im Hinblick auf den Unternehmenswert überprüft. Viertens wird durch die Unternehmenszentrale bei der Zusammenführung der strategischen Einzelpläne auch ein neues Wertportfolio bestimmt.

Wie die strategische Planung, so werden auch der operative Planungsprozeß und das operative Controlling durch Wertmanagement verändert. Der Ablauf, den man in den meisten Unternehmen antrifft, bleibt unverändert, jedoch werden die Meß- und Steuerungsgrößen angepaßt bzw. ergänzt. Den wertorientierten Meß- und Steuerungsgrößen, die in dem Prozeß verwendet werden, kommt eine zentrale Bedeutung zu: Den Konzernverantwortlichen, d.h. den Führungskräften in der Konzernzentrale, werden hauptsächlich aggregierte Wertkennzahlen als Information zur Verfügung gestellt: Neben den zukunftsorientierten Größen Shareholder Value und Shareholder Value-Rendite (jeweils für den Gesamtkonzern und die Geschäftsfelder) ist die Entwicklung der Börsenkapitalisierung im Vergleich zum Marktindex und der Börsenkapitalisierung der Branche eine wichtige Information für die Konzernspitze. Für die oberen Führungskräfte in den Geschäftsfeldern sind, mit Ausnahme der Börsenkapitalisierung, dieselben Kennzahlen relevant, jedoch nur ihr eigenes Geschäftsfeld betreffend. Zusätzlich kommen noch die Wertgeneratoren, d.h. diejenigen Erfolgsgrößen, die den Wert ihres Geschäftsfeldes am stärksten beeinflussen, hinzu. Für das operative Management als dritte Ebene sind nur die operativen Wertgeneratoren bzw. -treiber als Information wichtig.

Vergütungssysteme sind ein Schlüsselfaktor für die wertorientierte Unternehmenssteuerung. Führt man den Gedanken der Unternehmensführung im Sinne der Aktionäre des Unternehmens konsequent weiter, so muß auch die Entlohnung der Handelnden im Unternehmen durch Anreizsysteme geleitet werden, die Wertschaffung zum Ziel haben. Verschiedene Studien belegen den positiven Zusammenhang von hohen variablen Gehaltsanteilen und verbesserter Performance der Unternehmen.[7] „Wertvernichtende" Manager erhalten bei einem funktionierenden Vergütungssystem nur unterdurchschnittliche Gehälter und werden daher kurz- bis mittelfristig aus dem Unternehmen ausscheiden.

Sinnvollerweise kommen wirklich wertorientierte Vergütungsmodelle nur bei Entscheidungsträgern mit entsprechendem operativen und strategischen Handlungsspielraum in Betracht. Der in den letzten Jahren entstandene Trend, größeren Entscheidungsspielraum in selbstverantworteten Organisationseinheiten durch globale Zielvorgaben zu steuern, macht wertorientierte Anreizsysteme allerdings auch für nachgeordnete Hierarchieebenen sinnvoll und notwendig. Besonderer Nachholbedarf trifft vor allem die Vergütungssysteme der zweiten, dritten und vierten Ebene im Unternehmen. Für diese Manager sind wertorientierte Vergütungssysteme mindestens genauso wichtig, wie für die erste Ebene. Ihre operativen Entscheidungen bei der Umsetzung der Strategie bestimmen den Geschäftsverlauf in erheblichem Maße.

Konsequentes Transformationsmanagement

Die wichtigste Voraussetzung für eine nachhaltige und langfristige Implementierung des Wertmanagements ist die gesamtheitliche Einleitung des kulturellen Wandels, also des Umdenkens im Unternehmen. Damit ist die Transformation des Unternehmens und seiner Mitarbeiter auf allen Ebenen zum wertorientierten Handeln gemeint. Hierbei geht es um

- eine umfassende und tiefgreifende Neugestaltung und Neuorientierung des Unternehmens nicht nur auf der instrumentellen Ebene von Strategie, Struktur und Systemen, sondern insbesondere auch auf der mentalen Ebene,
- die Erzielung eines wirklichen Wandels in den Köpfen von Führungskräften und Mitarbeitern, also
- das „Aufschließen" der für das wertorientierte Denken und Handeln notwendigen Fähigkeiten und deren Weiterentwicklung.

---

7 BERNHARDT, W. et al: „Stock Options und Shareholder Value", *ZfB-Zeitschrift für Betriebswirtschaft*, 67. Jhg., 1997, S. 99ff; JENSEN, M. C. et al: „Incentives – It's not how much you pay, but how", *Harvard Business Review*, 5-6/1990, S. 139ff.

Unternehmenstransformation ist ein ganzheitlicher Ansatz, der vier wesentliche Aufgabenfelder miteinander verbindet: die Voraussetzungen für die Erschließung neuer Geschäfte oder Geschäftsfelder zu schaffen, die Kernabläufe und -verfahren im Unternehmen neu zu gestalten, die Fähigkeiten aller Mitarbeiter von Anfang an einzubinden und weiterzuentwickeln sowie einen Wandel zum wertorientierten Handeln zu realisieren.

Bei der Verankerung des Wertmanagementprogramms durch die Unternehmenstransformation werden Fehler vielfach wiederholt. Auch wenn jedes Unternehmen seine „eigene Transformationsgeschichte" hat, folgen die Macher den gleichen Leitlinien, die erfolgreiches Transformationsmanagement ausmachen. Systematisiert man die Quellen des Erfolges, so kristallisieren sich sieben „Erfolgsfaktoren" heraus:

- Setzen von anspruchsvollen Zielen und Verstehen der Transformation als Quantensprung, der einer klaren Unternehmensvision folgt;
- Mobilisierung von möglichst vielen Mitarbeitern durch bereichs- und hierarchieübergreifende Teams und Arbeitsgruppen;
- Einfaches Denken, Finden von unkomplizierten und gut kommunizierbaren Konzepten;
- Ergebnisorientiertes Arbeiten und ein regelmäßiges Messen und Abgleichen mit den gesetzten Zielen („Nur was gemessen wird, wird verbessert");
- Setzen von realistischen Terminen, um Demotivation zu vermeiden;
- Vertrauen schaffen, indem Betriebs-/Personalräte aktiv eingebunden werden und eine offene und ehrliche Kommunikation stattfindet;
- Trainieren von Mitarbeitern, weil Fähigkeiten nicht verordnet werden können.

III. Wertmanagement heißt Wachstumsmanagement – zum Nutzen der Konzepte

Das Shareholder Value-Konzept ist mithin eine innovative Erweiterung des unternehmerischen Führungsinstrumentariums: Es fördert die Ausrichtung auf einen Wachstumskurs durch einen bewußt ausgerichteten und produktiven Rentabilitätsdruck. Es versachlicht den internen Wettbewerb um Ressourcen durch gleiche Meßlatten für alle (Konzern-) Bereiche und führt zu strategisch richtigem Kapitaleinsatz. Es verknüpft finanzielle und operative Kennzahlen zu einem aussagefähigen Steuerungssystem und fördert klare Zielsetzungen und Verantwortlichkeiten.

Wertorientiert geführte Unternehmen können überdurchschnittliches Wachstum realisieren. Eine Untersuchung von Roland Berger & Partner (vgl. auch Abbildung 4) zeigt, daß diese Gesellschaften

- ein ca. zweieinhalbmal so hohes Umsatzwachstum realisieren wie der Durchschnitt,
- die Mitarbeiterzahlen deutlich schneller steigen,
- ein höheres Wachstum bei den Investitionen realisieren und sechsmal so schnell im Cash-flow wachsen.

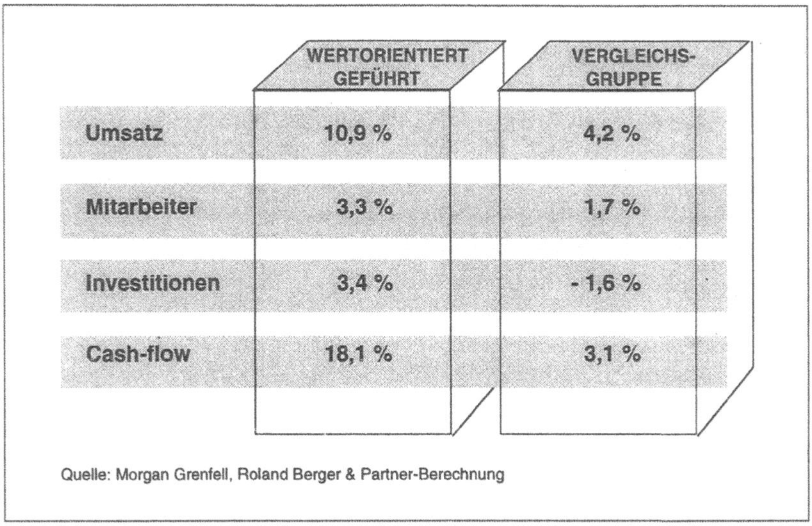

Abbildung 4: Wachstumsraten wertorientierter Unternehmen und Vergleichsgruppe, p.a. 1991-1995[8]

Betriebswirtschaftlich gesehen ist Wachstum eine zwingende Voraussetzung für wertschaffende und damit erfolgreiche Unternehmen: Wachsende Unternehmen können in neue Arbeitsplätze investieren, entwickeln bessere Produkte und Leistungen – sonst würden sie nicht wachsen –, sie beziehen mehr

8 Stichprobe wertorientierter Unternehmen aus: DEUTSCHE MORGAN GRENFELL (1996): *Shareholder Value in Deutschland*, 12/1996; Vergleichsgruppe sind die 200 größten deutschen Firmen ohne Einbezug von Finanzdienstleistern.

von ihren Lieferanten und tragen somit zu mehr Wohlstand bei. Wer sich nicht an den Prinzipien des Wertmanagements orientiert, wird auf Zeit internationale Wettbewerbsfähigkeit und die Basis des Geschäfts verlieren und somit zur Vernichtung von Vermögen, Einkommen und Arbeitsplätzen beitragen. Wertmanagement und Wachstum gehören somit zusammen. Es gibt mehrere Kausalketten in diesem Zusammenhang:

- Nur wer wächst, schafft sich Marktanteile und sichert sich die mit der Marktführerschaft verbundenen Vorteile.
- Cash-flow-Wachstum erhöht die Selbstfinanzierung und kann einen Beitrag zur Senkung der Kapitalkosten leisten, vor allem aber ziehen wachsende Unternehmen mehr Investoren an als nicht wachsende.
- Wachsende Unternehmen gewinnen leistungsfähige und hochkarätige Mitarbeiter, die einen Beitrag für die Auslösung neuer Investitionsschübe erbringen können.

Diese Kausalketten lassen sich für alle mit dem Unternehmen verbundenen Interessensgruppen treffen. Wir haben diese wechselseitigen Beziehungen zwischen dem Wachstum – hier quantifiziert durch den „free cash-flow" – und den Stakeholdern (Mitarbeitern, Kunden, Lieferanten, Fremd- und Eigenkapitalgebern sowie dem Staat) in Abbildung 5 dargestellt.

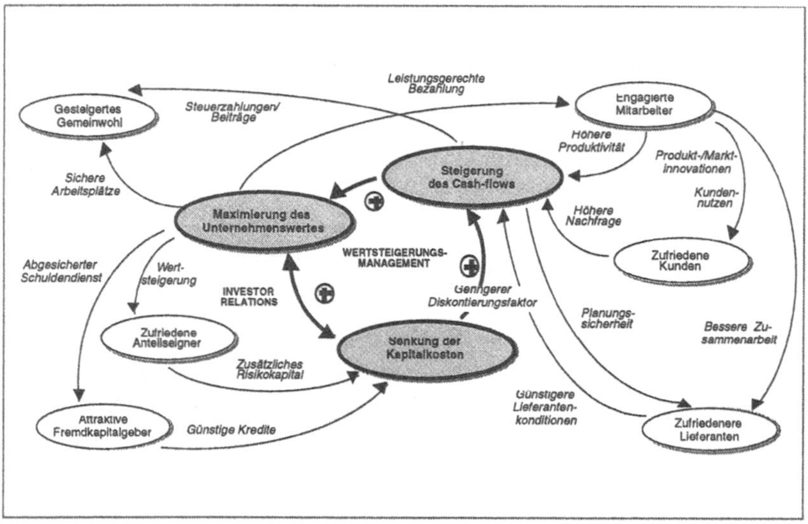

Abbildung 5: Kausalketten des Wertmanagements

Eine am Wachstum ausgerichtete wertorientierte Führung generiert somit Werte für alle Stakeholder. Diese unterstützen durch ihre Beiträge wiederum den Wachstumskurs. Es gibt also einen „Bumerang-Effekt" mit folgenden „Stakeholder Returns":

- Durch die Wertorientierung werden die Bedürfnisse der Kunden befriedigt.
- Shareholder erzielen Wertsteigerungen ihres Kapitaleinsatzes.
- Den Mitarbeitern sichert die stringente Wertorientierung die Beschäftigung und qualifizierte Arbeitsplätze.
- Den Lieferanten bieten sich gute/bessere Absatzchancen.
- Der Staat sichert sich Standortbeiträge (Steuern, Gebühren etc.).
- Fremdkapitalgeber besitzen durch das Wachstum Finanzierungschancen mit entsprechendem Payback.

„Stakeholder Inputs" ergeben sich basierend auf deren Engagement und den Aktivitäten mit dem Unternehmen wie folgt:

- Kunden kaufen mehr und/oder zu relativ höheren Erlösen.
- Shareholder gewähren eine höhere Investitionsbereitschaft zu niedrigeren Kapitalkosten.
- Mitarbeiter erbringen eine höhere Arbeitsproduktivität zu niedrigeren Kosten und leisten ihren Input in Innovationsprozessen.
- Lieferanten liefern bevorzugt zu relativ günstigen Konditionen.
- Der Staat gewährt bessere Infrastrukturbeiträge.
- Fremdkapitalgeber sichern hohe Verfügbarkeit von Finanzmitteln für die Wachstumsfinanzierung zu.

Literaturverzeichnis

BERNHARDT, W./WITT P.: „Stock Options und Shareholder Value", *ZfB-Zeitschrift für Betriebswirtschaft*, 67 (1997), S. 85-101.

DEUTSCHE MORGAN GRENFELL (1996): *Shareholder Value in Deutschland*, 12/1996.

IMF (1996): *Balance of payments statistics yearbook*, 1996.

IMF (1997a): *International Financial Statistics Yearbook*, 1997, S. 117.

IMF (1997b): *World Economic Outlook*, 10/1997, S. 5.

JENSEN, M. C./MURPHY, K. J. CEO: „Incentives – It's not how much you pay, but how", *Harvard Business Review*, 5-6 (1990), S. 138-153.

TITZRATH, A.: „Erschließung internationaler Kapitalmärkte durch deutsche Emittenten", Globale Finanzmärkte, Schmalenbach-Gesellschaft, Deutsche Gesellschaft für Betriebswirtschaft (Hrsg.), Stuttgart 1996, S. 91-104.
UNCTAD: *World Investment Report 1996, Investment, Trade and International Policy Arrangements*, New York, Genf (United Nations) 1996, S. 239, 245.
WELTBANK: *World Development Indicators*, 1997.

Verzeichnis der Autoren

DR. STEFAN BÖTZEL
ist Mitglied der Geschäftsleitung bei Roland Berger & Partner, International Management Consultants, Hamburg.

DR. RAINER FEHN
ist Assistent am Lehrstuhl für Volkswirtschaftslehre, Wirtschaftsordnung und Sozialpolitik der Universität Würzburg.

LIC. RER. POL. FRANK FIGGE
ist Umweltanalyst bei der Bank Sarasin & Cie Basel und Doktorand am Wirtschaftswissenschaftlichen Zentrum der Universität Basel, Schweiz.

PROF. DR. DRES. H.C. EDUARD GAUGLER
ist Professor em. für Allgemeine Betriebswirtschaftslehre, Personalwesen und Arbeitswissenschaft an der Universität Mannheim.

DR. STEFFEN HÖRTER
ist Berater im Bereich Financial Services der Droege & Comp. Internationale Unternehmer-Beratung GmbH, Düsseldorf.

PROF. DR. DR. DRES. H.C. KLAUS J. HOPT
ist Direktor des Max-Planck-Instituts für ausländisches und internationales Privatrecht, Hamburg.

PROF. DR. PETER KOSLOWSKI
ist Direktor des Forschungsinstituts für Philosophie Hannover und Direktor von dessen Centrum für Ethische Ökonomie und Wirtschaftskultur, Hannover.

DR. DAVID W. LUTZ, MBA
ist Dozent am Institute for Christian Social Thought der University of St. Thomas, St. Paul, Minnesota, USA.

PROF. DR. GÜNTER H. ROTH
ist Professor für Handels- und Gesellschaftsrecht am Institut für Handelsrecht der Universität Innsbruck, Österreich.

PROF. DR. BERND RUDOLPH
ist Professor für Betriebswirtschaftslehre an der Universität München.

VERZEICHNIS DER AUTOREN

PROF. DR. STEFAN SCHALTEGGER
ist Assistenzprofessor am Wirtschaftswissenschaftlichen Zentrum der Universität Basel und Beirat des Sustainable Development Funds „ÖkoSar" der Bank Sarasin & Cie, Schweiz.

HELMUT STAHL
ist Staatssekretär im Bundesministerium für Bildung, Wissenschaft, Forschung und Technologie, Bonn.

DR. FRANCESCO TATÒ
ist Vorsitzender des Vorstands von ENEL (italienischer Stromkonzern, Aktiengesellschaft), Rom, Italien.

DR. ECKART FRHR. VON UCKERMANN
ist Vorsitzender des Vorstands der Hannoverschen Lebensversicherung a.G., Hannover.

Personenregister

Kursiv gesetzte Ziffern bezeichnen Namensnennungen
im Anmerkungs- und Literaturteil

PERSONENREGISTER

GPSR Compliance

The European Union's (EU) General Product Safety Regulation (GPSR) is a set of rules that requires consumer products to be safe and our obligations to ensure this.

If you have any concerns about our products, you can contact us on ProductSafety@springernature.com

In case Publisher is established outside the EU, the EU authorized representative is:

Springer Nature Customer Service Center GmbH
Europaplatz 3
69115 Heidelberg, Germany

Batch number: 10815974

Printed by Printforce, the Netherlands